U0612123

岳维鹏 著

YUWEN
SHIYU
DE
MINGSHI
YANJIU

语文视域的名师研究

黄河出版传媒集团
宁夏人民教育出版社

图书在版编目（CIP）数据

语文视域的名师研究 / 岳维鹏著. -- 银川：宁夏人民教育出版社，2019. 12

ISBN 978-7-5544-3755-1

Ⅰ. ①语… Ⅱ. ①岳… Ⅲ. ①语文教学—教学研究 Ⅳ. ①H19

中国版本图书馆CIP数据核字（2019）第293241号

语文视域的名师研究　　岳维鹏　著

责任编辑　向红伟
责任校对　王　娟
封面设计　木　叶
责任印制　殷　戈

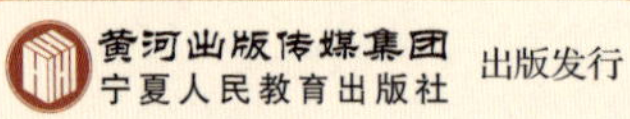

出版发行

出 版 人　薛文斌
地　　址　宁夏银川市北京东路139号出版大厦（750001）
网　　址　http://www.yrpubm.com
网上书店　http://www.hh-book.com
电子信箱　jiaoyushe@yrpubm.com
邮购电话　0951-5014284
经　　销　全国新华书店
印刷装订　宁夏银报智能印刷科技有限公司
印刷委托书号　（宁）0016152

开本　720 mm × 980 mm　1/16
印张　22　　字数　320 千字
印数　1000册
版次　2019年12月第1版
印次　2019年12月第1次印刷
书号　ISBN 978-7-5544-3755-1
定价　35. 00元

目 录

名师素养

名师学术

名师实践

名师艺术

一位语文教师对自己的追问

（代序）

已过知天命之年。

回首大半生职业生涯，全身心教高中语文9年，边进行语文教学、边参与管理学校7所（吐哈油田二中、吐哈油田高级中学、六盘山高级中学、银川一中、长庆高中、育才中学、宁大附中）共16年；在自治区教育厅教研室工作5年；兼职担任宁夏大学语文课程与教学论专业研究生导师6年，任教课程为语文名师教学研究，带研究生专业课2届，参与研究生培养27人。担任宁夏中语会理事11年，副理事长6年；全国中语会常务理事5年。《语文视域的名师研究》即将付梓，想以之作为我从教30年的纪念。

自然生命已过三分之二，职业生涯已过四分之三，很想追问自己几个问题。

追问一：我是谁呢？

萨特说，人活着要做自己。可是连自己是谁都不知道，如何去做自己呢？希腊帕耳那索斯山脚下，德尔菲神庙已经耸立了3000年。传世神谕有600余条，警示世人最深刻的永远是这句箴言：认识你自己。

从苏格拉底开始，这个哲学命题一直主导着人类的哲学思考，既有许多答案，也是无底之谜。上帝造人的时候，给了人一双向外看的眼睛。人的眼睛没有内视自己的功能。认识自己，真的很难。

亚里士多德和马克思都说过，人是一切社会关系的总和。我是什么样的社会关系的总和呢？康德说，人是绝对精神投射的表象。我能描述自己的绝对精神吗？我只能隐隐约约部分性感知到自我精神的存在。萨特说，人从他被投进这个世界的那一刻起，就要对自己的一切行为负责。我的一切行为是理性支配的吗？我的那些不受理性支配的行为，我是如何为它们负责的？我是一滴水呢，还是一块冰？我是春天的绿芽呢，还是秋天的枯枝？我是一座山呢，还是匍匐在山脚的丑石？

历史如穹宇，生命如星辰，答案如谜底。

追问二：我是语文教师吗？

什么样的人，才可以称之为教师呢？什么样的教师，就可以称之为语文教师呢？拥有语文教师资格证书，具备语文教师现世身份，就真的是语文教师吗？一个玩不转手术刀的人，即使是医学博士，仍然不是外科医生；一个把剃头刀玩得很转的人，即使能将发型变成艺术，也不是外科医生。

尽管断断续续教了30年语文，我有时盘桓于语文和语文教学的迷宫之中，有时盘桓于语文和语文教学的迷宫之外，走不进去的时候有之，走不出来的时候有之。横看并不成岭，侧看也不成峰。不识庐山真面目，只缘浅入庐山中。

为了回答清楚自己是不是真的语文教师，我虔心做起了现代语文开山之祖叶圣陶老师的学生，我希望从叶老的语文教育阐述里找到答案；为了回答清楚自己是不是真的语文教师，我开始阅读早年教过语文的朱自清、闻一多、沈从文、钱穆、钱理群，开始阅读对中国现代课程体系建设居功甚伟的蔡元培、陶行知，开始阅读语文教育理论家吕叔湘、张志公、张中行，开始阅读始终关注语文教学的顾黄初、温儒敏、朱永新、陈钟梁、孙绍振、陶继新、吴心田、陈望道、刘国正、章熊、顾振彪、张定远、郑国民、苏立康、周正逵、曾祥芹、韩雪屏、童庆炳、周正逵等学者论著，开始阅读改革开放后引领语文改革大潮的于漪、钱梦龙、魏书生等大师，开始阅读李吉林、洪宗礼、洪镇涛、陈日亮、黄玉峰、于永正、贾志敏、张孝纯、霍懋征、斯霞、袁瑢、丁有宽、余映潮、冯恩洪、赵谦翔、伊道恩、顾德希、高万祥、周一贯、张化万、余蕾、欧阳代娜、胡明道、宁鸿彬、支玉恒、靳家彦、尤立增、梁捷、沈心天、陈天敏、王俊鸣、王大绩、赵大鹏、陆继椿、张富、刘朏朏，开始阅读李希贵、李镇西、孙双金、黄厚江、陈军，程翔、程红兵、程少堂、窦桂梅、黄厚江、韩军、王崧舟、严华银、储树荣、李胜利、李海林、汪潮、王健稳、虞大明、孙建锋、吉春亚、王君、邓彤、李海林、张祖庆、李卫东、刘祥、史金霞、王艳霞、李迪民等语文名家。前后读了名师专著140册。无缘去亲近大师本人，一直在亲近大师作品。

意识到了一个问题：我和朱自清时代的语文先生，和白马湖畔的那些语文先生，根本无法相比。自己粗鄙的，只是朱自清们深宅外面的流浪汉。自己从前的许多语文教育言行，和这些先哲大家的语文教育阐述相去甚远。我感觉自己所教的语文，是对祖国语文的异化、弱化、虚化乃至丑化。语文就在我的对面站着，但我看不清楚它的模样；学语文的孩子就在我的对面站着，但我看不清楚他们的模样。

台湾作家张晓风写过一篇文章《我交给你们一个孩子》。“今天早晨，我交给你一个欢欣诚实又颖悟的小男孩，多年后，你将还我一个怎样的青年？”我的语文课，能给孩子的父母一个什么样的答卷呢？我知道并不及格。

我隐隐约约感觉到：自己很对不起语文。语文是祖先留下的国语，我却只把国语当作了谋生的饭碗；我没有把自己祖国的母语学好，更谈不上教好。唐诗三百首，背不出几首；诗经三百篇，默不出几篇。

我隐隐约约感觉到：很对不起语文课堂里来听我课的那些孩子。我因为你们来听课而获得职业，因为你们来听课而获得收入，因为你们来听课而养活自己，因为你们来听课而养活家人，因为你们来听课而获得高级教师职称，因为你们来听课而获得虚誉，而我没留给你们什么像样的语文教学。我讲了那么多错误的知识，我多少次读错别字，我多少次不认真地改作业，我多少次没备课就上了讲台，我给过多少年轻的心灵以虐待，我误会过多少孩子，还有过体罚，有过情绪失控，有过许多与语文教师身份很不匹配的课堂言行。

一辈子教语文，必须说清楚一件事：什么是语文；一辈子当语文教师，必须说清楚一件事：什么是语文教师。这两件事，我至今没有做到一件。从教三十年的纪念，只有两句话想说：给语文道个歉，再给听过我课、被我误伤过的学生道个歉。

追问三：余生不长，怎样追求语文？

古罗马皇帝、哲学家奥勒留在《沉思录·卷五》写道：“尊重那宇宙中最好的东西。这就是利用和指引所有事物的东西。同样也要尊重你自身中最好的东西，它具有跟上面所说的同样的性质。”今后对于语文，我将应该持有什么样的态度才够严肃呢？

一定要教有根的语文。中国语文的根在《诗经》，根在《楚辞》；根在《左传》，根在《史记》；根在太白，根在东坡；根在红楼春梦，根在纳兰性灵；根在《文心雕龙》，根在《人间词话》。语文教师一个基本的特质就是读书。读书必有选择，选择首选经典。读书当读有脉的书，当读有根的书。人可以是草根之人，所读之书却不能是草根之书。

一定要教有魂的语文。中国语文的魂，在道，在志，在授业解惑，在为天地立言，在继往圣绝学。文以载道，诗以言志，民族优秀文化永远是语文的内核。语言也好，文字也好，瓶子里装的是有魂的酒：中国精神，中国元素，中国本色，中国内质。

一定要教有滋有味的语文。思考语文本来的样子，建设语文课堂应有的样子。把语文当作语文教，把语文嚼出语文味。

一定要教有温度的语文。课堂，原本为孩子而设。教师只是教科书和孩子之间的桥梁。让孩子在过桥的时候，看到河里的游鱼动，闻到岸边的野花香。让孩子感受到语文课本的温暖，让孩子感受到语文的体温，让孩子内心深处喜欢语文，让孩子灵魂深处热爱语文。

一定要教有尊严的语文。不跪着读书，阅读需要挺直脊梁；不跪着教书，语文需要昂起头颅。中国本位，世界视野，人类情怀。语言在演变，大国在演义。民族文化接力棒正在我们这一代人手中，正在我们这一代语文人的手中。奔跑吧，让世界感觉到中国语文的力量！创造吧，让世界感觉到中国语文的精美！

一定要享受教书先生幸福的每一天。年轻时候觉得当语文老师很丢人，酒过三巡却觉得语文的小酒很醉人。三尺小讲台，一方大宇宙。林清玄在《幸福的开关》里说：“我们的幸福与否，正是由自我的价值观决定的。”吉奥诺说：“人类无论处在什么样的情况下，再贫瘠，再悲惨，都会遇到幸福的问题，而自我是得到幸福的唯一因素。”

陈金才老师说：“教育是对自我意识的唤醒。”我们在唤醒他人意识之前，需要先唤醒了自己的意识。我们在用语文熏染孩子之前，先用语文熏染透彻自己。让自己由内心去敬重语文，任自己的生命去融入语文。

陈日亮老师说“我即语文”。的确，语文并不是我，但我一定要努力成为语文。

2018年6月21日

名师素养

语文名师的基本内涵

一、语文教师

教师概念溯源。“师”字最早出现是在甲骨文中，甲骨文有“文师”之称。扬雄在《法言·学行》里曾说：“师者，人之模范也”；董仲舒在《天人三策》说：“《春秋》大一统者，天地之常经，古今之通谊也。今师异道，人异论，百家殊方，指意不同，是以上亡以持一统；法制数变，下不知所守”；司马迁在《史记》说：“国之贤相良将，民之师表也”；袁宏在《后汉纪》说：“经师易遇，人师难遭”。“师”在古代含有学习、模范、表率等含义。

教师的职业生涯和其他职业相比有什么不同呢？周勇先生《大师的教书故事》一书写了陈寅恪、钱穆、沈从文、顾颉刚、朱自清、鲁迅等六位大师当教书先生的故事，书中有句话让笔者很受启发：“教书的人生，与其他的人生有明显的区别。”教师的职业生活可以从其“谋生”“教学”“治学”三个维度去考察。

语文教师的基本理解：教师的模样+语文的模样=语文教师的模样。

所谓语文教师的生涯，就是以语文“谋生”、以语文“教学”、以语文“治学”的系列行为及其衍生性后果。语文教师的人生不同于非教师的人生，也不同于非语文学科的教师人生。语文教师以培养人才为己任，以造福未来为担当，以成就民族语文为事业，在全社会三百六十行中相对而言是个修身、修学、修德、修福的好职业；在诸学科教师中以博、以雅、以正而著称。

二、“名师”

1.“名师”之“名”。

（1）“名”的基本理解。有名声、名誉、名望、名头等多种含义。

（2）“名”有层次之分。刚出道的叫出名；久有影响的叫闻名；赞誉一片的叫名满天下、名扬四海。

（3）名与实之辨。名与实未必相符。有的名实相符，有的名大于实，有的实大于名。有名有实，叫名不虚传；名声超过实际，叫名不副实；名存而实不在，叫徒有虚名。

（4）名声来源。正当渠道得到名声是名正言顺，不正当手段得到名声是欺世盗名。

2. 所谓的名师，有名气、名誉、名望三层含义。

首先是有名气。

（1）何为“气”呢？气是人由内向外生发的无形状而有感知的物质，也是人由外向内吞吐的物质。“气”者，有气质、气概、气节、气量、气息、气脉等多种含义，还有正气、大气、才气、豪气、英气、硬气、朝气、阳气等含义。不论哪种“气”都说的是人的状态、神韵、内涵。

（2）名与气的关系之辨。“气”侧重气质、气韵，属于对人内在神采的描述；“名”侧重于名望、名声，属于外界对人的社会认可。一般而言“名”因“气”而生，有“气”才会有“名”；反之，“气”因“名”而长，“名”越大“气”也越高。

（3）名师之“名气”的含义界定。名师的“名气”，应该是才气、正气、气脉三者的混合场。

（4）浅论名师之“名气”的来源。①名师的“名气”，应该是见识的产物。德国哲学家尼采说过，“一般人将不熟悉的当作熟悉的，科学家呢？将熟悉的当作不熟悉的，从熟悉的当中看出本质。”②名师的“名气”也是高贵行为、高雅举止的产物。孟子说：“人有不为者，必有所为。”③名师的“名气”还是事业自信、专业自能的产物。德国哲学家尼采说：“自我否定和否定他人一切的人，不可能有所作为。”④名师的“名气”是语文教师在教育工作中大有作为的伴生物。得“气”者必然得势，乘“势”者必然有为。所谓“气势”有着深刻内涵。

其次是有名誉。名气是说知名度，名誉是说赞誉度。两者概念接近却略有区别。

（1）“誉”的基本理解，就是肯定，就是荣誉，就是赞美。

（2）“名”与“誉”的关系辨析。名师因为被赞美而得名。名誉的大小，通常与其所从事的职业成就有着直接关联，与其学术实力相称，与其教育贡献吻合，体现积极的社会价值。

再次是名望。名师是有名望的老师。名望，说的是人跨时空的影响力。

名气、名誉、名望三个概念是递进关系。

三、“明师”

1. “明师”的基本理解。

（1）明师是教学个性鲜明的教师。

（2）明师是道德贤、事理明的老师。

2. “名师”与“明师”关系之辨。

《韩非子·五蠹》说：“文学习则为明师，为明师则显荣。”“明师”是“名师”的基础和前导，没有真“明”哪有真“名”呢?

3. “明师”具体应该“明”些什么呢?

（1）应该“明德”。《大学》第一章有“大学之道，在明明德，在亲民，在止于至善。知止而后有定，定而后能静，静而后能安，安而后能虑，虑而后能得。物有本末，事有终始。知所先后，则近道矣”。古人所谓“大学”是指“大人之学”。所谓大学就是关于道德修养的“大人之学”。“大人之学”的价值指向首先是“明明德”。

（2）要“明理”。《元史·良吏传》记载：“读书务明理以致用。”即明白道理，明白事理，明白世理。不仅明理，还要致用。《大学》说：“致知在格物，物格而后知至。”明师就是悟世道、格物理、求真知的人。

（3）要“明志”。宋代王安石先生在《游褒禅山记》中写道：“于是余有叹焉：古人之观于天地、山川、草木、虫鱼、鸟兽，往往有得，以其求思之深而无不在也。夫夷以近，则游者众；险以远，则至者少。而世之奇伟、瑰怪、非常之观，常在于险远，而人之所罕至焉，故非有志者不能至也。有志矣，不随以止也，然力不足者，亦不能至也。有志与力，而又不随以怠，至于幽暗昏惑而无物以相之，亦不能至也。然力足以至焉，于人为可讥，而在己为有悔；尽吾志也而不能至者，可以无悔矣。”在实现事业的艰难路途中，外物帮助、自身实力等因素固然重要，更重要的因素则是志向坚定。

（4）要“明法”。任何事件的推进和解决都有方法论方面的考量。将原始、朴素、潜意识的原生态做法，加以提炼、归纳、总结，升华为方法，经过优化后再实践，随后再提炼、再归纳、再总结，好方法不断完善，螺旋递升。方法一般源自经验，好方法才是能开锁的好钥匙。

（5）要“明人”。本处所谓“明人”，运用了使动用法，是“使人明”的意思。既是指明白别人，也是指明白自己。明师，不仅意味着自己“明”，也更要使学生“明”。一个教师“以己昏昏”，又如何可以“使人昭昭”呢？“贤者以其昭昭使人昭昭，今以其昏昏使人昭昭”，语出《孟子·尽心下》。孟子所说的贤者其实就是能够“使人明”的明师。教师自己做明白人，也要让别人因跟着自己学习而更明白。

四、“名士”

南怀瑾在《老子他说》说：“唯大英雄能本色，是真名士自风流。”此句引自明代洪应明说理劝世的作品《菜根谭》。

“名士”由两个部分组成。

其一，名士必为名人。何为名人呢？唐代诗人罗隐《酬寄右司李员外》诗云：“左省望高推健笔，右曹官重得名人。”

其二，名士也必是“士人”。中国文化语境里特别看重一个“士”字。《说文》释义：“士者，事也。”人能够“任事”，才可以称之为“士”。“士”在《论语》一书也反复出现，备受孔门尊崇。“士”绝不指向凡夫俗子。“士”，意味着个人的优秀和杰出，更意味着对群体的担当和责任。

中国文化何以看重一个“士”字呢？因为首先“士”是有志之人。《论语》记载：“士志于道。”《孟子》也有许多关于“士”的记载。王子垫问孟子曰：“士何事？”孟子曰：“尚志。”又说：“士穷不失义，达不离道。穷不失义，如士得已焉；达不离道，故民不失望焉。”

其次，士是有品行的人。孟子说：“无恒产而有恒心者，唯士为能。”《吕氏春秋·正名》记载尹文与齐王的对话：“尹文曰：‘今有人于此，事亲则孝，事君则忠，交友则信，居乡则悌。有此四行者，可谓士乎？’齐王曰：‘此真所谓士已’。”

再次，士是有学识的人。《荀子·大略》记载：“子赣、季路，故鄙人也；被文学，服礼义，为天下列士。”

我国对“士”的美誉有“直士”“志士”“善士”“信士”“廉士”等。赞誉“士”的理由只有一个：我们在“士”字上隐藏着关乎道德、关乎学问、关乎事业的精神寄托。名师作为卓越的读书人、优秀的教书人，岂能不是名士？名师不仅是名士，而且应该是洪应明、南怀瑾所谓的“真名士”。

五、语文名师列举

语文名师，就是在语文教育领域内有名气（语文才华）、有名誉（语文业绩）、有名望（语文影响力）的老师。

语文名师有狭义和广义之分。狭义指获得行政组织、学术组织认可并以某种正式形式确定的语文名师，比如江苏省“人民教育家”、山东“齐鲁名师”、吉林“长白山名师”、宁夏“塞上名师”、河北“燕赵名师”等；广义指在本地、本校、媒体、专业机构受到区域民间高度认可的优秀语文教师。这两类教师（教授）都是语文名师。

我国自古语文大家辈出。以20世纪上半叶为例，大学有讲“中国小说史”出名的鲁迅、讲“庄子”出名的刘文典、讲“楚辞”出名的闻一多、讲“训诂学”出名的陆宗达、讲“古代汉语”出名的王力、讲“古典诗词鉴赏”出名的顾随、讲“唐诗”出名的林庚、讲“美学”出名的朱光潜等等。中小学也不乏大家，钱穆、朱自清、沈从文、叶圣陶、夏丏尊、张中行等大师都曾活跃在中小学语文教学课堂上。这些语文大师普遍具有学问大、成就大、影响大的特点。大师的逸闻趣事已经积淀为20世纪中国语文教育史里的宝贵财富。

当代语文讲坛上，有没有语文名师大家呢？经知名出版社和学术刊物公开选编的名师如下：

瞿葆奎主编的《优秀语文教师上课实录》（人民教育出版社，1980），收录陆继椿等语文教师44人。

刘国正主编的《我和语文教学》（人民教育出版社，1984年），收录张孝纯等语文教育专家32人。

刘国正、张定远主编《中国著名特级教师教学思想录·中学语文卷》（江苏教育出版社，1996年），收录洪宗礼、宁鸿彬、欧阳代娜、顾德希、魏书生等语文名师13位。

杨再隋主编的《中国著名特级教师教学思想录·小学语文卷》（江苏教育出版社，1996年），收录斯霞、李吉林、靳家彦等语文名师11位。

教育部原师范司、课程教材研究所编著的“中国特级教师文库”（人民教育出版社，2003年），收集于漪、吴昌顺、蔡澄清、李元功、李吉林等特级教师5位。

袁振国的《中国当代教育家丛书》（高等教育出版社，2004年），收录张化万等教师11人（不仅限是语文学科）。

教育部原师范司主编的《教育家成长丛书》（北京师范大学出版社，2006年），收录丁有宽等教师20人（不全部是语文学科）。

于永正主编的《名师课堂经典细节·小学语文卷》（江苏人民出版社，2007年），收录著名小学语文特级教师孙建锋、薛法根、徐善俊、虞大明、胡君、葛根铨、贺成金、俞国娣、马晓玲、徐德兰、金明东、王文丽、张建平等教师的教学案例119个。

于漪、刘远主编的《名师讲语文》（语文出版社，2008年），收录蔡明、李卫东等中学语文教师20人，盛新风、吉春亚等小学语文教师13人。

裴跃进主编的《教学名家谈成长》（北京师范大学出版社，2013），收录周益民、李海林、周一贯等语文教师33人。

陶继新主编的《智慧教法感悟——中语名师课堂教学集锦》（福建教育出版社，2014），收录王君等10位教师的课例。

中国教育报刊社、人民教育家研究院编写《教育家成长丛书》（北京师范大学出版社，2016），收录洪宗礼等教师45人（不仅限语文学科）。

朱永新主编《中国著名特级教师教学思想录（一）》（华东师范大学出版社，2016），收录管建刚等教师14人（不仅限语文学科）。

张定远、刘立峰主编《语文名师教学文库》（文心出版社，2016）收集语文名师赵炳庭、董一菲、储树荣等48人。

以上所列出版物和教师名录，仅限笔者收集部分。

六、语文名师成因

唐代诗人刘禹锡在《陋室铭》说：“山不在高，有仙则名。”语文名师的成功源于以下几个方面：

——源于规律“明”。对于教育规律、教学规律、学生认知规律、学生成长规律、社会发展规律等理解透辟。

——源于实践“明”。名师知道好课是什么样子，知道好学生是什么样子，好教师是什么样子。他们勤奋踏实如牛，为人师表如松。踏踏实实获取教学实践的经验。可见天下最怕“认真”二字。

——源于学习“明”。学习学习再学习，反思反思再反思，借鉴借鉴再借鉴。大学毕业并不意味着学习结束，登上讲台意味着新的学习的开始。职前学习，固然可贵；职后学习，才更有用、才更真实。凡是一流的教师都有院校毕业后超乎常人的职业学习经历。在学习中拓展，在反思中积累，在积累中成熟。

——源于创造“明”。教育是立足当下、面向未来的事业。用心去进行课堂的创造，不是重复着的一个一个的故事，而是创造着的一个一个的奇迹。深刻的思想是创造的动力，深邃的思维是创造的源泉。

——源于真“名士”的节操，修养自己的师者之心。

——源于真“名士”的担当。知道自己的责任所在，一心一意为国抡才，让教学片段成为一个个有温度的故事。

语文名师的特征归纳

语文名师是指热爱语文教学、熟悉语文教育规律、在语文教育教学实践中成效显著、在语文教育领域有公共影响的优秀教师，既要是名师，也要是明师，更要在人格和担当上是名士。其内隐特征如下。

一、三个“非常爱”

1. 都非常热爱母语，热爱母语教育。

程翔老师说，“任何学科都要使学生身体健康、知识发展，但路径不一样。语文学科选择的就是母语的角度。一定要培养学生热爱祖国语言文字的感情。我教《最后一课》时，告诉学生，汉语也是世界上最优美的语言。汉语有强大的生命力，对外来文化有强大的包容力，非常值得我们骄傲。我们所写的汉字有几千年的历史，要敬畏我们的汉字。”

2. 都非常爱孩子。

能给孩子深刻持久的正向人生影响。

3. 都非常爱阅读。

窦桂梅老师在《让我飞翔的是书》一文写道：“读书，使精神高贵而丰富，亦使生命深刻而阔远。读书，让我们在有限的从教时间内，实现自身的无限。”

二、三个“有”

1. 都有较高的语文学科专业素养。

一位教师曾这么描述他心中理想的语文教师：“一个中学教师如果对自己要求高的话，首先要做好中学教师工作，能把课教好，让学生喜欢他、爱戴他……再其次，他应该有学者的风采，具备学者的素养，有自己的学术阵地；最后，他要有一点儿文学创作，特别是对语文教师来说。”

2. 教学都有一定的创造性。

语文教学具有专业性、深刻性和独创性。名师靠教书吃饭，靠读书养神，靠写书卓越，善于更新理念，更新知识，更新技术，更新工具，更新方法，持续进行语文教学的创新创造。余映潮在《致语文教师》一书的“教学智慧”部分集中阐述了语文教师的教学创新，分为“教学理念”“教材研读”“教学创意”“教学思路”“教材处理”“教学手法”“提问设计”“课中活动”“语言教学”“教学细节”“朗读教学”“教学方案”十二个方面。

3. 都有一定的专业引领能力，有的名师具有课改领导力。

名师余蕾用她的专业思想影响了另一位名师郭锋的成长，名师王崧舟用他的专业思想影响了另一位名师张祖庆的成长。

李镇西老师将自己的课改心路浓缩为一句话：“在于漪们的引领下开始课改。”他写道：“我的语文教育事业一开始就被于漪们所掀起的教改大潮激荡着、影响着。这里所说的于漪们，指的是包括于漪、钱梦龙、顾黄初、张孝纯、魏书生、欧阳代娜、陈钟梁、洪镇涛、洪宗礼、蔡澄清、宁鸿彬、吴心田、刘朏朏、张富、陈日亮等改革开放以来在语文教改方面勇于探索并卓有成效的先行者。不管今天以怎么样的新理念、新观点来反思过去的语文教育，也不管语文教育改革的潮流还会如何激荡向前，当我们回首20世纪最后20年中国语文教育发展历程时，于漪们的意义是回避不了也抹杀不掉的。”

三、三个“在”

1. 在语文学科教学领域能力突出。

善于做事，将事做多，将事做好，将事做对，将事做到精致，将事做到令人感动。此处所谓的“事”，主要是指上好语文课。学科教学方面能把握本质，抓住规律，扼住要害，掌控全局，引导走向。

2. 在语文教育领域实践能力突出。

善于挖掘学科育人价值，善于人文教育，善于班主任工作，甚至善于学校管理。想得比别人远，行得比别人正，骨头比别人直。

3. 在教育事业发展和社会事业发展中成绩突出。

有的事业贡献往往不局限于学科内，成果具有复合性特征。李希贵老师对“因材施教”教育理念不断丰富与发展，建立“因材施教”平台，尝试语文主题学习实验等，逐渐成为现代教育的思想大家。

四、三个“具有”

1. 具有较高的教育科研和教学研究能力，形成丰厚的科研成果、学术成果。

能从行为中收获经验，从经验中总结规律，从规律中形成理论，从理论中反哺和指导实践。

2. 具有一定的社会知名度、美誉度。

他们都是以德树人、以学修身、以勤敬业、以研为乐、以校为家、以课为天的人，立德、立功、立言三位一体，都受到了学生、家长、社会的高度赞誉。

3. 都具有持续发展的职业愿景和不懈追求的职业志向。

绝大多数名师不在原地踏步，不在歧路乱步，不在难处停步。

五、五个“人”

1. 都是有生活阅历的人。

课如其人，人如其课。名师的生活阅历一般丰富而深刻，又深深影响着文本解读和教育理解。华中师范大学杨再隋教授在评价贾志敏、支玉恒等老一辈语文名师时这么写道：“正是老教师们经历了时代的巨变、社会的转型、历史的沧桑，品尝过人生百味，感受过世态炎凉，他们的生活阅历、人生经验，厚实了他们的深厚底蕴，丰富了他们的文化内涵，积淀了宝贵的人生财富，使他们对于生活的理解、对于人生的感悟，其深度、广度、力度都是年轻人所无法比拟的。而这些都将自然地融入他们对文本的认识理解以及对教育本质的诠释之中。”

2. 都是道德高尚的人，都以高尚的言行示范学生、影响社会。

于漪老师认为：“教师的行为示范，是指教师的行为能够感染学生，让学生追慕效仿。除了学识上的效仿，学生还效仿教师的仪表风度、言谈举止、姿态表情。教师必须同时重视自己的内在涵养和外在形象，教学过程当中注重仪表美、教态美、语言美。教师一旦产生为别人当榜样的意识，就会主动去求知。”

教师的言行，基础层面是给学生做榜样，深刻层面是给社会当引领。教师是全社会的良心，教师也是全社会的风尚。

3. 都是比较纯粹的读书人。

李镇西在《钱梦龙，不仅仅是教育家》一文这么评价钱梦龙：“钱老师首先是一个有良知、有骨气、心灵年轻、视野开阔、志向高远、精神自由的现代知识分子。”

4. 大都是性情中人，有真性情，有大性情的人。

贾志敏、支玉恒、靳家彦、于永正被称为“小语四老”，哪个不是真性情中人？贾志敏在《我和老于》一文这么评价于永正，“老于为人耿直，直如朱丝绳；心口如一，清如玉壶冰”；谈永康老师这么评价贾志敏，“全身心投入，用生命唱歌”。

5. 大都是普通出身。

他们不少人都是寒门出身，不是出生“书香门第”，而是出生“稻香门第”；他们不少人没有社会根基，父辈不是一草根，就是一根草；他们不少人最初学历不高，大多是中师毕业、师专毕业，甚至是社会大学毕业……黄厚江老师在《我和我的本色语文》写道：“我是一个平民语文人，我是一个农民式的语文教师。在语文教师中，我除了农民式的勤劳，一无所长。”

他们流着辛勤工作的汗水、淌着挚爱事业的泪水，用拼搏改变学生命运，用良知改变教育风气，用学术引领学科发展，用智慧创造课改奇迹，用业绩证明自身价值。他们没有赢在人生的起跑线上，却赢在了漫长的职业旅途上。语文名师用“教文育人”诠释和发展了“卓越”的含义。

六、向语文名师学习——研究名师，发展自己

我们要学习名师的优秀，也要做优秀的名师。苏格拉底说：“未经检视的人生没有价值。”

名师即师德高地。学习名师，意味着我们开始仰慕道德高地。普通的语文教师，需要面对语文名师进行自我教育。语文教师最好的专业学习，是从语文行业领军人物里寻找能够启迪自己生命的原型，作为参照

进行深度自我挖掘。语文教师要善于利用语文名师的世界建构属于自己的精神世界。当下的语文教育并不完全为了当下，而是影响着学生的未来和未来的世界。让课本有格局的前提是教师自己有格局。语文教师的胸怀决定着教室空间的有界和无界。普通教师开阔语文课堂视野的基本办法是参考名师、超越名师。

名师即学术前沿。学习名师，意味着我们开始接近学术前沿。余映潮老师在《研究名师发展自己》一文写道："中学语文界的名师，是中学语文教学的前沿。研究名师的意义之一在于感受学术界的前沿，感受本学科教学理念、教学观点、教学研究、教学实验、教学艺术的前沿。"

名师即事业标杆。学习名师，意味着普通教师开始了追求不平凡、实现不普通的事业征程。在语文教学的征程中，不是你有了条件才可以成功，而是你想成功才去创造条件。时间抓起来就是黄金，抓不起来就是朱自清在《日子》里咏叹的流水。"路漫漫其修远兮，吾将上下而求索"，这是屈原在《离骚》里写就的常谈老话，也是成就语文名师的亘古真理。

语文教师的职业素养

语文教师在一定意义上是公共权力的掌握者。教育体制赋予语文教师以语文教育的话语权力和语文教学行为的选择权力。话语权力即教师传递主导意识形态的权力，筛选权力即对教育行为筛选的权力。语文学科高度复合的学科文化承载决定了语文教师的教育言行会对学生、对社会产生深刻影响。因此，对语文教师职业素养的要求应高于一般教师和一般行业。

一、语文教师的职业素养

于漪老师提出语文教师素质论的四要素："德、才、识、能。"于漪说："教师在学生心目中的地位，不完全取决于业务水平，而是取决于德、才、识、能的综合因素，取决于人格和品行。"

1. 语文教师要有品德素养。

人，既是教育的核心，也是教育的归宿。教育的真正价值在于启迪健全的心智和建构完善的人格。于漪说："教师要让学生明做人之理，明报效国家之理，千万不能重智轻德，办没有灵魂的教育。"她认为人师是"智如泉涌，行可以为仪表者。"

2. 语文教师要有知识素养。

于漪说："要教好课，教师的功底很重要……一个教师，业务上也一定要有实力。"于漪还说："万丈高楼平地起，要盖高楼大厦，基础一定要深、正、扎实。当教师也一样，要合格，要胜任，要有后劲，功底必须打得扎实。”

3. 语文教师要有创新素养。

于漪认为，语文教育要培养创造型人才，教师必然要具有良好的创新素养。教师创新素养包含创新意识和创新精神。教师要培养创新精神，要乐于从事创新活动，能够随机应变，能够开展创造性教学。要善于对学生的创造性活动作出创造性评价。

程红兵老师提出“识、情、能、德”俱全的教师素质论。从“识”来讲，只有教师拥有丰富的学识，在语文教学活动中才能够给学生以更多的知识呈现；从“情”来看，教师必须拥有丰富的情感，有正确看待事情的情感观，有同情心，有爱心；从“能”来看，教师应不断提高自己的能力，追求自我的提升；从“德”来看，老师的德行反映的是教师的人品，有德行的教师才是真正的教师。

宁夏银川一中特级教师郭凤虎老师提出语文教师素养的“六有”结构：要有唯我是尊的师者风范，要有精益求精的敬业精神，要有合作学习的新型理念，要有随机应变的主持技巧，要有力能扛鼎的过硬本领，要有平易近人的职业热情。

宁夏平罗中学特级教师闫学军老师认为语文教师的核心素养有五个方面的表现形式：一张好口，一笔好字，一篇好文，一架好书，一身好艺。前三者是外在显现，后二者是内在学养，五者相辅相成，相得益彰，共同支撑起语文教师素养的大厦，影响着教师的教育理念和内容，影响着学生的学习行为，影响着教育质量和教师的生活质量。

二、语文名师的职业素养

窦桂梅老师认为语文教师就应该是语文的化身。她说：“对于语文老师而言，专业素养意味着什么呢？语文教师应当成为‘语文的化身’。这里的‘语文的化身’应是‘用语文的方式教语文’。语文的方式不仅仅指语文课区别于其他学科的教学方式，更是指用语文的方式来思考、来感悟、来表达，叙事、隐喻、抒情、对话，乃至一声问候、一句评价。那课堂上的分分秒秒，语文老师不仅仅属于自己，他还应当成为语文。是否还可以这样说，如果以前我们说‘我是教语文的’，那么，我们今天应说‘我是用语文教的’。”

语文名师的职业素养要高于一般的语文教师。可以用“一个核心概念、四个维度”去描述。一个核心概念就是“更专业”，四个维度是“更敬业”“更精业”“更乐业”“更进业”。

更敬业指向职业态度，具体而言落实到良好的职业道德和师德上。包括热爱教育，热爱工作，热爱学生，核心是热爱学生。爱学生，是爱无等差，有教无类，阳光普照。不只是爱学习好的学生，而是爱各种各样的学生。于漪老师在《昭苏万物春风里》一文指出：“回顾自己的教学经历，对学生的情感经历了三个阶段的变化。开始教语文时，我心中装的就是语文课本。只想把课上好，学生的观念淡薄得很。也就是说，胸中有书，目中不大有人。后来在教学实践中师生接触越来越多，感情日益增添，目中学生多起来，但装的往往是爱好语文、成绩拔尖的少数学生。教师的职责不是教几个拔尖的，应该是教好每一个学生。当我领悟到这一点时，脑子似乎豁然亮堂，胸怀似乎宽广起来。也就是说，心中不仅装书，还装下所有的教学对象。他们中每一个的语文基础、学习难处、心理特点、兴趣爱好都牵动着自己的心。也就在这个时候，我才真正体会到什么叫教师。”

更精业，指向职业能力和职业实践，具体落实到学科教学素养上。包括学科专业知识、教学基本技能、课堂教学技术、学科教育能力。

更乐业，指向与职业有关的人际关系处理和建构。包括个人与集体的关系处理是否恰切、个人在组织层级中的站位是否得体，与同伴合作能否实现深度、师生关系是否融洽、家校互动是否良性等。教育关系是否融洽，直接影响职业体验，间接影响职业追求。

更进业，指向教师持续的教育发展能力，包括教师的教学研究能力、教学反思能力、自我专业提升能力、教学创新能力。

三、语文名师一生以职业素养提高为追求

于永正老师认为语文教师素质直接影响学生素质。他说："什么是素质教育？素质教育是老师素质的教育。你有什么素质，你才能给学生什么素质。一个老师素质很高，那么你的一言一行一颦一笑都是语文，都散发着巨大的魅力，都影响着学生。"

所谓语文名师，就是一生都在严肃认真地发展自己专业素养的人。语文特级教师于漪当选为"2009教育年度新闻人物"，颁奖词写道："她已是80岁的耄耋老人，有着60年的教学生涯。至今她依然活跃在语文教学改革的第一线，坚守'在讲台上用生命唱歌'。她深爱着学生，痴迷着语文教学。'我做了一辈子教师，但一辈子还在学做教师！'她用这样的话语不断地鞭策着自己，也勉励着更多的青年教师。于漪，师者的楷模。"

语文承载着民族语言教学、民族优秀文化传承等重大文化使命和教育使命。曾子说："士不可以不弘毅，任重而道远。"语文名师都深感自身素养对学生和教育事业的影响，他们责任在肩、激流勇进、奋发有为、耕耘不辍、成绩斐然，以实际行动丰富和发展着自己的职业素养。

语文名师的伦理核心

“世界上没有比当医生和教师更富有人道主义色彩的职业了。医生直到病人最后一分钟还要为挽救他人的生命而拼搏，绝不会让患者感到自己病情严重，甚至毫无希望，这是起码的医德。我们教师应该在自己的集体中发展、深化我们的教育道德，应该确信教育中富有人情味的开头正是每个教师素养中最重要之点。”苏霍姆林斯基从伦理学角度，将教师职业道德视为人类职业道德的最高点。

王阳明先生在《咏良知四首》写道：“个个人心有仲尼，自将闻见苦遮迷。而今指与真头面，只是良知更莫疑。”阳明先生指出，拿外来的“闻见”作为衡量善恶之标准是靠不住的，真正的准绳是源于人内心的高贵的良知。教师要把内在的“良知”深度挖掘、充分实现。

一、教师伦理精神的核心

1. 爱学生——一生矢志不渝。

于永正老师说：“教育事业说到底是爱的事业。”

黄玉峰老师说：“我爱语文，更爱学生。”

窦桂梅将爱学生贯穿于教学各个环节，在课堂中注重加强师生之间的交往和互动，让学生始终处在一种真正民主、平等、宽松的对话环境中，鼓励学生，启发学生，与学生磋商，充分调动了学生学习的积极性。窦桂梅采用书信的形式开展学生和家长的、学生和教师的对话活动……通过这些活动，学生的心灵受到触动，情感、态度、价值观受到培养，在潜移默化中提升了学生的精神人格。

优秀教师都把学生当作自己的孩子看待，甚至把别人的孩子看得比自己的孩子还亲。笔者的大学老师、知名古汉语学家张实老师，曾任教于武汉大学，后担任母校中文系主任。2002年笔者去拜访恩师，恩师当年80岁高龄，师母78岁高龄，看到门生回到母校，仍不顾年老体弱，亲自下厨做饭。恩师待弟子如同父母之待子女，弟子见恩师如子女之见父母。晚饭时刻，一杯“白沙井”美酒下肚，两滴真情之清泪涌出。如今恩师已经作古，唯有他年于天国才能再见恩师慈颜！

教师热爱学生的方式固然很多，最实用的法则是四条：一是知生为难，二是严师为贵，三是学生立场，四是教学体现。

知生为难。教师要了解所教的数十名乃至上百名学生的特点是不容易的。不了解学生，也就无从去谈因材施教。优秀教师一般都善于记住学生的名字，记住学生的故事，记住学生成长的点点滴滴。甘肃省特级教师慕楠80多岁高龄仍能记得起前来看望他的学生的名字，能说出学生官讳甚至几十年前用的乳名。史金霞老师的书里面全是孩子们的故事，教师和孩子一起成长的故事，那么具体，那么亲切，那么感人。

严师为贵。严格要求学生，才能成就学生。笔者大学时的古典文学教授夏先培先生，常常给背不出古文的学生不及格。他要求背诵的篇目极多，学生往往要从早晨背到晚上，从开学背到放假。“想及格，先背书”，不背书就不能通过夏老师的课考，学生当时苦不堪言。直到参加工作，学生才知道夏老师传授的“背功”的好处、妙处、神奇之处。笔者教授乐府民歌《孔雀东南飞》、司马迁的《廉颇蔺相如列传》，屈原的《涉江》、鲁迅的《记念刘和珍君》这些长课文，都可以不拿课本上讲台，完全得益于夏老师当年的严厉教导。时过境迁，学生最烦的严师夏先培其人，变成了学生最敬佩的夏先培先生。

学生立场。“爱生”理念的具体教育实践是站在学生立场看待学生成长。苏霍姆林斯基说：“教育——首先是关怀备至地、深思熟虑地、小心翼翼地去触及年轻的心灵。”“爱生”理念的具体教学实践，是站在学生的基础上看待语文知识学习和语文能力培养。赞可夫指出：“教学法一旦触及学生的情绪和意志领域，触及学生的精神需要，这种教学法就能发挥高度有效的作用。”“爱生”理念的具体生活实践，是站在平等的角度上看待师生关系。思维科学家张光鉴教授说：“以学生为本，就是老师和学生相似。”在于永正的眼里，只有差异，没有差生。每个学生都有长处，都有自尊。

李吉林老师提出“以情为纽带”的观点：老师与学生之间，真情交融；教材与学生之间，引发共鸣；学生与学生之间，学会合作。李吉林老师提出“以儿童活动为途径”的观点：活动融入课程，以求保证；利用角色效应，以求主动；活动结合能力训练，以求扎实。她的情境教学是以“儿童活动”为途径的，“人的发展是在活动和相互关系的过程中进行的”——这是关于人的科学的一条根本原则。在课堂教学中促进儿童素质发展的主要途径是儿童活动。

银川兴庆区回民实验小学陈春老师提出教学的“儿童立场”，确保教学中学生主体地位的确立。她的“从儿童出发”的思想极具震撼力。学生绝非“空瓶子”，等着“揭开瓶盖，把各种知识、各项道德条目装进去”；“学生是主体”，是“有生机的种子，本身具有萌发生长的机能，只要给予适宜的培育和护理，就能自然而然地长成佳谷、美蔬、好树、好花。”

教学体现。师爱有非常具体的载体，承载师爱的载体是好课。教师将课上好，就是最真的师爱，最正的师德。教好了书，某种意义上说也就是育好了人。

2. 爱课堂——一生最大事业。

教师敬业的基本行为是爱课堂。以上课为乐，以上出好课为大乐。教书乐，乐教书。有的好老师淡泊名利，宁可不当校长、局长，也要坚守课堂。有的好老师即使担任了行政职务也不放弃上课的爱好，宁愿多兼一点课，多听一些课、多评一些课。于漪、钱梦龙、霍懋征、余映潮、伊道恩等老师退休多年仍上示范课。魏书生担任校长后，仍然教两个班的语文课，任两个班的班主任；担任盘锦市教育局局长后，仍然任教一班语文课。

贾志敏提出“与讲台同在”，把课堂看做了教师的生命场。在教学中主张“以激励为主，以学生为主，以训练为主”。他善于用积极鼓励的话语来引导学生。贾老师提出“课堂是学生的，学生是红花，教师是绿叶”，他认为“课堂的空间和学习的时间，理应由学生多占多得，不可以本末倒置”。

教师一定要扎根课堂，以上课为最乐，把上课看得比天还大。好老师离不开课堂，离了课堂会孤独，离了课堂会失落，离了课堂会痛苦。老师对课堂的热爱是深刻的，绝不能流于肤浅的感观层面。一定要在教学理念上有深刻之处，在教学技术上有精到之处。

3. 爱读书——一生最大爱好。

教师以教书为业，以读书为本。一个教师是不是真正的好教师，看看他的书架就知道了。书案上如果堆积着经典著作，书架上如果陈列着精品读物，教学设计里常有课外引进和发散联想，表达里常有深邃哲理和独到见解，他一定是个书香浸润出的好老师。叶圣陶先生就是一边教书、一边读书、一边写书的典范。叶老著书百卷，以读书万卷为前提。

“我可以没钱买土豆吃，但不能没钱买书读”，这是特级教师柳国隆的名言。一个可以把买土豆糊口的钱都拿出来买书的人，一定看淡了衣食住行等物质层面的享受。一心只读圣贤书，一心只教圣贤书，岂能教不好书呢？

与爱学习伴生的品质就是勤于思考。优秀教师都乐于探索，具有钻研精神和创造品质。江苏教师孙双金老师在谈到教育的时候，常说一个词“创造”。2014年笔者带领宁夏首批“塞上名师”工作室主持人前往南京向孙双金老师取经，看到的南京市北京东路小学的校园的确是个充满创造的校园。一花一草一树一木处处是孙双金老师心血和智慧的化身。国家总督学柳斌说：“北京东路小学是他见过的最好的小学”，这个评价很高也很中肯。

优秀语文老师的学习和思考领域非常宽泛。虽然各有各的领域，但有一点是相同的，那就是他们都是本学科的教学专家。名师的学习钻研一般都是从深度研究学科教材开始的。

与爱学习伴生的品质还有爱时间。优秀教师大多惜时如金。特级教师李迪民，和人说话时一般话题不超过五分钟，重要话题也就十分钟，即使是多年不见的好朋友欢聚也就只花费一半个小时。没有惜时如金的好习惯，他怎么能写出二十多本关于学生阅读和写作的书呢？他的课一节也不比别人少带，一节也不比别人上得差，写书时间从哪来呢？李迪民老师常说：“我的时间是以分钟计算的。”

爱时间的本质是勤奋于业。2006年北京特级教师梁捷前来讲学，下机已是半夜时分。第二天梁老师眼圈发黑。笔者问：“是不是昨晚下飞机有点晚，没休息好？”梁老师说：“我到宾馆也没睡，又备了两个小时课。”一个名师什么场面没见过？为一个西部边陲的一次规模微不足道的教学活动这么认真准备，这是一种什么精神？

宁夏银川一中校长、特级教师戴冰青将“精敬于业、乐融于群、追求卓越”作为校训，正是抓住了“敬业精业”这一名优教师都会体现出的根本规律。

二、职业伦理背后的价值取舍

1. 爱学生的本质：仁爱和自爱。

凡是关心学生、重视师生关系建设的良师，都是仁者。他们一定在师德、师品、师风上有很高的建树，他们都是高尚师德的化身，他们能将“厚德载物”思想变为自身的教育实践。优秀老师都爱孩子、爱学生；推而广之，也会爱同事，爱别人；再推而广之，则是爱社会、爱民族、爱人类。这一切也就是孔夫子所谓的“仁者，爱人”。1997年笔者专程去北京师范大学附属中学拜访特级教师沈心天和陈天敏老师，向两位老师请教开明版语文教材实验事宜。对于边远地区来的青年人，两位德高望重的先生没有一点怠慢之心。沈心天老师自己出钱领笔者到食堂就餐，有荤有素，饭菜可口，令人感动；陈天敏老师上午有会，下午有课，就利用中午给笔者讲授语文教学的秘诀。从两位临近退休的老先生身上，笔者深刻地感受到了名师的仁者风范。

爱人的人，也能热爱生活、热爱世界，他们的目光一定是柔和亲切的。看看语文名家顾之川的眼睛，不正如此吗？宅心仁厚，仁师是也。

与爱学生、爱他人伴生的品质则是爱自己。在思考“何为人”“人在教育中的地位”等话题的同时，优秀教师也在实实在在做人，既做真人，也做善人，更做好人。他们一定存有一颗赤子之心。孟子说：“大人者，不失其赤子之心者也。”《道德经》所谓的“圣人”，就是如婴儿一般纯洁的赤子，“含德之厚，比于赤子”“为天下溪，常德不离，复归于婴儿”。

爱自己，意味着爱惜自己的荣誉，爱惜自己的名声，有自尊地生活着。宁夏特级教师仇千计说过：“优秀教师，要对得起自己的脸和脊梁骨。”

2006年笔者专程去辽宁盘锦市拜访魏书生老师，路上和出租车司机聊起魏老师，司机说：“魏书生是我们盘锦市的名片！”出租车司机们都知道，魏老师不管每次出差回来多晚，第二天一定坚持和学生一起出操，一定坚持上班，一定坚持上课。魏书生追求职业自尊和人格自强。教师追求职业自尊和人格自强，才是对自己的大爱。

语文教师爱自己，是用职业尊严对“师道尊严”的捍卫。黄玉峰老师说过：“师道尊严和教师之爱是一体两面，成功的教育必须维系于此。”（黄玉峰《我的语文教学理念和实践》）

2. 爱讲台的伦理本质：尽忠和尽责。

教师爱课堂、爱讲台，就是对教育事业尽忠、对社会发展尽责。汉代大儒马融著有《忠经》指出：“天无私，四时行；地无私，万物生；人无私，大亨贞。忠也者，一其心之谓矣。”程翔老师说：“教师具有了职业觉醒，才能认识到教学的意义，才不会产生职业倦怠。”

3. 爱读书的伦理本质：自强和自尊。

教师的尊严是靠本事获得的。叶圣陶先生说，做好教师本职工作有两个必备条件：一是肯负责，二是有本钱。这“本钱”指的是教师必须具有深厚的科学文化知识储备。

《周易·系辞上》说：“夫《易》，圣人之所以极深而研几也。唯深也，故能通天下之志；唯几也，故能成天下之务；唯神也，故不疾而速，不行而至。子曰：《易》有圣人之道四焉者，此之谓也。”《易传》启迪我们：教书必须读书，而且必须深刻地研书，力求“极深而研几”。

对于语文学科而言，没有比阅读更基础、思考更有效的教学研究。苏霍姆林斯基说："书，这是一种重要的、永放光辉的明灯，是学校集体的丰富的精神生活的源泉。阅读，这是一个富有智慧而又善于思考的教师借以通向儿童心灵的门径。""生活在书的世界之中，意味着领略思维的美，享受文化财富，使自身变得更加高尚。"

夸美纽斯说："不学无术的教师，消极地指导别人的人是没有躯体的人影，是无雨之云，无水之源，无光之灯，因而是空洞无物的。"

三、教师伦理精神的具体实践：担当和奉献

教师能做到教书与育人并重，重视学科里的育人渗透，这是担当；教师能正确理解教学的三维目标和学科素养，在知识与能力目标达成的同时，关注过程与方法，体现情感态度价值观，这是担当；教师如果多有校内兼职，要么班主任，要么学科组长，要么年级组长，要么社团辅导，要么教导主任，要么校长，肯定是比别人干得多、干得好，这也是担当。

教师去做利己更利人的事业，要将教育视为事业，将讲台视为平台，将教学视为生活的重要组成，将学习视为一种生活方式，辛勤耕耘。

我们分享一下叶圣陶先生的文章《如果我是小学老师》："我如果当小学教师，决不将投到学校里来的儿童认作讨厌的小家伙、惹得人心烦的小魔王；无论聪明的、愚蠢的、干净的、肮脏的，我都要称他们为'小朋友'。那不是假意殷勤，仅仅浮在嘴唇边，油腔滑调地喊一声，而是出于忠诚，真心认他们做朋友，真心愿意做他们的朋友的亲切表示。小朋友的长成和进步是我的欢快；小朋友的羸弱和拙钝是我的忧虑。有了欢快，我将永远保持它；有了忧虑，我将设法消除它。对朋友的忠诚，本该如此；不然，我就够不上作他们的朋友，我只好辞职。"

语文名师的育人思想

南非政治家曼德拉说过：“教育是最强有力的武器，你能用它来改变世界。”教育这个武器之所以强而有力，是因为教育活动是教育思想支配的活动。

一、语文教学里的教育问题

教育固然是教学的上位概念，但教育一般不能脱离教学而单独存在，教育渗透于教学之中。教学为形，教育为质。德国教育家第斯多惠说过：“任何真正的教学不仅是提供知识，而且是予学生以教育。”

叶圣陶先生指出：教育的根本价值和目的是“育人”，是培养“自觉的，自动的，发展的，创造的，社会的”人，“使学生能做人，能做事，成为健全的公民。”

叶圣陶先生认为学习语文对于培养品德很有好处。他指出：“（学习语文）还有培养品德的好处，如培养严肃认真、一丝不苟的态度。这样看来，学习语文的意义更大了，对于从事工作和培养品德都有好处。”

王栋生老师提出语文“立人”教育思想。“立人”是王栋生语文教育的核心理念，认为站立的“人”拥有独立的精神，自由的思想，高贵的气质，平等的意识。拥有这四个特征的人才能称之为“站立的人”。他说：“育理想的人，才能从事教育。正因为我有理想，我的人生才有目标，我才能为之奋斗。”钱理群教授多次肯定王栋生老师“语文立人”的语文教育思想。

程翔老师在论文《母语教育的文化使命》提出：“母语是民族文化的根基，是民族身份的标志。在当前人们普遍赞同‘软实力’观点的情况下，我们来深入探讨基础教育中母语教育的文化使命，应该是一件非常有意义的事情。语文教育主要有两个功能，并对人的终身成长产生影响：一是培养学生表达的技能，二是培育健康的心灵。中学生学语文的目的，一是掌握运用母语来交际和表达的能力，二是陶冶培育自己的情感和心灵，使自己健康成长。因此，对语言文字的使用能力的培养和健康人格的塑造便成为语文教育的基本任务；又因为母语是传统文化的重要载体，所以母语教育必须肩负神圣的文化使命。”

二、语文育人思想的主要指向

德国教育家雅思贝尔斯则说：“教育活动关注的是人，如何将人的潜力最大限度地调动起来并加以实现，以及人的内部灵性与可能性如何充分生成。质言之，教育是人的灵魂的教育，而非理智知识和认识的堆积。”可见，教育思想是一切教育行为的灵魂。

思考语文教学中的教育问题自然就会产生语文教育思想。什么是教育思想呢？按照陈日亮老师的理解，“教育思想，无非就是对教育的看法、想法和主张”，“教育的想法和主张，的确也有所有权的问题。有‘自看法、自主张’，也有‘被看法、被主张’。”

教育思想是教育行动的先导。朱永新先生在《中国著名特级教师教学思想录》一书的“序言”部分写道：“我一直以为，教育是个技术活，更是个思想活。成功的教育，优秀的教育人，无论他是一位教师、班主任、校长，还是局长，支撑他站在教育大地上的力量，一定是教育思想。没有思想的教育，一定是站不住、走不远的。”

法国思想家帕斯卡说：“思想形成人的伟大。”从这个意义说教育思想也形成着教师的伟大。正是深刻的教育思想支撑着于漪老师教育改革的实践。她认为“社会在前进，教育必须具有时代性”。她提出了“三个制高点”：一是站在时代的制高点上，要勇于与时俱进，跟上时代的步伐；二是站在战略的制高点上，要增强“科教兴国、人才强国”的责任意识；三是站在与基础教育先进国家竞争的制高点，要善于吸收先进养料，敢于与发达国家竞争。于漪老师又提出“三个瞄准”：瞄准21世纪的基础教育，努力把今日的学生培养成为21世纪的有用之才；瞄准国外基础教育先进国家的教育，从严治学，发奋图强，教出水平；瞄准国内、市内兄弟学校的教育经验，博采众长，力求少走弯路，教出特色。

针对当时社会上存在的“轻语文、重外语”的现象，于漪老师指出：“如果我们再不珍惜母语，那么我们离‘自毁长城’的日子就不远了，也许不用多久就会完全被其他语言所代替！”她呼吁：“还民族语言之光彩！”要通过语文教学，在学生心田做“植根”的工作。

当今语文教育思想正关注如下热点：

1. 教育主体——以人为本的教育观。

“育人为本、德育为先”是实施教育的主导思想。《国家中长期教育改革和发展规划纲要（2010—2020年）》指出：“育人为本是教育的生命和灵魂，是教育的本质要求和价值诉求。”

于漪在《积极改革才能开创语文教学的新局面》中说：“过去虽然认识‘教文育人’这个道理，但是长期以来‘教文’讨论得比较实在，而‘育人’往往轻描淡写地带过，比较抽象，比较笼统。改革语文教学，就要牢固树立‘育人’的观点，把‘教文’纳入‘育人’的大目标。”于漪说：“我认为教育改革归根到底就是以人为本，以学生为本，以促进学生的发展为本。从以本本为本到以学生为本，这是一个很大的变化。”

以人为本的教育观建立在正确的学生观的基础上。魏书生老师认为：“学生是平等的人；学生是有个性的人；学生是发展的人；学生是内心复杂的人；学生是帮助自己提高教育教学能力的人。”他总是将学生放在与老师平等的位置上，人格上尊重他们，教学中信赖他们。承认学生的个性，帮助他们发展优良个性。他反对用静止的目光评价学生，他认为好学生固然会继续进步，差生也不是一成不变的，再调皮再淘气的学生也不会令人厌恶。

窦桂梅提出“三个回归”理论，即回归母语、回归儿童，回归教师专业自我。回归母语，即走向母语家园的深处，应该“在保留语言文字优良传统的同时，适当加入一些文学教育的元素”。回归教师，走向教师专业自我的深处，一要努力提高专业素养，二要苦练专业技能。“三个回归”最重要的是回归儿童，走向儿童心灵深处。儿童或阅读或讨论，完全按照自己的思维习惯，没有成人的标准，使儿童体现的就是儿童本来的样子，这样的课堂充满了多样性，充满了个性化，儿童在其中得到健康快乐地成长。

2. 教育目的——全面发展的素养观。

马卡连柯说：“在我们的工作中极其重大的要素，就是工作应当彻底地有目的性。”

教育的本质聚焦在人自身上，聚焦在学生的全面发展和终身发展上。把学生蕴藏的潜能变成现实的可能使他们终身受益，这是各学科教育的职责。全面发展的素质观要求给学生更为全面的教育，塑造他们整个的身心世界；也要关注个性化的教育，培育富有个性的生命。

人的全面发展的落脚点是核心素养。核心素养的落实点在语文学科核心素养。郑桂华老师认为：语文学科核心素养是关键的关键，也是整个课程标准内在逻辑的一个中心。按照课程标准的内在逻辑和设想，它的课程意图、培养目标、课程内容构架、课堂教学实施策略、学习评价策略、甚至学习评价策略，都应该围绕语文学科核心素养这个概念来建构，因此，语文学科核心素养也可以说是未来语文课程改革的一个新的逻辑起点。

“锄禾日当午，汗滴禾下土”，《悯农》诗句里包含着对劳动人民怜悯和感恩的真情。2018年全国教育大会提出了要努力构建德智体美劳全面培养的教育体系，形成更高水平的人才培养体系。当今世界经济、科技、人才竞争呈白热化趋势，让青少年学生学会劳动、学会创造、学会生存、学会做事成为世界教育发展的必然趋势。语文学科教学里的劳动教育必须强化。劳动教育的培养目标具有多维性，语文课文里含有对劳动的认识、对劳动人民的感情等涉及劳动观念、劳动态度、劳动习惯和品质、劳动情感、劳动知识、劳动技能、劳动思维的内容。

3. 教育视界——面向未来的人才观。

魏书生重视着眼未来培育人才。魏书生语文教育特色是始终把“培养什么样的学生”放在突出位置来思考。他注目于世界科技动态、教育动态，经常向学生介绍科技信息，介绍教育学、心理学、思维科学等知识。他开设“简明未来学”这门课程，提出要尽一切努力发展学生的人性与个性，使学生真正成为自己的主人。他说：“一个负责的老师，最重要的，不仅要给学生以眼前知识，更要培养有利于未来，有利于人类的个性。”

面向未来的语文教育离不开语文教育的创造性。创造性是现代教师宝贵的能力品质和重要的精神标志。语文教育的创造性常常反映教师的教育机智、创造性的教学举措、教育理论的借鉴突破等方面。

4. 学科出发——以文育人的教学观。

于漪在《兴趣·感情·求知欲》一文说:“教语文,要紧的是把学生的心抓住,使学生对语文有兴趣,有感情,产生强烈的求知欲。学生对语文的兴趣、感情、求知欲,不是天成的,也不是自然而然产生的,而是靠教师在教学实践中长期地、耐心地、细致地启发、诱导、培养。”注重情感熏陶是于漪语文教育一个重要特征。于漪把情感教育当作语文教育的重要方法,“披文入情”构成其主要教学思想。

5. 教学关系——师生平等的师生观。

建立新型教学关系是语文教育思想的重要组成,也是语文教学改革的主要方向。建立新型教学关系,离不开从伦理学角度对师生关系本质的现代理解和诠释。平等观念是诸多现代观念中的核心观念。如何看待学生,如何看待师生关系,是一个至关重要的教育问题,也是一个大众所关注的话题和有待深入研究的课题。

在魏书生看来,教师和学生之间是教学相长、师生互助的关系。在知识的学习上,学生是学习的主人。老师应该做的,就是教给学生方法,培养学生独立的学习能力。魏书生明确主张,要树立服务学生的思想,要重视习惯的养成,要发展人性和个性,要培养自育的新人。

宁夏特级教师任菊莲老师倡导民主教学思想,她提出了小学语文民主课堂教学的八大特性:“面向全体、关注全体”是民主课堂教学对象的范畴;“以人为本、尊重学生”是民主课堂的教学理念;“民主、宽松、愉悦”是民主课堂的教学氛围;“关注学生的主体性”是民主课堂教学过程的灵魂;“世界咖啡式的活泼开放”是民主课堂的教学形式;“课内外超级链接、多元化教材”是民主课堂的教学内容;“导学稿”加“小组合作”是民主课堂的基本操作范式;“培养具有健全人格、民主生活方式的公民”是民主课堂的终极目的。

宁夏特级教师王玮光老师在散文《也说“猫老不毙鼠”》中写道：“年轻教师们应该认识到，学生不是鼠，你们不是猫，你们的责任是在与孩子们朋友式的交往中教他们学习、做人、长见识，而不是‘毙鼠’。”

6. 职业期许——以语文修身的职业观。

陈日亮老师在《中国著名特级教师教学思想录》一书说过：“语文教师既要用语文育人，更要以语文修身。‘我即语文’应当成为语文教师职业的自我期许和终身追求。”

三、语文育人思想产生的五块基石

于漪老师说：“人民教师的思想要有时代的高度，他的工作才会有开拓的光彩；教师的教学要有时代的活水，教学的生命才不会枯竭。”

1. 眼存大局。

从民族振兴、社会进步、时代变迁等角度思考语文并产生语文教育思想。比如人类发展经过了表演传意（靠口语、动作、表情表达）、文字表述（纸质阅读）、记录传媒（画面、电影）时期，已经进入电子数字时代。电子数字时代也已经走过了计算机、网络、数据三个阶段，数据已经成为当下语文学习、语文教学的时代背景。非连续文本阅读已经毫不新鲜，图表、链接、图文转换等等表达样态早已出现。《高中语文课程标准（2017）》明确指出：“注重时代性，构建开放、多样、有序的语文课程……在跨文化、跨媒介的语文实践中开阔视野，在更宽广的选择空间发展各自的语文特长和个性。”

2. 教有定位。

中小学语文教师不能将升学率作为唯一的教学定位和核心的教学

定位。钱理群教授在《我的教师梦》追问过一个问题：中学、小学是干什么的？中学、小学的教育功能是什么？和大学的区别在哪里？先生认为：中小学教育的对象是7至19岁的孩子。学生生理、心理、精神的三大发育特点决定了中小学教育的性质、特点、意义和价值。学校的职责有三项：第一、呵护成长之美，保障成长权利；第二、培育青春精神；第三、引入文化之门。

3. 课重形态。

从语文课程应有的形态出发去寻找教育思想。语文课程是一个完整且多样多形的系统。语文课堂不是点，不是线，而是面，更是体。语文课程到底是几边形？是几面体？规整不规整？每个语文教师主导的课程形状都不一样。李镇西老师在20世纪80年代教改确立的指导思想是“立足课堂，面向社会、深入人心”。他带着学生到大街上去寻找错别字，进行“大街上的语文训练”，让语文从校园延伸到社会。李镇西课程改革的三个面是课堂、社会、人心。这就是具有李镇西自己特色的语文课程形状。

丁有宽的读写结合“结合点”在哪？于永正的“五重教学”重心在哪？韩军的新语文“新”在何处？赵谦祥的绿色语文“绿”在何方？可见，我们要从思想出发去构建课程，也可以从课程的样子去反观思想。

4. 识因主见。

教育思想的本质，不是思想求异，不是思想求新，而是思想求正、求对、求深。一切正确的思想都源于“三观”正确。

5. 根在文化。

语文名师因思考现实的教学问题而产生教学思想，因思考现实的教育问题而产生教育思想。朱永新说：“在今天的中国，追随苏霍姆林斯基的教师，从人数上远远超过了他的祖国乌克兰。我一直以为，苏霍姆

林斯基的教育思想是真正从教育的田野里生长出来的。”

“人类一思考，上帝就发笑”，这话原本是犹太人的格言。

米兰·昆德拉在1985年获“耶路撒冷文学奖”时在典礼演讲里使用了它。人类一思考，上帝真的会发笑吗？笔者认为，这要取决于教师心中的上帝是谁。如果教师心中的上帝是学生呢？学生真喜欢一个不会思考、没有思想的教师吗？也许教师不会思考、没有思想，学生才会发笑，逗得上帝也笑！

语文名师的精神长相

“精神空虚，思想枯竭，志趣低下，愚昧无知等，绝不会焕发和孕育出真正的爱。”苏霍姆林斯基非常看重一个教师的精神长相。

一、语文教师的职业魅力

教师魅力是指教师在教学活动中，教师与学生相处时，教师的外貌、学识、品格、能力、情趣、志向等因素对学生的认知、行为、追求等方面产生的影响力。教师魅力是指很吸引学生、感动学生的特殊力量。

教师魅力一般包括：形象魅力包括长相、衣着、容貌修饰、举手投足间的风度等；情感魅力是指教师用高尚的情怀去关心、爱护学生，表现在尊重学生的人格、关心学生的疾苦，宽容、谅解学生的过失，平易近人等；学识魅力主要包括学识渊博，见多识广；才干魅力包括对事物的敏锐观察力、对学生有感召力、有清晰的语言表达力，也包括讲授知识得法、师生互动充分等；品格魅力包括教师的信仰、追求、德行、人格、作风等。

在各种组成教师魅力的要素中，外形固然能使学生产生审美愉悦，但形象魅力是表面的、初步的；情感魅力是人性的、关爱的，能使学生受到道德感化；学识魅力能使学生真正信服；才干魅力有利于凝聚学生；人格魅力能帮助学生形成正确的世界观。我们把教师学识、人格、情感、思想等内在要素合称为精神长相。

二、语文名师的精神长相

1. 慈悲为怀，关注生命。

于漪老师说：“一个老师应该是一个观世音菩萨，我们要把所有的学生渡到彼岸去，不能因为其中的某个人犯过错，就扔下他不管。对于老师，那是莫大的罪过。”

2. 人格为本，追崇高尚。

教师人格是指教师在从事教学职业活动中所产生和体现出来的人格力量，其核心是热爱教育事业，热爱学生，有使命感和责任心。苏联教育家乌申斯基说：“在教育工作当中，一切是以教师的人格为依据的，因为我们的教育力量，它只能是从教师的活的人格源泉当中来。这是特殊的教育力量。”教师要守住信仰不被污染，永葆情怀不遭破损。

3. 时代元素，不做腐儒。

教育是当下的发生，却在未来显示价值。一个没有未来眼界、只有过去情怀的先生，无论国学底子多么厚实，都无法肩负起教育今天孩子的重任。向后看的唯一目的是更清楚地向前看。

于漪老师总结出现代教师应拥有热忱、关爱、包容、担当、峻洁这些特质。现代性是一种少数教师才有的高品质内涵，具备这种内涵的教师方可称之现代教师。现代教师能接纳古今、融汇中外，能拥抱美好，悦纳多元。于漪老师在《教育魅力》一书认为，现代教师必须要具有时代精神、人格力量、学术素养，具备了这三样要素才能算是一位出色的中学语文教师。于漪说：“一个现代教师要把古今中外的文明成果都纳入自己的教育视野。”

三、精神长相的持续形成

精神长相是以个人的文化修养为底蕴的，是以个人一定知识的积累和生活的阅历为前提的。精神长相的形成是个长期的过程，是一个教师的人格、学识、举止、风度、音容笑貌综合统一的过程，是一个由内到外、由外到内不断交融的过程。

1. 语文教师要认识自我生命的庄严意义。

尼采在《人生是一面镜子》里写道："人生是一面镜子，我们梦寐以求的，第一件事情就是，从中辨认出自己。"（周国平译《尼采诗集》）

2. 语文教师要认识自己职业的神圣责任，使自己的教书生活变成为国抡才的职业生涯。

陶行知说："要想完成乡村教育的使命，属于什么计划方法都是次要的，那超过一切的条件是同志们肯不肯把整个的心献给乡村人民和儿童。真教育是心心相印的活动。唯独从心里发出来，才能打到心的深处。"（《陶行知教育文选》）

3. 语文教师要形成博大深刻的人文情怀。

赵谦翔老师说："一个教育者应该追求以培养人格为躯干、以训练能力为四肢、以追求活力为灵魂、以启迪悟性为脉络。"

4. 语文教师要建立正确的教育价值取向。

道德缺席是可怕的缺席，思想缺席就是灵魂缺席。洪宗礼老师就是集思想与学术于一身的语文名家。成尚荣老师这么评价："洪宗礼实际上站在两块高地上，一块是学术，一块是道德。洪先生的学术研究充溢着道德伦理意义，在他心里有一块良知璞玉，那就是对学生、对社会、对民族的责任感与使命感。"是道德良知铸就了洪宗礼的学术品格。

（《洪宗礼与母语教育》）

5. 语文教师要建立属于自己的精神崇拜。

李镇西老师在《爱心与教育》一书指出：“可以说，苏霍姆林斯基的思想，是在我教育生涯的早晨投下的第一缕金色的霞光。”

6. 语文教师要善于从困惑中思考，在思考中产生灵气，在灵气中凝结思想。

笛卡尔“我思故我在”的著名论断，说出了思考对于存在的价值。陈日亮老师就将自己教育思想的产生归纳为“思想于困惑”。

于永正老师说：“我是个普通的小学教师，如果说有什么特殊的地方，那就是思考得更多一些。读书越多，思考越多，我的认识提高得就越快。认识每提高一步，我的实践便多了一分理智，多了一分自觉，多了一分自律。”

魏书生老师经常用写博客、写日记来形成并记录自己的思想。有些语句已经达到了“警句”的水平。比如“生活若剥去理想、梦想、幻想，那生命便只是一堆空架子”“发光并非太阳的专利，你也可以发光”“你可以用爱得到全世界，你也可以用恨失去全世界”“年轻是我们唯一拥有权利去编织梦想的时光”“觉得自己做得到和做不到，其实只在一念之间”“思想如钻子，必须集中在一点钻下去才有力量”“人只要不失去方向，就不会失去自己”“人生重要的不是所站的位置，而是所朝的方向”“要铭记在心：每天都是一年中最美好的日子”“把你的脸迎向阳光，那就不会有阴影”“你不能左右天气，但你能转变你的心情”“漫无目的的生活就像出海航行而没有指南针”“好好扮演自己的角色，做自己该做的事”“一切伟大的行动和思想，都有一个微不足道的开始”等等。魏书生不平凡的教育改革起步于这些不平凡的人生哲理和育人思想。

7. 语文教师要恒有人格坚守，常有人格底线。正当必要尽力而为，不当绝不随意而为。

要净化世俗灵魂，提高人格境界。曾经有人问于漪：“今天怎样当教师？”于漪对这个问题的回答是：“首先必须追求人格的完美。”对人格完美的理解，于漪心中有两把尺子，“一把尺子是量别人的长处，一把尺子是量自己的不足。”一个教师经常量自己的不足，经常量他人的优点，精神长相必当伟岸俊美。

语文名师的学生视角

世界上以人为工作对象的职业屈指可数。医生要面对人的生老病死，警察要面对人的黑恶邪毒，教师要培育人的真善美爱。朱永新在《致教师》一书写道："世界上最复杂的，是人。教师职业面对的是最深邃的世界：人的心灵。"

一、教师以学生为工作对象

"从儿童进学校的第一天起，就要善于看到并不断巩固和发展他们身上所有好的东西。"苏霍姆林斯基的教育事业是以"善于看到并不断巩固和发展"儿童身上的好的东西为特征的。

语文课是上给学生的。没有了学生对语文的学习需求，语文教学也就失去了存在的意义。学生是语文学习的主体。学生主体具有什么特点呢?

学生首先是人。学生是人，不是一个器，也不是一个物，更不是静止不变；学生不是一个瓶子，一个罐子，一个想放什么就放什么的仓库。人是世界上最复杂的事物，人的复杂性决定了教育的复杂性。

学生是个体溶于集体的人。每个学生都带有集体的符号，属于班集体的一员。但学生更是独特的人，每个学生都不一样，都是这个世界上独一无二的。他的长相、名字、籍贯、身高、体重、性格、志趣、家庭、特长、基础……都和别人不一样。学生是有多元智能存在的人。学生的个性属性，决定了语文教育必须有适切性。

学生是完整的人。他的生命自成一个完整的世界。他有着自己的思想、感情、体验、欲望，有着属于自己的观察世界的一双眼睛，有着属于自己的理解世界的一颗心灵。学生生命的完整性，决定了语文教育必须体现主体性，要尊重主体和唤醒主体。

学生是未成年人，是不成熟的人，被抚养的人，无能力承担法律责任的人。学生的不完全成熟，决定了语文教育必须符合学生生理、心理特点。

学生是能动的人，是环境塑造的人，是自我成长的人，是发展中的人，是面向未来的人。学生是日渐社会化的人，是有文化传承的人，学生具有无限的发展可能。这一切决定了语文教育必须与生活相衔接。

学生是学习的人，是具有可教育性、可塑造性的人。学生以学习为主要任务，具有向师性和模仿性。这一切决定了语文教育必须为学生树立模仿的方向牌和选择的指路标。

教师这一生要面对三种风景。第一种是自然的风光，行万里路可以看到；第二种是知识的风景，读万卷书可以看到；第三种是心灵的风景，走进孩子，研究孩子，成为孩子的好伙伴，你就可以看到。

魏书生老师说：“育人，必先知人。”

二、语文教学的孩子角度

课堂教学活动是一项复杂的过程，包括“教”和“学”两大方面，两者密不可分，但是在名师的眼里，“教”是为“学”提供支撑、帮助和服务的。教师的教学，主要形式是“导学”（钱梦龙思想）和“助学”（张化万思想）。

名师都善于建立以学习者为中心的教学理念，将教学理论建立在学习理论的基础上。研究教学首先研究学习。他们知道，教学的本质就是在教师启发指导和其他资源帮助支持下学生的自我学习和合作学习。有些名师的语文教学研究理论，根就扎在儿童认知心理学上。

李吉林老师的情境教学课程，将“情”“思”“趣”“美”融入“境”中，为儿童构建了符合其认知心理的课程体系。李吉林老师说：“正是出于对儿童的爱，使我不怕吃苦，不怕麻烦。意志使我体验到作为人的一种力量。”朱小蔓教授曾这么评价，“情境教育追求儿童认知和情感协调，为人的情感发展提供了一个优化的空间”。

语文好课堂，以学生主动学习语文为唯一特征。语文好课堂，就是教师运用多样手段促进学生真正学习的发生，促进学习深度广泛持续地发生。张化万老师说：“教学是思路、学路、教路的三结合”。他提出“把玩进行到底”，认为“玩，创造儿童乐学的境界”，提出“把学生喜闻乐见的游戏带进课堂，让玩激活学生观察、说话、思维和表达的潜能，是被实践证明的让学生乐于作文的好办法”。

语文好课堂，是以学生采取多样化、混合式学习方式提高语文学习效能的课堂。什么是学习？什么是被动学习，什么是主动学习？什么是独立学习，什么是合作学习？什么是单一学习，什么是混合式学习？什么是封闭学习，什么是开放性学习？什么是浅层学习，什么是深度学习？学习规则成为比教学规则更加上位的法则。

语文好课堂，意味着教学必须是适合学生的教学，满足学生多种多样成长需求的教学。教师的技能、方法、风格、艺术等一切的“形而上”，都必须建立在符合学生学习语文需求这个基本点上。有的时候，教师甚至故意把自己“矮化”为儿童。

孙双金先生一直致力于儿童的“情智”研究。在公开课《儿童诗》教学结束后，成尚荣老师在《情智田野里绽放的一朵奇葩》这么评价：

“在课堂教学中，孙双金既像老师，又不像老师。像老师，是因为他确实比孩子们懂得更多也更深，他始终在引导，在教学。不像老师，因为他像个儿童，这也‘不懂’，那也‘不行’，总是恳求孩子们帮助他。孙双金就是在‘像’与‘不像’中穿梭，变换角色，改变方式，引导孩们自己学，学会学，创造性学，也享受学。准确地说，孙双金寻找到了引导儿童学习的根本方法，那就是让自己‘矮下去’，让自己成为学生帮助的对象。一是他像孩子一般发出疑问：‘阳光没有手，又没有脚，怎么爬呢？’二是他像孩子一般体味：‘嗯。阳光在窗下留下小脚印，很活泼，阳光像小朋友，阳光和人一样活了，能动了，对不对？’三是像孩子一般发出赞叹：‘你真是个大诗人，你太厉害了。’四是故意带有‘威吓’激将孩子：‘诗人写的也能改呀！谁来？’最后他说：‘课堂上的你们让孙老师很感动，谢谢你们！’把自己变成儿童，是一种艺术和智慧。正是自己的‘变小’，引导了孩子的大志气；正是自己的‘变矮’，引导了孩子的高追求。往深处讲，当自己变成儿童的时候，教室里的三个儿童在相遇、对话：教室里的儿童、诗中的‘儿童’，还有教师这个‘儿童’。这是多么美妙、感人的情景啊！当大家都在为‘以学生的学为核心’而辛苦寻找办法的时候，孙双金却巧妙地化解了难题。他成功了。因为他把自己当成了儿童，让出了学生学习的权利，让出了学生创造的空间，让出了极为和谐的师生关系。”

苏霍姆林斯基说过：“所谓理解孩子的感情就是要理解他们每一个行动的最原始的出发点、原因和动力。”理解孩子，不是一句空话。它是建立在对孩子成长和学习的行为的出发点、原因和动力之上的。离开了学生，离开了语文教学的学生视角，压根就没有什么语文教学艺术可言。

窦桂梅的语文教学时刻在为学生的知识生成着想。语文课的工具性属性决定了语文教师必然注重语言形式的积累和运用。窦桂梅从学生语用出发，摒弃了传统教学的机械训练的形式，注重积累转型，将积累融入适当的情景之中。比如在教授《圆明园的毁灭》时，窦桂梅引导学生用成语形容圆明园的珍宝，用“是……也是……”句式概括对课文的感受等，引导学生掌握语文学科独特的思维方法和积累方法。

宁夏教育厅教研室马兰老师认为：学生视角的教学，意味着教师不能将教学空间占满。要留给学生想象的空间，留给学生质疑的空间，留给学生选择的空间，留给学生探究的空间，留给学生自由表达的空间，留给学生静思默想的空间，留给学生妙笔生花的空间，留给学生拓展延伸的空间……在语文教学中，该“留白”、该留“空”的地方很多很多……

三、语文教育的孩子本位

苏霍姆林斯基说：“让每一个学生在学校里抬起头来走路。”名师，首先要帮助孩子扬起她（他）的头颅，直起他（她）的脊梁。

苏霍姆林斯基说：“热爱孩子是教师生活中最主要的东西。”语文名师生活的盘子里，盛满孩子七彩世界的盛宴。

我们常说“课中有人”。所谓语文教育的“目中有人”，不仅仅浅层地指对学生的个体尊重，更指以符合规律的科学方式去尊重呵护并促进生长。教育要把孩子的发展放在第一位，把对孩子成长规律的认识放在第一位去研究。办学规律、教育规律、教学规律、认知规律等行业规律的落脚点是学生的成长规律。

语文教育不可回避问题学生。问题学生的问题就是语文教育的难题，因而也成为语文教育研究的课题。问题不是一天积累的，就不是一天可以解决的。转化问题学生，需要找准学生的问题，文火炖烂肉，慢慢来。反复抓，抓反复。一铁锹下去固然可以挖出一个土豆，但连续多少锹下去，也未必能挖干净埋在土里的根秧子。

语文教育的基本方法是教文育人，边教文边育人，边育人边教文，文中有人，人中有文，人与文合二为一，相映成趣。学生发展的多样和无限，决定了语文教师进行语文教育的方法多样和空间无限。朱永新老师说："教师是一个能够把人的创造力、想象力等全部能量与智慧发挥到极限的、永远没有止境的职业。"

张祖庆老师认为：语文教师要重视儿童精神家园建设。这种建设，不是架空地喊口号，而是要借助于言语活动进行。因为人类的一切精神财富，人类的思想与感情，智慧与文明，知识与能力，都要借助语言得以表达与传承。德国哲学家海德格尔说："语言是存在的家，在其中住着。"语文教学要让孩子们成为"家的主人"，要追求语言与精神的同构共生。

孙双金老师总结自己儿童教育的经验，形成了情智教育的儿童观。其核心有四句话："我们认为儿童具有无限的可能性，贵在激活""儿童生下来他是被遮蔽的，贵在启蒙""儿童具有很大的差异，贵在发现""儿童天生好奇好学，贵在顺性而导"。

四、语文名师的天地：把孩子当作苍穹，把课堂当作大地

钱理群教授说："教师的生命是和儿童、少年、青年的生命共生互动的。"

朱永新先生说："如何了解学生？重返童心的世界。"

于漪老师说："对孩子的爱，能够使一个教师变得聪明起来。"

李希贵老师说："让校园里生长学生的想法。"

张化万老师说："每个孩子都是宝。为了孩子开始改革。"

于永正老师说："要蹲下来看孩子。"

王崧舟老师说："要牧养学生的诗意生命。"

魏书生老师说："好教育，是能自我教育。"

魏书生老师说："最好的学习，是自学。"

李吉林老师说："我是一个长大的儿童。"

孙双金老师说："教学的最高境界，就是追求真正走进儿童的心灵，做儿童的知音。"

程少堂老师说："什么是语文教师的人文精神？把语文课上好，上得让学生入迷，就是最大的人文精神。一个语文教师上不好语文课，这是最大的不人道。"

肖家芸老师说："以生为本，须归于学生年轮的本色，即艺术地顺应他们丰富多彩的心理需求，不断变换他们喜闻乐见的施教内容与形式。"

李胜利老师说："每一个学生的大脑都是一座金矿。科学的教育方法和学生的自信是打开这座金矿的挖掘机。"

李镇西老师说："没有教育者的童心，就没有完美的教育。"

《中外教育名家100篇》的序文《教育的七条箴言》由周国平先生撰写。摘录如下：

（1）教育即生长，生长就是目的。在生长之外别无目的。

（2）儿童不是尚未成长的人，儿童期有其自身的内在价值。

（3）教育的目的是让学生摆脱现实的奴役，而非适应现实。

（4）最重要的教育原则是不要爱惜时间，要浪费时间。

（5）忘了课堂所学的一切，剩下的才是教育。

（6）大学应是大师云集之地，让青年在大师的陶冶下生长。

（7）教师应该把学生看作目的而不是手段。

语文教育是面向学生的教育，是关系到一个人一辈子的教育，是影响到一家人几辈子幸福与否的教育。语文教育的视角只有两个：一个是语文，一个是学生。除了语文和学生范围之外的任何语文教育理论，都是门外痴汉在说梦语。

语文教师的实践能力

吕叔湘先生说过："要想提高语文教学效率，根本问题是语文师资问题——多数学生需要有好的老师来提携指导，所以归根结底是师资问题。名师出高徒！"于漪说："教学的质量说到底是教师的质量。"语文教学水平的基石是语文教师的教学基本功。

一、教学基本功的三种理解

基本功指从事某种工作或者活动所必需的基本的知识和技能。教学基本功是指教师从事学科教学所必备的、相对稳定的、最基本的、最重要的教学知识和技能。

1. 教学基本功的狭义理解。

教学基本功的狭义理解，长期以来一直是指"三字一话"，即毛笔字、粉笔字、钢笔字和普通话。教师必须做到两条：一是把字写端正，能正确书写，特别是黑板书写，粉笔字、钢笔字要有一定功力，板书设计美观、凝练，富有启发性和逻辑性；二是把话说清楚：表达使用普通话和规范语。

2. 教学基本功的广义理解。

教学基本功从广义理解，是指教师履行岗位职责、胜任教育教学工作、完成教书育人任务所必需的专业知识和职业技能。包括能理解课程标准，能准确把握教材，能做好教学准备，能运用教学语言，能设计板书，能运用现代教育手段，能组织教学，能进行教学评价，等等。

3. 教学基本功的专项理解。

具体到每个学科的微观层面，还有具有学科特色的专项基本功。如语文学科朗读、数学学科绘制图形、地理学科绘制简略地图、物理学科正确进行演示实验、音乐学科自弹自唱、美术学科示范美术技法、体育学科示范动作和操作等。

二、语文教师的专项基本功

有人将语文教师基本功归结为：“听”“说”“读”“写”样样精通，“看”“做”“思”“结”字字落实。

“听”指的是教师要善于听取学生乃至家长和社会的心声，善于倾听的老师，更能了解学生的心声和需求，也就更容易与学生碰撞出思维的火花，这样学生的求知欲望才会被唤醒和激活，激发出积极主动的学习兴趣。

“说”指的是会说善说。夸美纽斯说过：“一个能够动听地、明晰地教学的教师，他的声音便该像油一样浸入学生的心里，把知识一道带进去。”教师不仅要找到适合自己的说话方式，更应当善于说，说可以将抽象的知识具体化，隐性的知识显性化，不仅用说来在课上给学生解答疑难，还要加强师生和生生之间的巧妙对话，培养自己作为教师的说的能力和学生说的能力。

“读”指的是每一位语文教师应该博古通今，博览群书。读书不但要读得多，也要读得杂，上知天文下知地理。“读”也指教师要善于朗读，放声读，有表情地读，会美读，会进入角色读。

“写”指的是勤于写作、善于写作。

“看”指的是语文教师勤于观察。

“做”语文教学是一项实践活动。无论我们学到多少理论知识，还是要付诸实践去验证。要善于组织课内语文活动和课外语文活动。

“思”指的是关注思维，提炼思想，长于思考，实践后不忘反思，方能使问题不遗漏、层次有拔高。

“结”指的是善于总结，特别是课堂总结。教师还要善于撰写教学叙事、教学论文，力争将经验升华。

语文教师的教学基本功要求远远高于其他学科，需要格外锤炼。如果不加以锤炼，必成庸师。

三、制约语文教学效果的关键教学能力

1. 语文教师的教学言语能力。

言语和语言是具有联系而又有不同确指的概念。瑞士语言学家索绪尔在《普通语言学教程》认为：言语是人类语言机能的个人部分。言语是运用语言的过程或者产物，是语言实践的个人变体，体现具体的人的语言运用的个性化特征。言语既包括说什么、怎么说，也包括言语活动和言语成品。

苏霍姆林斯基曾说：“教师的语言修养在极大的程度上决定着学生在课堂上脑力劳动的效率，我们深信，高度的语言修养是合理地利用时间的重要条件。”于漪老师认为，语文教师必须具备良好的口头表达能力，这种能力不仅是加强教学效果的有力手段，而且能给学生以熏陶，使学生在潜移默化中理解语言，提高使用语言的能力。有学生曾作这样的描绘：“听于老师的课，知识会像涓涓的溪水，伴随着美妙的音律，流进你的心田，潜入你的记忆”，形象地刻画了于漪高超的语言艺术修养。

语文教师的工作言语包括语文教育言语、课堂教学言语、教育交际

言语等三部分。

教育言语如指导语、批评语、表扬语、评述语等。

教学言语包括讲授性言语、提问性言语、谈话性言语、组织性言语等。讲授性言语包括叙述、说明、阐释、分析、抒发等。叙述是讲述事件、现象、发生发展的经过和结果，要做到清楚明白；说明是介绍方法、步骤和程序，介绍功用、性质、成因、构造、用途等，要准确扼要；阐释是解释概念、定义等，要形象直观，深入浅出，更易于学生理解；分析是分析结构、意义等，要纵横联系，透辟深入；抒发是发表见解和看法，要客观冷静，体现学术理性。

提问性言语包括发问和问题总结。发问有单问和连问之分，一般要考虑发问的对象、目的，问题带有典型的意义和直接的目的。发问要具有启发性。总结要概括凝练，辨析正误，作出价值判断。

谈话性言语要做到指向鲜明，避免漫无目的。要体现层次，递进或者总分，因果或者转折，显示谈话整体的言语逻辑结构。组织性言语包括导语、过渡语、结束语，用于教学任务群之间的转换、教学环节的转换、教学方式的转换，要做到导引强烈，指示明确。语文教师课堂教学常用的表达方式有朗读、讲授、点评、设问等。语文教学言语无论哪一种，都有审美性的要求，必须流畅生动，富有美感、感染力强。

苏霍姆林斯基曾强调过美的教学语言对学生的影响。他指出，对语言美的敏感性，是促使孩子精神世界高尚的一股巨大力量。这种敏感性，是人的文明的一个源泉所在。因此，要启迪学生心灵，陶冶学生情操，教师就要用醇美的语言去触动学生心弦，给学生以美的享受，使其形成纯洁、文明、健康的心灵世界。教师的教学语言是加工了的口头语言，与日常交谈大有区别。教学用语既要有活泼的口语，又要有优美严谨的书面语，让学生置身于语言美的环境之中受到教育与感染。语文教学言语无论哪一种，都有情感性的要求。于漪曾说："情动于中而言溢于表。语言的闪光来之于思想的深邃，语言的激昂慷慨来之于胸中感情的激荡。不断地锻炼自己敏锐的目光和洞察事物的能力，不断地陶冶自己的道德情操，是提高语言修养、克服语言平淡无光的有效途径。"教师要注重自己的语言修养，注重自己的思想内涵，力求教学语言优美生动，感情真挚，富于节奏感，感染力强。语文教学言语无论哪一种，都有丰富性的要求。

汉语是世界上词汇最丰富的语言之一。语文教师一张口，须字字有出处，句句似珍珠。我们民族有悠久的历史和文化传统，语文教师要继承本民族优秀的文化传统，同时还要吸收人类创造的精神文明中的精华。语文教师具备渊博的知识和丰厚的文化修养是丰富其语言的根本。语文教师如果拥有很大的词汇量，对他准确的表达自己的语言和内心的情感都有很大的好处。语文教学言语无论哪一种，都有生动性的要求。语文教师的语言要幽默、风趣，富于启发性。教师要善于把情趣和理趣结合起来，使课堂充满笑声，充满和谐、愉悦的气氛。风趣幽默属于语言艺术，对词义的褒贬、色彩、应用范围等创造性地运用，就能收到非比寻常的功效。风趣幽默，特别能启迪智慧，因而对学生很有吸引力。恰当的场合、恰当的时机运用，可催化感情，深化理智，达到教育的目的。于漪老师的教学语言就具有语汇丰富、措辞优美、幽默风趣的特点，富有魅力，让学生置身于语言美的环境和氛围之中，使学生如沐春风，心情愉快，兴味盎然，思维敏捷。

语文交际语言是进行语文教育工作时发生于人际之间的沟通对话。师生之间、同行之间、教师与领导、教师与家长、教师与教研员都会发生交际。语文教师要具有语文的身份意识，用规范语，说普通话，说内行话，说专业话，说语文教师应该说的话。

语文教师要把语文课上好，必须讲究语言艺术，下苦功学习好教育言语、教学言语和交际言语，锤炼好语文工作用语。

2. 知识积累能力。

语文教师要记忆的东西包括语文故事、成语、名言等，包罗万象。能记住则要记住，记不住也要努力记住。记得住才能教得好，记得牢、背得出才能教得更好。语文教师的积累能力，处处皆有体现：比如在讲授时旁征博引，在联想时思如泉涌，在作文时下笔千言，等等。要背诵基本课文、背诵主要段落；要背诵诗词名篇、课文名句，要让文史知识处于可以随时调用的状态。真正喜欢学问的语文教师才可以成为真正的语文名师。

3. 写作下水能力。

语文老师要有写作能力，甚至要有创作能力，至少也要会下水作文。语文教师的写作能力在语文教学过程中处处需要运用，比如写示范作文、作业评语等。

语文教师绝不可以不写作。哪怕下水作文这种豆腐块，也要时常写那么一点。最好善于文学创作。喜欢写作的语文教师更有可能成为语文名师。程翔老师就特别喜欢写作，写作促进了他的专业能力生长。据他回忆，在学生时代就对写作怀有浓厚的兴趣，写过散文、小说、剧本。“记得我参加泰安市语文教师征文，我的散文《黄河情，儿女的情》获奖。有位作家马昭写过长篇小说《醉卧长安》，我就把它改编成电影剧本寄给山东师范大学的宋遂良老师。我还写过一部电影剧本《息壤》，当时峨眉电影制片厂的一个摄制组正在我家旁边的宾馆住着，他们在拍摄电影《吕四娘》，我就把剧本给导演送去。导演说：‘我现在忙着，你寄给我们的文学编辑部吧’。后来，我在《儿童文学》《少年文艺》《美文》《中国校园文学》等报纸杂志上发表过一些散文。”

4. 文化理解能力。

对于哲学、科学、美学、科学等知识均要积累，要具有对异质文化的跨文化理解能力、对同质文化的文化认识能力，要具备审美能力和鉴赏水平。古典诗歌鉴赏、书法教学、外国文学作品阅读与理解、科技类说明文阅读与理解、史传作品中的古代文化理解、文化论著的思想理解等教学专题，更容易区别语文教师的文化理解能力。

提高语文实践能力的关键是有心和勤奋。《警世贤文・勤奋篇》写道："有田不耕仓廪虚，有书不读子孙愚。宝剑锋从磨砺出，梅花香自苦寒来。少壮不经勤学苦，老来方悔读书迟。书到用时方恨少，事到经过才知难。板凳要坐十年冷，文章不写一句空。"教师的功夫到了，自有技能；技能到了，自有才华；才华到了，自有艺术；艺术到了，自有喝彩，满堂喝彩！

语文名师的专业优势

专业过关意味着教学有效，专业过硬意味着教学高效。名师的教学高效是专业优势明显的产物。

一、教师的专业属性

所谓专业化，指职业群体在一定时期内逐渐符合专业标准并获得相应专业地位的过程。受格林伍德专著《专业的属性》一书启发，笔者归纳了“专业”应有的六个特征：有系统的、支持其活动的理论体系；有独特的、高度理智化的技术体系；有权威的、效果可评价的专业标准；有成熟的、内部稳定化的伦理守则；有独到的、群体内形成的专业文化；有认可的、社会能广泛接受的价值。

教师的教育教学行为，如果从教育属性和学科属性去描述，已经具备了一般意义的专业特征。一是教师入职有较为严格的职业标准；二是教师职业伦理取向相对独特，职业道德要求相对具体；三是教育理论、教学理论体系相对完备；四是教育技术已经具有行业特征；五是教师相应学科知识具有专业性；六是教师讲述、演示、指导、辅导、答疑、评价等教学行为都有成熟的技术评价依据；七是教师具有自己的行业群体文化；八是学校管理有国家办学标准。综上所述，教师符合专业技术人员的特征要求。

二、教师的专业结构

专业人士必有专业精神、专业知识和专业能力。我国2016年颁布的《中学教师专业标准》包含“维度”“领域”和“基本要求”三个维度，下含14个领域、61项基本要求。《小学教师专业标准》下含13个领域、60项基本要求。

教师专业结构的三大维度：维度一是专业理念与师德，包括职业理解与认识、对学生的态度与行为、教育教学的态度与行为、个人修养与行为四个方面。维度二是专业知识，包括教育知识、学科知识、学科教学知识、通识性知识四个方面。维度三是专业能力，包括教学设计、教学实施、班级管理与教育活动、教育教学评价、沟通与合作、反思与发展等六个方面。

三、教师的专业知识

瑞士教育家斐斯泰洛奇说过：“实践和行动是人生的基本任务，学问和知识不过是手段、方法，通过这些才能做好主要工作。所以人生必须具备的知识应该按实践和行动的需要来决定。”专业知识结构是指专业个体经过专门学习培训后所拥有的知识体系的构成情况与结合方式。合理的知识结构是人才持续成长的基础，也是胜任现代职业岗位的需要。

教师作为专业人员，其专业知识有着基本规律和基本结构。清华附小的窦桂梅校长认为，语文教师的专业知识结构基本上有以下三个方面组成：教育学、心理学常识，宽泛的人文视野，一定的语文学科专业知识。

教师专业知识包括本体性知识、技能性知识、背景性知识、相关性知识等四个部分。本体性知识是从事教学工作的学术基础，技能性知识是从事教学工作的操作基础，背景性知识是教育教学的理论基础，相关知识代表一个教师与教育教学行为有关的知识宽度。背景性知识厚、相关性知识多，有利于专业知识的引申和发挥，有利于开阔育人思路，启迪创造思维。

（一）本体性知识——学科知识

1. 本体性知识的概念。

是指所任教学科的主要知识。比如体育与健康教师必须具备运动学知识、体育竞赛知识、简单的生理知识等。

2. 学科知识的组成。

《中学教师职业标准》认为学科知识包括四部分：理解所教学科的知识体系、基本思想与方法；掌握所教学科内容的基本知识、基本原理与技能；了解所教学科与其他学科的联系；了解所教学科与社会实践的联系。笔者认为，学科知识包括学科价值认识、学科知识体系、学科主干知识、学科主要思想、学科重要经验、学科主要方法、学科知识的当代运用、学科发展历史、学科发展趋势、学科在整体课程体系的位置等。

3. 本体知识和教学的关系。

教师能深度学习学科知识，拥有丰厚的学科知识储备，是进行教学工作的必要条件。没有学科知识，教学无从谈起。

4. 教师增强自己对本体性知识把握能力的关键要素。

一是能够区分主要知识和非主要知识，深度把握主干知识的本质属性。二是将学科知识结构化，建构知识之间的内在逻辑关系。三是掌握学科特有的思想方法，能够对具体知识进行意义分析。四是了解知识可能发生的变形和变化，具有重新组织知识的能力。五是了解知识与生活的关系，知道知识在具体情境下的复杂化应用。

学科教师的本体知识要力争做到“五”化：一是主干化，二是结构化，三是本质化，四是生活化，五是个性化。

（二）技能性知识——课堂教学的标准、技术和方法

《中学教师职业标准》认为学科教学知识包括四部分：掌握所教学科课程标准，掌握所教学科课程资源开发的主要方法与策略，了解中学生在学习具体学科内容时的认知特点，掌握针对具体学科内容进行教学的方法与策略。笔者认为主要是教学标准、教学技术、学习规律、教学方法策略等四部分。

1. 教学标准。

要熟悉课程标准，熟悉各种课型及其评价标准，能够对各种课型的“优课”进行描述。

2. 教学技术。

教学固然是一种艺术，但首先是一门技术。比如知识呈现要靠技术，提问要靠技术，实现知识的结构化要靠技术，教学组织要靠技术，教学评价要靠技术，命题测量要靠技术，教学媒体使用要靠技术，合作沟通要靠技术，等等。教师教学技能正在逐步进化，传统的基本功“三字一话”概念已经陈旧过时，教师教学基本功出现了新的评价结构。有人将“粉笔字书写+板书设计、普通话演讲+教学故事、交互式白板+说课、微视频制作+微课”作为新的教师教学技能的关键要素。教学技术的优化和教学效果正相关，必须提高教师的教学专业技术。

3. 本学科特有的学生认知规律，学生学习心理。

可以参见相关的教育心理学书籍，并结合学生特点运用。

4. 教学方法策略。

教学方法策略指为了实现教学目标和提升教学效果而采取的特殊的有效的方法，比如目标教学法、问题教学法、尝试教学法等。教学方法的优化和教学效果正相关。教师必须优化教学方法，知道本学科第一流

教师是谁，其常用的方法都有哪些。教无定法，但前提是必须得法。教学方法属于经验范畴，要靠教师在教育实践中探索获得，所以必须强调教学方法的总结和借鉴。对教学方法研究只是基础，随着研究加深，逐渐会出现对教学方式、教学策略、教学流程、教学模式、教学理念、教学流派等领域的研究。

（三）背景性知识——教育学、心理学等行业知识

《中学教师职业标准》对背景性知识提出六方面要求：掌握中学教育的基本原理和主要方法；掌握班集体建设与班级管理的策略与方法；了解中学生身心发展的一般规律与特点；了解中学生世界观、人生观、价值观形成的过程及其教育方法；了解中学生思维能力与创新能力发展的过程与特点；了解中学生群体文化特点与行为方式。笔者认为主要是教育规律、管理规律、学生成长心理等方面。

教育学和心理学的知识需要从大学的纯理论状态转化为实践状态。什么是教育、什么是教学、什么是教师、什么是学生、什么是学校、什么是课堂、什么是教室、什么是活动、什么是“教”、什么是“学”、什么是“习”，等等，看似早已经没有疑惑的问题，只要认真思索，就会发现其中充满了困惑。

心理学特别是学习心理学，尤其是学习心理学支撑下的新的学习理论，成为提高教学水平的主要理论支撑。要了解什么是认知、什么是注意、什么是兴趣、什么是最近发展区、什么是最优化、什么是多元智能、什么是学习合作、什么是行为主义、什么是建构主义、什么是掌握学习、什么是快乐学习，等等。

（四）相关知识——哲学、美学、国学、科学、社会学、管理学等

《中学教师职业标准》对通识性知识提出要求：具有相应的自然科

学和人文社会科学知识；了解中国教育基本情况；具有相应的艺术欣赏与表现知识；具有适应教育内容、教学手段和方法现代化的信息技术知识。笔者认为尤其要关注如下领域：

1. 哲学。

哲学是一切学问的母学，是研究世界本质的学问，是“知其根本”的学问。“知其根本”出自《大学》。中华传统哲学代表作品有《周易》《道德经》《列子》《墨子》等。新儒学代表朱熹的《近思录》、王阳明的《大学问》和《传习录》、周敦颐的《易通书》等。中华近现代哲学有冯友兰、胡适、蔡元培、蒋维乔、李泽厚等大师。西方哲学有古希腊的柏拉图、亚里士多德，英国的罗素、斯宾塞、洛克、休谟等，德国的叔本华、康德、黑格尔、海德格尔等，以及美国杜威等。哲学和教育教学有着深刻关系，哲学可以为教育教学提供更深刻的世界观和更高效的方法论。

2. 美学。

任何事物都有其作为存在的物理意义、应用意义、哲学意义和审美意义。感悟事物之美、研究事物之美的学问，就是美学。我国美学大师有王国维、丰子恺、朱光潜、宗白华、李泽厚、蒋勋等，西方有英国的王尔德等。美学和教育教学存在着深刻的关系。教学之中蕴含着艺术。教学既是科学，也是艺术。教学作为一种强调艺术的人类智力活动，必然要体现美感。

3. 其他知识。

其他还包括国学、信息学、科学、社会学、知识学、传播学、经济学、国情和世界发展趋势等。李政道博士说：“我是学物理的，不过我不专看物理书，还喜欢看杂七杂八的书。”李政道博士实际上谈及了他的专业知识结构的相关性知识问题。

本体性知识、技能性知识、背景性知识属于基本结构，相关性知识属于个性化组成。相关性知识越丰厚，教师的教学创新能力越强。卓越的教师都有非同一般的相关性知识。

三、专业能力

专业能力一：教学设计。包括科学设计教学目标和教学计划、合理利用教学资源和方法设计教学过程、引导和帮助学生设计个性化的学习计划。

专业能力二：教学实施。包括营造良好的学习环境与氛围，激发与保护学生的学习兴趣；通过启发式、探究式、讨论式、参与式等多种方式，有效实施教学；有效调控教学过程；引发学生独立思考和主动探究，发展学生创新能力；将现代教育技术手段渗透应用到教学中。

专业能力三：班级管理与教育活动。包括建立良好的师生关系，帮助学生建立良好的同伴关系；注重结合学科教学进行育人活动；根据学生世界观、人生观、价值观形成的特点，有针对性地组织开展德育活动；针对学生生理和心理发展特点，有针对性地组织开展有益身心健康发展的教育活动；指导学生理想、心理、学业等多方面发展；有效管理和开展班级活动；妥善应对突发事件。

专业能力四：教育教学评价。包括利用评价工具，掌握多元评价方法，多视角、全过程评价学生发展；引导学生进行自我评价；自我评价教育教学效果，及时调整和改进教育教学工作。

专业能力五：沟通与合作。包括了解学生，平等地与学生进行沟通交流；与同事合作交流，分享经验和资源，共同发展；与家长进行有效沟通合作，共同促进中学生发展；协助中学与社区建立合作互助的良好关系。

专业能力六：反思与发展。包括：主动收集分析相关信息，不断进行反思，改进教育教学工作；针对教育教学工作中的现实需要与问题，进行探索和研究；制订专业发展规划，不断提高自身专业素质。

四、对语文教师的特殊专业知识要求

对语文教师本体性知识的要求要远远高于其他学科。语文学科的本体性知识无穷无尽，皓首难以穷经。其他学科的教师只要大学毕业一般不存在本体性知识够不够用的问题，语文教师即使博士毕业也不敢说自己的学科性知识够用了。

语文教师相关性知识的要求也要远远高于其他学科，所谓的相关性知识即与语文教学高度关联的非教育类和非语文类知识。相关知识体现着教师的学术宽度和知识视野，“韩信将兵，多多益善”。

语文教师所需教学知识的独特性，导致了语文是最难教好、最难学好的科目之一。语文好学而很难学好，好教而很难教好。

五、语文名师的专业优势

语文名师的专业结构所包含的基本要素与一般教师并无二致。如果有不一样的地方，是其更深刻、更丰富、更个性。

（1）一般教师的专业结构是由教育行政部门规定、师范院校培养、任教教师决定的；语文名师的专业结构是由自己职业发展的方向规定、由自己教学实践的经验升华、由广泛而良好的情趣特长决定的。

（2）一般教师的专业结构一旦形成，就基本形成了。语文名师知识结构的建立和优化，是一个渐进、复杂、长期乃至持续一生的过程。一直在广采百家而为我所用，一直处于自我调节的动态之中，一直注意整体调节、系统优化。于漪、钱梦龙、霍懋征、李吉林、洪宗礼、余映潮、贾志敏、冯恩洪等人，都是从教一生，敬业一生，钻研一生。他们对自身专业结构的自觉优化，一天也没有停止过。他们的专业是发展变化的，是动态而不是静止的。

（3）相对于一般教师，名师的本体知识具有三个特征：一个是更深刻，一个是更丰厚，一个是更熟悉。名师本体性知识的“更深刻”往往体现在：名师会经常去思考学科本质，会探索学科基本思想和基本方法，会高度注意掌握学科基本经验，把握学科基本规律。名师也会更重视课标学习。名师本体性知识的“更丰厚”往往体现在，名师会重视知识拓展。名师多是学术方面有造诣的老师，往往通古博今，贯通中西。名师本体性知识的“更熟悉”往往体现在，名师更重视学科知识和教材的关系，学科知识和学生的关系，努力将学科知识课程结构化、熟练化、可教学化。这方面的典型是钱梦龙和余映潮。

（4）相对于一般教师，名师的技能性知识具有三个特征：一个是更过硬，一个是更多样，一个是更优化。名师的教学技能肯定更过硬。教学技能和方法，分为过关和过硬两个层级。过关是一般要求，过硬是较高要求。名师的教学技能肯定更多样，技多不压人。名师的教学方法肯定更优化。方法从种类上说，具有多样化特征，效果是检验方法优与劣的依据。方法单一的人，多是思维不活跃、思路不开阔的人。好方法，必然是比较之后的选择。最佳的方法，往往不是单一的方法，而是多种方法的组合。

（5）相对于一般教师，名师的背景性知识具有两个特征：一个是更本质，一个是更前沿。所谓更本质，是指名师更能看到教育的本质、教学的本质。名师多是教育思想的思考者，往往有着属于自己的独立思考和系统思考。所谓更前沿，是指名师更善于吸收教育学和心理学的最新成果，更喜欢探究学生的认知规律和成长规律、更喜欢探索提高教学效率的教学方式方法，更喜欢洞察人心、人性的时代特征并给予学生更前卫、更恰当的成长帮助。

（6）相对于一般教师，名师的相关性知识具有两个特征：一个是更宽阔，一个是更高雅。语文是个杂烩学科，对教师的相关素养要求极高。语文教师必须是个“杂家”，琴棋书画要懂一点，经史子集要懂一点，文言白话要懂一点，阅读写作要懂一点，做人要懂，哲学要懂，艺术要懂……语文名师则有更宽阔的知识视野、更深厚的哲学修养、更高雅的审美情趣、更宽泛的各种各类的知识。因为有大学养，对于人生的理解也就有了大格局。程翔可以开出“中国传统文化经典研读”的选修课。他讲先秦诸子百家，把不同的思想观点聚集在一起，让学生去了解、研读。

（7）名师更强调特长性的知识。名师的特长性知识因人而异。特长性知识既有学科内的超常，也有学科外的特长，甚至与教育貌似无关。琴棋书画、吹拉弹唱、体育艺术、手工制作、摄影旅游、文学创作等，都可以构成特长。有的人品高尚，有的个人形象良好，有的知识面宽广，有的善于学习，有的善于把握机遇，有的善于社会交往，有的善于师生沟通，有的善于语言表达，有的文字功底出色，有的综合能力突出，有的能及时发现问题，有的善于捕捉信息，有的善于计算机应用和信息技术等等，都可能会对其专业成就的取得产生帮助。这些特长、特点会影响教师教学个性的形成，也有利于教师形成与众不同的教学风格。于永正的书法和京剧，张祖庆的绘画和审美，朱自清的散文和诗歌创作，叶圣陶和沈从文的小说创作，都很好地帮助了他们教学效果的达成。名师的特长性知识更重视情趣。

（8）名师更强调深刻的知识。他们更善于汲取理论知识，学术研究更善于系统思维和抽象概括等，对问题的判断推理更完整、更客观、更深刻，更善于解决复杂问题。

（9）名师更强调新的知识。专业知识生成具有与时俱进的特征，结构是趋新的。随着社会的进步，技术的完善，观念的更新，名师善于从时代对于教育的新要求出发，对自身知识结构进行调整、充实、提高。他们更善于汲取现代专业知识，热心于变革和发展。他们更新知识，引领潮流。

（10）名师知识结构既有共同特征，也有差异性和多样性。有的呈蜘蛛网型：以所学语文专业知识为中心，与其他有较大相互作用的知识作为网状连接，形如蜘蛛网，知识广度与深度高度统一，知识呈复合型状态。有的呈宝塔型：包括基本理论、基础知识、学科知识、学科前沿知识等板块构成，基本理论、基本知识为宝塔型底部，学科前沿知识为高峰塔顶。基本理论、基础知识宽厚扎实，专业知识精深，才能接通学科前沿。

（11）和其他行业成功人士一样，名师的知识结构具有合理的特点。合理的专业知识结构，既包含精深的专门知识，又包含广博的一般知识，专博相济，一专多通。基础层次、中间层次和最高层次逐次分布，各种知识数量和质量之间合理配比，比例适度。

（12）名师知识结构一般具有整体和谐的特点。组成整体的各部分之间重视知识归类，类间相互依赖、相互联系、相互作用、相互制约。如果知识结构只有数量的优势，而没有相互协调、配合融通，就很难产生知识结构的整体优势。

（13）名师的专业知识结构灵动，知识处于随时可以调动和组合的状态，知识处于随时可以应用的状态。这也更有利于生成各种特殊的工作能力，比如理解能力、判断能力、决断能力、创造能力、开发能力、表现能力、协调能力、指导能力、统率能力、调查研究能力、语言文字表达能力等。

六、语文名师在专业上的卓异之处

名优老师具有独特的思想、独特的方法、独特的教学艺术、独特的教学风格。他们往往具备以下几个特别。

第一个是“三个过硬”：学科知识过硬、教学基本功过硬、现代教育技术过硬。名优教师一定是学科知识过硬的人，对自己的学科有深刻理解、独到认识；名优教师一定是教学基本功过硬的人，书写、演示、操作、表达、提问等各项基本功都有积累；名优教师一定不拒绝现代教育技术，对于课件制作、白板使用等现代教育技术娴熟，乐于尝试现代化教学手段与传统教学手段的融合。

第二个是“尊重三个规律”：尊重教学规律、尊重学生认知规律、尊重学生成长规律。名优老师一定是遵循教学规律、学生认知和成长规律的人，熟稔规律，遵循规律，创新规律，科学育人，把自己的事业用心去做好。名优教师不应该排斥应试，他们熟悉应试规律，游走于素质教育和应试教育之间。

第三个是“两个兴奋”：课堂实践兴奋、获取新知兴奋。名优老师一定是对课堂实践倍感兴奋的人，认定“课比天大”，对自己的课堂有种神圣的责任；一定是获取新知兴奋的人，酷爱学习，追求进步，把自己的专业发展看得异常重要。

第四个是“两个拥有”：拥有高雅情趣、拥有独特个性。名优老师一定拥有健康情趣，品味生活之乐；一定追求教学个性，努力形成教学风格。教师教学的个性化是教学高水平的前提。

第五个是“两个热爱”：热爱学生、热爱钻研。名优老师一定是热爱学生的人，对自己的学生看得和自己的儿女一样重要；一定是热爱钻研的人，对自己的职业有敬畏之心，对卓见有深刻的认同，对真理有执着的追求。名师都把进取和谦虚视为孪生姐妹。《尚书》有言：“满招损，谦受益。”

语文教师的塔形分布

笔者教了三十年语文，悟出了三句话。第一句，“语文不是人教的”；第二句，“能教好语文的也不是人”；第三句，“能教好语文的都是神”。所谓的语文名师，就是语文教师乃至全体教师里的“神格”。

一、对语文教师的评价

学生对语文教师的评价，存在着两极化的倾向。有的学生最喜欢，有的不认可或者极不认可。在学生评选“最美教师”“最有魅力教师”的时候，常常优先选择语文教师。各学科教师里最有名气的也是语文教师居多。自古语文出名师，自古名师出语文。

语文学科不是常人能教好的。“当老师难，当语文老师是难上加难，当一个好语文老师比走蜀道都难”，教完李白《行路难》后，笔者曾写下过这样的“教后记”。语文教师是各学科职业难度最大、强度最大、艰辛最多、委屈最多的。

学生不喜欢的语文教师不一定真的差。语文学科知识如同百科全书，任何一位语文教师在浩瀚的语文知识面前都显得微不足道。语文教师即使再善于学习，知识性缺陷也常常发生，知识性错误在所难免。语文教师对教学内容的准备可谓费人心血。对语文教师评价的人为偏低，主要是学科知识容量多和教学难度大造成的。学生认可的语文教师，一定是真的好。被认可的背后，必有感人至深的语文故事。

二、语文教师的层次

朱永新老师在《致教师》一书写道：“教师职业大致有四种境界：第一，是让学生瞧得起的老师；第二，是让自己心安的教师；第三，是让学校骄傲的老师；第四，是让历史铭记的老师。”其中最基础的是让学生瞧得起的老师。

参照深圳语文教学名家程少堂老师的《教师“六品”》一文，笔者将教师的职业生存形态界定为七种：庸师、匠师、良师、名师、大师、宗师、百世师。常态的教师处于庸师、匠师、良师三种形态上。

1. 低俗形态：庸师。

语文庸师是指业务上不胜任岗位、精神上不在状态的教师。基本特征可以用“三个没有”概括——对自己没有高要求，对学生没有真爱心，对单位没有大责任，也可以说是“四不”——业务不精通，功夫不过硬，师德不崇高，人望不存在。蔡元培先生对庸师极其憎恶，他说平庸的教师如“庸医杀人”。

2. 平凡形态：匠师。

语文匠师是指工作处于常态，能够胜任但业绩平平的教师。他们教学合格，业务胜任，不突出也不太落后。匠师的职业特征是“两化五缺”。工作熟练化，教学程式化；往往缺少智慧，缺少才干，缺少激情，缺乏创造，对教学缺乏真领悟。学校中存在着较大数量的匠师。匠师能够完成教学任务，但工作少有激情，很少能从工作中享受到乐趣。匠师的工作质量一般，但教学也无大错。

匠师的成因：①学术原因，有的学识单薄。②技能原因，有的专业技能不过关；③才华原因，有的情趣不雅，兴趣单调，缺乏特长；④思想原因，有的缺乏真正的教育领悟。

匠师和庸师之比较：匠师不是混日子的人，但也是把日子过不好的人。蔡元培说："昧理之人，于事物之稍复杂者，辄不能了然。"

匠师不是自甘平庸者，只是寻找不到自我实现的方法和途径。他们多是环境影响的产物，完全可以引导、改变和提高。

3. 优秀形态：良师。

语文良师指工作态度端正、课堂效益明显、教学质量突出、学生得到较好成长的语文老师。基本特征有"三良"：一是师德良，具有敬业爱岗的特征，关心并善于调动学生的积极性。良师多有良知。良知本为明代大儒王阳明所倡导，既要有良知，也要有良心。二是方法良，认真钻研业务，教学方法多样有效。三是业务良，学科知识积累深厚。良师教学业绩突出，堪挑教学大梁。

4. 第四层：名师。

语文名师是指业绩相当突出、社会影响力相当广泛的老师。名师的职业特征：既有实践能力，也有深刻的社会影响力，不仅"有名"，而且"有誉"。"有名"是指社会认知程度高，"有誉"是指社会认可程度高。

名师与良师之区别：如果说良师是指各级骨干教师的话，名师则相当于各级学科带头人。良师是把事情做好了，名师是在把事情做好了的基础上，把事做对了，做深了，做强了，做大了。良师是属于实践单一层面的，名师则是实践、学术、道德等若干层面的复合体。

5. 第五层：大师。

所谓大师，指在学问上有很前沿的造诣、为社会所高度尊崇的老师。《孟子·尽心下》说："充实之谓美，充实而有光辉之谓大。"成为语文教学大师，就意味着进入语文教育领域的一流行列。共性特征体现为"三大"：一是学问大，有深刻的学术思想，有系统的学术体系；二是成就大，是行业大腕、教学中坚；三是影响大，具有教育行业影响和社会综合影响。

6. 第六层：宗师。

宗师，指在语文教育领域有开创性成就的人，能够开宗立派。宗师的职业特征："两个创造三个具备"。两个创造是指：能够推陈出新，自立门户，创造新的学说；在容纳他家之言的基础上，自己创造出一个更新颖、更完善的学术体系。三个具备是指：一是具备深厚的文化底蕴，包括民族优秀传统文化底蕴，以及世界先进文化、多元文化的底蕴。严复如此，林语堂如此，蔡元培如此，陶行知如此，梁启超如此，辜鸿铭也如此。二是具备创新素养，包括创新方法、创新思维、创新品格。三是具备一流的突破能力，善于逆向思维和发散思维，敢于突破定式。叶圣陶奠定现代语文教育体系，可以称之为"宗师"。刘国正先生说过："在中国的语文教育界，叶圣陶、朱自清、夏丏尊是耸立在三四十年代的三座大山。其中叶圣陶的活动一直持续到八十年代，时间最长，影响最大，他留下的宝贵遗产，历史上无人能与之相比。一代宗师，万代垂范。"

7. 第七层：百世师。

"百世师"这个名词可以追溯到孟子。孟子说："圣人，百世之师也"（《孟子·尽心下》）。只有品德和学问可以做百世楷模的圣人才能被称为"百世师"。什么是圣人呢？孔子曰："所谓圣者，德合于天地，变通无方，穷万事之始终，协庶品之自然，敷其大道而逐成惰性；明并日月，化行若神，下民不知其德，睹者不识其邻，此谓圣人也。"

"百世师"的思想具有巨大的原创性，对思想的表述具有巨大的简洁性，思想含有符合社会发展趋势的未来性，思想具有不断被后人研究阐发的可能性，比如孔子和他的仁学（含教育学）著作《论语》。"百世师"是开启千年学说、万年智慧的鼻祖。

笔者心中有四位中国教育的百世师：春秋时期创立私人教育的孔子、汉代倡导设立太学将国家教育体制高度完善的董仲舒、宋代将书院教育发挥到极致的朱熹、清末民初对我国现代教育制度的形成贡献至伟的蔡元培。

三、境界层次形成的哲学依据

人的层次之分有着深刻的哲学原因。

1. 历代前贤看人的层次划分。

《管子》之《小匡》篇："士农工商四民者，国之石民也。"这是管子从职业角度对人的划分。

汉代刘劭《人物志·预言》指出："（仲尼）泛论众材以辨三等。"《论语·季氏》："生而知之者，上也；学而知之者，次也；困而知之者，又次也。"这是刘劭从认知角度对人的层次的划分。

《孔子家语·五仪》："人有五仪，有庸人，有士人，有君子，有贤人，有圣人。审此五者，则治道毕矣。"这是孔子从道德角度对人层次的划分。

《孟子·滕文公上》记载："或劳心，或劳力。劳心者治人，劳力者治于人。治于人者食人，治人者食于人：天下之通义也。"这是孟子从社会职业分工对人的划分。

荀况在《儒效》一文说读书人的分类，"故有俗人者，有俗儒者，有雅儒者，有大儒者"。这是荀子从修养角度对读书人层次的划分。

汉代刘劭《人物志》说："偏至之材，以材自名；兼材之人，以德为目；兼德之人，更为美号。是故兼德而至，谓之中庸。中庸也者，圣人之目也。具体而微，谓之德行。德行也者，大雅之称也。"这是刘劭从德才关系对人的划分。

刘劭也指出了不成气候的人的特点："一至谓之偏材。偏材，小雅之质也。一征谓之依似。依似，乱德之类也；一至一违谓之间杂。间杂，无恒之人也。无恒、依似，皆风人末流。末流之质，不可胜论，是以略而不概也。”

2. 西方哲学家论述人的精神层次。

尼采将人的精神分为三种境界：骆驼、狮子和婴儿。第一境界骆驼，忍辱负重，但被动地听命于命运；第二境界狮子，把被动变成主动；第三境界婴儿，处于一种“我是”的状态，活在当下，享受自如。

3. 现代哲学家人生境界。

冯友兰有四境界说：自然境界、功利境界、道德境界和天地境界。

张世英论述人生的哲学境界：欲求境界、求知境界、道德境界和审美境界。

钱穆论述人生的哲学层次：“物质的”，亦可说是“自然的”人生，或“经济的”人生；“社会的”人生，或称“政治的”人生、“集团的”人生；“精神的”人生，或说是“心灵的”人生。

丰子恺论述人的哲学层次：“我以为人的生活，可以分作三层，一是物质生活，二是精神生活，三是灵魂生活。”

人的境界不是一成不变的。唐代禅宗大师青原惟信在禅宗史书《五灯会元》也曾说：“老僧三十年前未参禅时，见山是山，见水是水；及即至后来，亲见知识，有个入处。见山不是山，见水不是水；而今得个休歇处，依前见山只是山，见水只是水。”

马克·吐温曾说：“皇帝、君主、匠人、农民、大人物、小人物：我们这些人在心底里都是类似的，都是相同的。大伙在骨子里都是一个模样，只要剥去我们的衣服，谁也没有办法分辨出我们是哪一个。”真的如马克·吐温所说，人的个体之间没有太大的区别吗？如果给不同的语文教师同一本名著、同一节课堂、同一个班级，教师的区分度马上就会显现：浊者自浊，清者自清；俗者自俗，雅者自雅；手低眼高者自低，手高眼高者自高。

语文教师的专业提升

一、教师专业发展的概念

教师专业化发展是指教师作为专业人员，在专业思想、专业知识、专业能力等方面不断发展和完善的过程。

某位语文名家结合自身专业发展，将教师课堂教学能力发展分为五个阶段：适应阶段（2年）、稳定阶段（3年）、困惑阶段（1年）、成熟阶段（6年）、超越阶段（10年）。这个说法较好总结了语文教师专业成长的过程。

《中小学教师专业发展标准及指导（语文）》采用鲜明的分阶段原则，将教师的专业成长概括为三个过程，即“新手到熟练”“熟练到成熟”“成熟到卓越”。第一阶段是从新手到熟练。“新手”是指新任教师，虽然拥有了基本的理论素养，但缺乏教学实际技能；“熟练”教师则拥有熟练的教学技能，了解学情，虽能基本把握学科知识结构，但仍然缺乏对科学思想方法以及学生个体差异的深度把握。第二阶段是从熟练到成熟。“成熟”教师对学科思想方法、学生差异有一定把握，教学技艺成熟，但还没有形成自己的教学风格和特色。该阶段的发展任务主要是研究学科的本质和思想方法，深入了解并应对学生的差异，教学方法多样化、艺术化。第三阶段是从成熟到卓越。“卓越”教师是指省市级骨干教师、学科带头人乃至特级教师，他们教学经验丰富，形成了自己的教学思想和风格，是教师专业成长与发展的最高阶段。这个“三段式”阶段划分法，基本体现了语文教师终身学习、递进式发展的特点。

笔者认为，教师的专业发展有四个关键节点：从准教师到真教师，要完成转型，走向成熟；从成熟到良好，要提高技能，提高实战能力；从良好到优秀，要拓展学术，把握规律；从优秀到卓越，要放宽眼界，提高境界。

二、从准教师到真教师，要完成转型，走向成熟

1. 面对四种转型。

面对身份转型：从求学者到职业教师的转型。从人生的理想状态进入真实的人生状态。身份变了，环境变了，要求变了，内涵变了，一切全变了。

面对知识转型：阅读的对象由学术著作变成了教材。入职前所学不一定用得上，需要入职后重新进行知识的建构。课堂上对知识精准程度的要求，远远高于大学时代的泛泛而学。

面对关系转型：从学生到教师，人和人的关系由同学关系变为同事关系，生师关系变成了师生关系。

面对能力转型：从知识的输入者变为知识的输出者。职前强调对知识的“汲取”能力，职后强调对知识的“输出”能力。

2. 视野转向。

从自向到他向。一个高度关注自我存在的生命，不可能有宽广的生命意义。庸师之所以没有成就，正是在于对于自我以外的事物缺乏应有的热情，对于世界和他人持不积极态度。

三、从成熟到良好，要提高技能，提高实战能力

1. 自身需求的层次提升。

一定要重视自己职业尊严的建立，用马斯洛需求层次理论哲学来管理自己的行为。马斯洛的需求层次理论是极其富有实践的指导意义的。马斯洛将人的需求分为六个层次。高层次的需求只有三个：一是尊重。分为内部尊重和外部尊重。二是自我实现。三是自我超越。马斯洛在《激励与个性》一书中探讨了他早期著作中提及的另外两种需要：求知需要和审美需要。六个需求层次的关键节点是“尊重”。一个人一旦产生被人尊重、自我尊重的想法，就会寻找自我发展的空间和潜力。

2. 提高实践层次，提高教学效率，关键是提高教学技能。语文教师的最基本的教学技能是：朗读、板书和提问。

余映潮老师认为教师要练好三项基本功：一是练好研读教材的基本功。教师读好了教材，读透了教材，读出了教材的味道，就给学生带来了教学的福音。二是练好能够运用多种教学手法的基本功。“怎么教”与“教什么”同等重要，要研究朗读手法、学法手法、讨论手法、赏析手法、讲析手法等。在阅读教学设计中，要诗意地勾勒教学思路、诗意地提炼教学内容、诗意地安排教学活动、诗意地进行对话交流、诗意地进行课堂讲析等。三是练好作文指导教学的基本功。能够精选范文，提炼规律，指导到位。要想训练学生尽快地学会写文章，应该做到模式先行、规律指导先行、构思训练先行。我们重视对经典范文的学习，是因为它们在语言和模式两个方面闪耀着光彩。

语文名家余映潮对年轻语文教师的成长提出如下建议：年轻语文教师要想尽快成长，除了接受别人的指导与帮助，最好的方法是自我训练。自我训练具有非凡的力量，这种力量来源于自身，来源于自己的奋

斗。余映潮认为教师可以先进行这样的“自我训练”：语文教师的第一基本功是研读教材的功夫。年轻语文教师提升自己教学业务水平的第一实践是备课。任何语文教师，课堂教学水平都首先表现在教学思路上。凡无思路意识的教师，都很难将自己的语文课进行得有条有理、清清爽爽。所以年轻语文教师，进入教学之初就应该非常关注对“教学思路策划能力”的训练。在对自己的训练中，一定要突出教学内容的“切分”，一定要突显教学过程的“步骤”，一定要勾勒形成教学层次的“板块”。语文教师的课堂教学技能的第一表现是提问。一位语文教师，如果执教之初就语言啰唆，碎问不断，长此以往，将很难养成良好的教学习惯。所以，向往着较高教学造诣的年轻语文教师，要尽力克服“随口而问”的欲望与习惯，课堂上要少问，要问到精要之处、关键之处。要用课堂对话的方式、学生活动的方式以及课堂精讲的方式提高教学质量，形成良好的教学习惯。语文教师的第一课外阅读应该是中学语文教学的专业杂志。拥有学术资料对年轻语文教师的进步至关重要。工作中的语文教师一定要订有一两份中学语文专业杂志，以求知晓前沿、自我提升。

3. 提高自身对实践的认知层次。

歌德说过：“内容人人看得见，涵义只有有心人得之，而形式对于大多数人是一个秘密。”实践的层次取决于对事物的认知。

人的实践大体存在如下层次：做和重复做，做和做中学，做和做中思，做和做中改。能够在实践中发现自身的行为缺陷并不断加以改进和完善，是最高的实践能力。

教师提高自己的实践能力，关键不在于做，而在于“做+”。比如“做+学习”“做+反思”“做+研究”“做+创造”“做+特色培育”等等。网络名师师北宸曾是一名高考落榜生，如今登上了清华大学的讲台。他的经验就是“比别人多一个维度，让自己脱颖而出。”

教师仅有做，哪怕是再辛勤的做，也是远远不够的。要从用力做，走向用心做，从做中学走向学中做，从做中思走向思中做。在教学实践中反思，在反思中教学实践，这才是提高教学效率的关键。

教师专业成长，既是教师自己自发的行为，也应是学校系统的自觉行为。学校要从制度、从文化等各方面为教师专业成长提供动力和保障。窦桂梅老师对她的教师团队提出教学“五个一工程”：即每月上一节好课，读一本好书，写一篇满意的文章，精批一篇学生作文，思考一个问题。每月底采取互读分享、表扬督促等多种形式进行检查反馈，很好地促进了教师团队的整体发展。

四、从良师成长为名师

教师专业化发展是一个逐渐的动态的过程，具有普遍性和持续性。如果从“语文名师”这个终极结果，回头反向观察语文名师是如何养成的，就可以总结出语文名师的养成路径。语文名师的养成路径具有特殊性和深刻性。

1. 教学意识从“二”到“四”。

良师对教学产品已经具有精品意识和质量意识，还要增加教学工艺的改进意识和教学方法的创新意识，产生这两大意识的关键是教师要提高对教学的认知层次。

人的认知层次大体如下：一是认识到的现象是碎片存在而不是完整现象，犹如瞎子摸象，只见局部不见整体；二是能够看到现象的整体以及局部，既见森林也见树木更见树叶；三是透过现象看到事物的本质；四是在透视本质的基础上预测未来趋势。

有人用漏斗描述过个体的认知差异。人的认知好似一个巨大的天坑，呈漏斗态势排布。大概分为九个层级：第一层级，只知自己的好恶；第二层级，墨守成规；第三层级，认识到规矩的局限性；第四层级，明是非，知大体；第五层级，认识到是非的局限性；第六层级，认识到现实资源的有限性；第七层级，认识到人的发展性；第八层级，是认识到万古不变的人性与社会规律；第九层级，认识到人生的至高意义与价值。陷于认知漏斗底部的人，看不到上层的风景，也听不懂上层的话语内涵。

2. 教育思想从明确走向深刻。

除了出色的教育实践，教育思想是名师和良师最大的区别。良师已经有了一定的教育思想，但不深刻，不聚焦，不敏锐,关键是教育思想站位不高。王国维提出了“悬思—苦索—顿悟”的治学三重境界。第一境界：“昨夜西风凋碧树。独上高楼，望尽天涯路。”（晏殊《蝶恋花》）；第二境界：“衣带渐宽终不悔，为伊消得人憔悴。”（柳永《蝶恋花》）；第三境界：“众里寻他千百度，蓦然回首，那人却在，灯火阑珊处。”（辛弃疾《青玉案·元夕》）名师比之于良师，良师也许是“衣带渐宽终不悔”，名师则是“那人却在灯火阑珊处”。

名师思想方面的认知层次显然更深。

钱梦龙认为教师的成熟有两条标志：一条是在教育思想上是不是有明确、一贯的追求；另一条是有没有独立处理教材的能力。教育思想的最后归属是对孩子拥有一颗真诚的心，这颗心既可以是对教学的热心，也可以是对学生的爱心，也可以是自己有颗像孩子般的童心，对孩子代表的未来有向往之心。有一颗真心是成为语文名师的首要条件。如果已具备则须保持，如果还不具备则须培养。

李吉林老师就是爱心、童心的践行者。李吉林受染于童年教师，自小热爱教师职业。当她走上教学岗位后，这份热爱有增无减。她把课堂上要说的话一句句默诵在心，甚至连语调、手势也尽量构想得美妙妥帖，积极学习，探索教学法。为了写好《我们的家乡真美呀》小学一年级作文，带领同学们上楼顶实地观察，关爱学生，走进学生。

3. 专业路径从清晰走向坚定。

名师能从学科本质出发，坚持语文教学的道路。坚持是成就语文名师的关键。余映潮1966年中学毕业后下乡当老师，教过英语、教过音乐、教过物理，就是没有教过语文。在1978年才开始教授初中语文，那时他已经32岁。1997年余映潮上了人生的第一堂语文公开课。那时他已50岁。从余映潮的人生经历中可知，他入门较晚，在语文教学这条路上并不是一帆风顺，但他最后依然成了一代语文名师，靠的是一颗坚持语文的心。

4. 课堂教学从有效走向完美。

教学既包括教师的“教”也包括学生的“学”，主要是以课堂为中介，通过教师的“教”促进学生更好地“学”。上好一堂语文课是语文名师的必备功夫，从备课、授课、作业布置到作业批改以及课后辅导，每个环节都力求完美。李镇西有《给女儿的一封信》《冬天》《荷塘月色》《孔乙己》《在马克思墓前的讲话》等名课。余映潮有《散步》《老王》《假如生活欺骗了你》《最后一课》等名课，李吉林有《水》《我是一颗蒲公英》《我是小花农》《和鲁滨孙一起漂流》等名课。

语文名师不仅在阅读教学上有名课，在作文教学、识字教学、口语交际上也有精品。余映潮关注自然作文，指导《课文学习中的下练笔》。李吉林创设情境，在情境中对话，达到训练口语和识字的目的，如“认识周长”“认识东南西北”等。

5. 教学反思从避短走向扬长。

注重教学反思是语文名师的又一共性。余映潮以十几篇讲座稿为蓝本，反思从教经验，从“成长智慧”“教学智慧”“治学智慧”三方面概括出40项基本素养，写成《致语文教师》。李吉林则用散文、随笔的形式反思教学，在《潺潺清泉——李吉林教育随笔》一书中，反映了作者在探索情境教育与儿童朝夕相处的过程中，有关教育教学的真实感受。

6. 人生榜样从身边走向大家。

余映潮老师这么总结过：“从师要高，明师就是高师。”

“名师研究，不是名师模仿。那样做仅仅只能学到一点艺。名师研究贵在长久，贵在深入，贵在品味，贵在提炼。”

“在研究中，如下角度与方法都是可行的：

——观摩，观摩名师的现场教学或教学录像；

——收集，收集某位或某些名师的各类作品，进行阅读和研究；

——收藏，收藏名师特别经典的论述或案例，以作长时间的揣摩、感悟、品味；

——评点，评点名师的教例；

——摘抄，摘抄名师的名言，精彩的教学片段，缩写著名案例的主题内容；

——跟踪，对某位名师进行长时间的跟踪，多角度地感受其教学思想与教学特色；

——评说，对名师的教学模式、教学观点以及课例进行评论或批评；

——提炼，提炼名师的教学特色、教学风格，以及他们教学技艺之中的精华；

——综述，从宏观的角度对名师的思想体系、教学体系、教学风格进行评介；

——比较或从纵向或从横向对名师群体进行比较研究。

我研究名师的方法主要是：收集、综述、评点。我研究名师的理念是：广泛研究，多方吸纳，整合提炼，发展自己。”

李吉林不仅向孔子、庄子、卢梭、夸美纽斯、蔡元培、陶行知等中外教育名家学习，还转益多师，学习各个领域的名师，跟徐漳老师学国画，跟马老师学造价，跟朱老师学培训等，可谓博采众长，具有更广阔的视野。名师往往具有更为深厚的思想积淀，向他们学习，可以从他们身上学习教学思想，与自身实际相结合，开辟出新的教学方法。

学习大家，追随名师，注重从前人身上汲取养分是语文名师的一大特征。从名师的教育经历中获取力量，矢志不渝地投身于教育事业中。李镇西在《爱心与教育》说：“苏霍姆林斯基的思想，是在我教育生涯的早晨投下的第一缕金色的霞光。”

张祖庆调到王崧舟老师所在的拱宸桥小学后，零距离接触了王崧舟。听了王崧舟的许多公开课，吸取了大量经验，并在自己上公开课前请他来听，对关键细节加以点拨，课慢慢变得厚重与灵动起来。王崧舟老师也曾告诫他“不要模仿他的一招一式，要学就学他的‘气’，而不是‘剑’。”张祖庆深受王崧舟老师教学上的影响。

7. 学术研究从总结经验走向体系建构。

语文名师们往往将思想诉诸笔端，编写成文。在写作中不断深化细化系统化教学思想，改变零散的局面。一方面，文字具有传播的功能，发表论文、著作可以促进同行沟通交流，在碰撞中产生更深刻思想，促进教育发展；另一方面，文字具有保存的功能，不仅能够影响现当代，还可以影响后来者，为后来者提供“垫脚石”。余映潮、李吉林都是笔耕不辍的范例。余映潮著述颇丰，1993年他在《中学语文》上开辟“教例品评”专栏，已累计发表1300多篇文章，编写7本专著；李吉林自1956年从教至今，已出版十余本著作，在全国权威期刊杂志发表200多篇论文计300多万字。

8. 成长概率从偶然走向必然。

对偶然因素的利用程度也是影响语文名师成长的一大因素。维纳的“成败归因理论”中提到运气好坏是影响人们活动成败的一大维度，即属于本文所说的偶然因素。偶然因素具有不稳定性，但如果能够抓住重要的偶然机会，将会使语文名师的成长成为必然。李吉林在一次偶然机会中听到了英语教学中的“情境教学”，受其启蒙，创造了适用于语文学科的“情境教学”。对于部分语文教师而言，可能听到英语中的“情境教学”时也就一听而过，但李吉林很好地利用了这个消息，并和语文学科相结合，首创语文“情境教学”成功。偶然因素的出现是命运的眷顾，可遇不可求，但是否能够有效利用的决定权却在语文教师手里。

主要方法是如下三项：

反思——挖掘深度的实践理性。康德最主要的哲学著作可以用“三大批判”概括，一部是关于伦理学的《实践理性批判》，一部是关于审美的《判断力批判》，一部是关于知识和实践的《纯粹理性批判》。实践理性的增加，依赖于自觉而经常地自我反思。所谓的反思，就是以自己之心去面对自己之身，去思考自己之行。王阳明先生说过：“致吾心之良知于事事物物”，“尔那一点良知，是尔自家的准则。”唯有自我反思，才可以自我认识；唯有自我认识，才可以自我改变；唯有改变自我，方才可以成就自我。

学习——实现方法的广度借鉴。向更优秀的人学习更优秀的思想和更优秀的方法。周敦颐向孔子和孟子学习，发现了“静”学；朱熹向孔子和孟子学习，发现了“敬”学；王阳明向孔子和孟子学习，发现了“致良知”，提出了“知行合一”；曾国藩向孔子和孟子学习，发现了“诚”学。阅读是必要的，经典阅读是重要的。经典阅读可以增加厚实的学术底蕴。

探寻——寻找教育的突破之法。蔡元培先生曾经论述过教师成长的三个要素：一是经验，二是方法，三是探寻。探寻可能是最主要的一点。教师有了探寻的动力，并持之以恒，也就是走在了成为优秀教师的路上。教师须知“十年艰辛磨一剑，名师香从苦寒来”的道理，也须知“天外有天、人外有人”的道理，更须知“欲穷千里目，更上一层楼”的道理。

五、从名师成长为大师

1. 学术视野更宽。

大师和名师都有出色的教育实践，都有深刻的教育思想。如果说两者有区别，则是学术的区别很大。

笔者认为，人的学习有四个广义层次：接受认知、程序认知、独立认知、关联认知。第一层次是接受认知：学习只是记住知识，不管知识本身对与错、好与坏。第二层次为程序认知：严谨学习，精密思考，开始思考标准。认识到学科评价的标准，遵守学科规则，学会使用标准。第三层次为独立认知：深入学习，独立判断，发现正确答案可能多样，存在仁者见仁、智者见智。第四层次是关联认知：富有思想、富有创造，重视观念和思维方式的与时俱进，不断产生新的发现。大师必有自己特殊的知识系统，既源于学科也不局限于学科。学术是支撑着教师走向远方的最有力的载体。

2. 哲学层次更高。

钱穆曾指出“人生三路向”的问题。人生只是一个向往，我们不能想象一个没有向往的人生。人生具有权力，便可无限向外伸张，而获得其所求。你进一步，便可感到前面又有另一步，向外也无尽，向内也无尽。向外的人生，是一种涂饰的人生；向内的人生，是一种洗刷的人生。人生有三种境界：他证、自证、无证。大师无须他证，也不在意自证。于知识海洋里做逍遥游，自得学术之乐。

3. 审美层次更雅。

大师和名师，都有出色的教育实践，都有深刻的教育思想。如果说有区别，审美不可忽视。教育大师一定能从课堂里体验到无限的美感。美感至少有三个层次。物感引发的，比如对生活中具体事物的美感；事感引发的，比如人生感、历史感，人对人生和世界意义的感受；天感引发的，比如宇宙感，人对宇宙的无限和绝对的感受。初级的审美是艳俗的，较深刻的审美是典雅的，高级的审美是丰富、含蓄、别致、悠远的。宋代禅宗谈宗教审美时提出三境界说。第一境界是“落叶满空山，何处寻行迹”；第二境界是“空山无人，水流花开”；第三境界是“万古长空，一朝风月”。景还是那个景，境界不同，所见不同，审美不同。

教育大师对于教育实践的审美获得必然具备如下特征：一是纯粹愉悦的审美，意识到教育的无限可能性和绝对神圣性，产生庄严感、神秘感、满足感和幸福感。二是超越功利的审美。超越了对象的实在，超越了利害的考虑，是教师本人和学生世界的一种自由存在。三是超越理性的审美。不反理性，渗透理性，但不局限于理性。四是超越实践的审美。超越现实的有限性，生成一个新的意义世界。

教育是育人的事业，育人的事业必须有特殊的人才来兴办。梅贻琦校长的“所谓大学者，非谓有大楼之谓也，有大师之谓也”的高论可谓振聋发聩，一语道破了人才与教育的关联。

大学需要大师，中小学也需要大师吗？中小学一样需要大师，比如苏霍姆林斯基、陶行知、魏书生、李希贵等等这样的大师。如果当年常州中学的课堂里没有吕思勉这样的大师，又怎么可以培养出钱穆？如果天津南开中学没有张伯岑，如果浙江上虞的春晖学校没有经亨颐，如果长沙的明德学校没有胡元倓，如果宁夏府中学堂没有赵维熙，就不可能有春晖、南开、明德、宁夏银川一中等名校的诞生。这些中小学的教师，都是教育报国的志士，都是具有卓越教育智慧的名师大家。大学有大学的大师，比如蒋梦麟；中学有中学的大师，比如钱梦龙；小学有小学的大师，比如李吉林；幼儿园有幼儿园的大师，比如陈鹤琴。如果要想兴办一流的教育，多为祖国培育杰出人才，必须造就教书育人的大师。

语文教师专业完善的关键是教师自身的见识。银川教科所姜俐冰老师对于教师专业成长，有着与众不同的见解。她说："怎样成为名师，有很多种答案，有许多条路径。路径无论如何，这两个关键词总会绕不过去：一是选择，二是渴望。"

语文教师专业完善的另一关键是持续。这是一个持续发力、一生努力的艰难过程。汪国真的《跨越自己》或许更能描述优秀教师专业发展的进取状态：我们可以欺瞒别人／却无法欺瞒自己／当我们走向枝繁叶茂的五月／青春就不再是一个谜／向上的路／总是坎坷又崎岖／要永远保持最初的浪漫／真是不容易／有人悲哀／有人欣喜／当我们跨越了一座高山／也就跨越了一个真实的自己！

名师学术

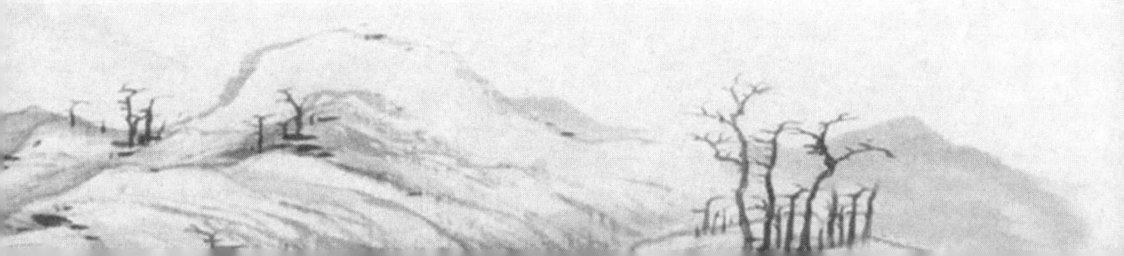

名师治学：当有底色的先生

老子《道德经》写道："有道无术，术尚可求也；有术无道，止于术。"

西汉刘安《淮南子·泰族训》写道"故不言而信，不施而仁，不怒而威，是以天心动化者也。施而仁，言而信，怒而威，是以精诚感之者也。施而不仁，言而不信，怒而不威，是以外貌为之者也。故有道以统之，法虽少，足以化矣；无道以行之，法虽众，足以乱矣。"

世人贵金，常用"含金量"作为对某一事物的内在质量进行定性的评价用语。教学"含金量"，主要是指其达成教育目的的专业技术含量。支撑语文专业技术的则是语文学术。教学的出彩，表象看是"术"，本质看是"道"。老子《道德经》一书的核心思想正是以"道"致"德"，《孙子兵法》一书核心的思想是"以道御术"。笔者力图把"道"与"术"辩证统合到教师治学的视野内。

一、中小学语文教师治学的意义

教师不是学者，但也要有大学问、真学问。叶圣陶先生说："惟有老师善于读书。深有所得，才能教好书。"于漪老师指出："语文教师要有丰富的智力生活。语文教师最要紧的，是视野，是驾驭力。"她建议语文教师多读书，要有拼命汲取知识营养的素质与本领，犹如树木把根须伸展到泥土中，吸取氮、磷、钾以及微量元素。

小学教育就是小学问、中学教育就是中学问、大学教育就是大学问吗？叶圣陶教过大学、中学、小学，他并不这么看这个问题。中小学教育也是学问，甚至也是大学问。朱永新先生说过：“小学，大学问。”

程翔老师说过：“教师与学者的关系大概有两种：一、纯教师和纯学者的关系；二、既是教师又是学者的关系。在高等院校，相当多的教师既当教师又做学者，多偏向于学术；在中小学，基本上是纯教师，只有极少数人勉强算是学者；在科研院所，基本上是纯学者。”

教师和学者没有高下之分，学者的学术发现也替代不了教师的学术传播。陈景润数学研究出名，不善教学也有耳闻。学者担负着探索发现、繁荣学术、活跃思想的重任，属于理论层面；教师教书育人，培养下一代，责任重大，属于实践层面。理论和实践是反哺互动关系，无所谓谁更高贵。存在于部分中小学教师心中的学术自矮、精神自卑大可不必。

极品的学者是从理论向实践努力，打通了理论与实践；极品教师是实践向学术努力，打通实践与学术。换而言之，极品的学者兼有学术与实践两方面优势，极品教师兼有实践与学术两方面优势。两者双向对流，本质趋一。钱理群教授曾在贵州教中学18年，后来又专门到南京师大附中讲授选修课程一个月，努力实现自己对中学语文教学实践真实状态的精准把握。韩军、李镇西等名师到苏州大学读朱永新先生的教育哲学博士，旨在从实践层面向理论高度跨越。语文教育界也形成了“学术对流雨”。

教书固然不是纯粹学术工作，以实践性为主，但书读得不多、读得不好、读得不透，又拿什么去实践呢？实践需要理性光辉的指引，需要理论指导，需要学术支撑。决不可用“实践”作为某些教师学术上不求进取的“遮羞布”。

教师以“教书”为天职，“书”为凭借，“教”为过程。其职业属性决定了教育工作也要有学术含量。教师不学无术就是误人子弟，学问浅薄就是专业精神不足，学问深刻、见识正大就是立德树人。苏霍姆林斯基说过：“无限相信书籍的力量，是我的教育信仰的真谛之一。”唯有真学问、正学问、大学问、广学问、深学问才可以铸就教书育人事业的丰碑。

语文名师都具有广博的知识。叶圣陶先生曾说：“颇感教师增加本钱，最为切要”。叶圣陶先生说：“在读书方面，也得要求教师下水”，“教师业务水平高，讲读课教得好，作文课指导得好，批改得好，学生自能日有进益。帮助教师不断提高业务水平，我以为是文教科之重要工作”。教师必须不断学习，充实自己学术实力。没有扎实的学科知识基础难以成为一名出色的中小学语文教师。

于漪老师常说：“光念几篇课文是远远不够的，课外要有计划地认认真真读点好书；多读书，读好书，能丰富知识，增添智慧，成为一个志趣高尚的人。”学生要读课外书，教师更要读课外书。

20世纪著名中学——浙江上虞的春晖学校（经亨颐创办）、湖南长沙的明德学校（胡元倓创办）、天津南开中学（张伯苓创办）、江苏的苏州中学（俞樾、罗振玉、汪懋祖等名家曾任校长），都是名家荟萃、以一流的学术研究著称。朱自清、钱穆、金克木、沈从文、叶圣陶、张中行等人都是从中小学语文教师岗位勤于治学、终有大成的典范。

教师学术浅薄难以获得学生的尊重。孙绍振先生说：“在语文课堂上重复学生一望而知的东西，我从中学时代对之就十分厌恶。从那时我就立志，有朝一日我当语文老师一定要讲出学生感觉到又说不出来，或者以为是一望而知其实是一无所知的东西来。”

二、语文教师治学的途径

1. 进行教育思想的学习。

于漪老师在《教师魅力》一书中说道；“现代教师教育对学生的吸引，学术思想占其重要一极，而世界视野、古今贯通的学术品质又乃此极中难能可贵的境界。”于漪老师认为，一个教师最感动人的是他的品格，最吸引人的当数他的学术素养。教师学术素养由教师自身的思想风华、专业领先、行为示范三个方面组成。专业领先是专业知识、专业技能、专业情意的水平达到了能为其他教师提供专业上的指导和帮助。

语文教师要做有见识的思想者。于漪老师认为：思想风华是指一位教师自身的思想“见人所不能见，识人所未识，教人所不能教”，有了思想高度，才能创新，让课堂完成得更加精彩。

李镇西认真阅读《陶行知教育文选》从中汲取营养。他说：“正是陶行知先生这颗童心，感染了我的童心，使我的教育也充满了爱。”他认真阅读苏霍姆林斯基《给教师的100建议》《帕什雷夫中学》《关于人的思考》《让少年一代健康成长》《怎样培养真正的人》《少年的教育和自我教育》《论劳动教育》《爱情的教育》《家长教育学》……他读完了能买到或者借到的所有苏霍姆林斯基的书。

2. 对语文学科领域内的知识进行深度学习。

治学意味着要走学者化的教师之路，至少也要增加自身教育实践的学术分量。治学必须思考学术的源头、主干、本质、结构和趋势等问题，提高自己的学术品质。

治学依托于高品质的学术阅读。没有阅读的深度，就没有教学厚度。程翔老师走的正是用治学催生教学境界跃升的路径。高中《语文》课本的练习题中有一段《愚公谷》出自刘向的《说苑·政理》，程翔发现《语文教学参考》提供的译文有误，就找来相关材料核实。这竟然激发了他对《说苑》的浓厚兴趣。他了解到学界对此书的研究“简直就是一片待开垦的处女地”，于是决定将此书全文注释、翻译、点评，近百万字的学术著作《说苑译注》由北京大学出版社出版。程翔这样理解自己近30年来所从事的语文教学，“我做《说苑译注》，前后5年多时间，读了很多古书，这是个学习的过程，是文化素养提升的过程。”

程翔认为新时代向教师提出了更高的要求，语文教师要向着学者化教师的方向迈进，语文教师的最终目标是“文化人”，而学者是“文化人”的要素。一个中国语文老师必须对传统文化有深入的了解甚至研究。有了这样一个基础，才有资格说是教母语的。他直追现代语文教师的文化传统。“每个语文教师都应该有自己语文教学的春水，语文教学的春水就是成为一个文化人，具备一个文化人的基本素养。”程翔老师注译过《论语》。注译《论语》参考过朱熹《论语集注》、杨伯峻《论语译注》、杨树达《论语疏证》、钱穆《论语新解》、李泽厚《论语今读》、匡亚明《孔子评传》、钱逊《论语读本》等著作。他从《论语》书中摘出成语166个供学生学习。

洪宗礼是语文学界泰斗。钱理群先生这么评价：“洪宗礼先生在这几十年的研究中，已经完成了学者化的过程，集教师与学者于一身：这正是他在中国语文教育界的特殊地位所在。”

余映潮老师用8个字概括了他自身的学术优势：不离学术，不离实践。余映潮老师为了寻求《夸父逐日》的审美内涵，读了大约10万字资料。文章有《神话研究综述》《原始神话：中国哲学的起源》《什么是中国远古神话》《对鲜于煌教授论“夸父追日”在酉阳的几点质疑》《从〈夸父逐日〉学想象》《夸父究竟是怎么死的》《夸父可能是我国第一个农业科学家》《对神话〈夸父逐日〉的不同理解》《浅谈夸父逐日的目的》《夸父是男性吗——给“夸父逐日”说“道”》《夸父逐日新说》《夸父的“俄狄浦斯情结”》《〈说文解字〉中的夸父意象》……他查了如下文献目录：《夸父逐日神话的原始意蕴》《〈山海经·夸父逐日〉的本义》《揭开“夸父逐日”神话的神秘面纱》《道家寓言与“夸父逐日”神话》《夸父逐日神话的原始意蕴及后世的演变》《〈山海经〉中的夸父形象研究》《神话“夸父逐日”原型考》《夸父逐日的深层叙事原型》《夸父原型新探——远古祈雨文化研究》《夸父是一位伟大的科学家》《造林之神——夸父》《“夸父逐日”并非神话——〈山海经〉新证》……查阅这么多书，就为了上好一节课——《夸父逐日》。余映潮身上有没有“夸父”一般“逐日”的教育情怀、教育担当呢？愿他辛勤耕耘的脚后，也有一片郁郁葱葱的邓林。

李镇西老师在《穿行于人文精神的长廊》一文写道：“阅读与语文教学并非没有关联，相反它能直接让语文课变得丰满而有深度。比如《城市季风》会使我从京派文化和海派文化的角度理解中学语文教材中老舍、郁达夫、夏衍、巴金乃至叶圣陶、朱自清等人的作品；《东方诗魂：屈原与中国传统文化》使我能够比较准确地把握《涉江》中体现出来的屈原的个性和精神；而《青楼文学与中国文化》则让我更加全面而深刻地认识到白居易《琵琶行》中蕴含的情绪和人生哲理……”

余党绪老师善于深度阅读。他的《古典诗歌的生命情怀》《经典名著的人生智慧》《现代杂文的思想批判》《当代时文的文化思辨》《祛魅与祛蔽——批判性思维与中学语文思辨读写》五部著作，本本萃集着真知灼见。

于漪老师说：“阅读是一种心智锻炼。读现代人的书，可与同时代的人作精神上的沟通；读古人的书，可继承古圣先贤的精神遗产。”

刘长铭老师在《把自己的生活变成教科书》一文指出：“做教师的

最高境界，就是把自己的生活变成教科书。”

宁夏语文特级教师仇千计“教师要做学习者和研究者”的讲座对语文教师精神生长和专业成长深有启发。

3. 规划自己学术发展的路径，不甘心匍匐在学术大山的山脚下。

蔡澄清在《语文教学通讯》1986年11期撰文《一个有希望的年轻人在成长》，介绍陈军老师教学才华的形成。“他在教中学，在学中教。用‘教师’的标准要求自己，用‘学生’的行动划出自己的求学轨迹。由专到杂，先博后约，建立知识的立体网络。他给自己划出三条知识线。”陈军的三条线是：一是专业知识线，阅读了王力《古代汉语》《训诂方法》《词论》《美学概论》《杜甫评传》《拉辛与莎士比亚》《世界名著杂谈》《东方文学简史》《西方美学史》，等等。二是杂类知识线，阅读了《资本论》《第三次浪潮》《信息化社会漫画》《中国社会主义经济问题》《西欧近代画家》《中国书法简论》《遗传学的科学和社会职能》《经济研究》《人的现代化》，等等。三是理论知识线，除教育学、心理学专著外，对叶圣陶、苏霍姆林斯基的专著常读不厌。蔡澄清指出：“陈军用‘实’与‘活’这两根彩色的弧线来编织教改的花环……陈军就在战术上动脑筋想办法，将‘实’与‘活’紧密地扣在一起，开始了第一项实验，第一次探索。”陈军的教学才华源于专业学识和教改机智。

4. 重视个性化的教学资源建设。

余映潮老师在《致语文教师》一书，特别强调了“文献意识和教学资料”。他说：“我们将教学中用作教学参考、训练设计或者用于教师教研水平提高的信息资料称为教学资料。”“教学资料一般分为两大类。一类具有实用性的特点，如教师教学用书、中高考资料等教辅资料；一类具有学术性、文献性的特点，如教学论文、教学论著、专业刊物等。”“从中学语文教师的角度看，最需要重视的学术文献资料也主要有两类。一类是与日常教学教改教研有关的前沿性资料，它们告诉我们，别人是如何做的，为什么要这么做；一类是与课堂读写教学密切相关的论文论著资料，它们告诉我们，如何好好做，如何做更好。”“其中最重要、最实在的，是长期拥有自己喜爱的专业杂志。”“它们能够给我们的最好的东西，就是智慧。”“从一生的教学事业来讲，拥有大量的专业的学术文献资料是教师特别是青年教师的立身之术。从一定意义上来讲，这就是在做学问。”

教师要做一名珍贵信息的储存者。余映潮老师提出“自建仓库法”，将教学和研究中一切由自己写作的资料分本别类地积聚起来。余映潮老师认为：自建仓库，就是依靠自己的智慧和精力，依靠自己的研究与写作，为自己的教学教研建设一批批储存成果的“文件夹”。

教师也要巧妙利用身边资源发展课堂、发展自己。黄玉峰老师非常善于引入外部教学资源。他认为：调动外部社会性学术资源，可以把教学放入一个更大的“生态系统”里，形成更大的“打通”。他为学生邀请沪上名人做讲座，前后达几百场次。

5. 做一名善于下水、善于下笔的创作者。

朱永新先生说：“一个人的专业写作史，就是他的教育史。”

语文教师不仅要教文，自己还要作文著书，创作会大大增加语文教师自己的学术底蕴。叶圣陶先生写过《教师下水》一文。他说：“语文教师教学生作文，要是教师自己经常动动笔，或者做跟学生相同的题目，或者另外写些什么，就能更有效地帮助学生，加快学生的进步。”

朱自清曾到上海中国公学任教国文，和同事叶圣陶成为至交。他们组建文学社团，参加“反映人生”的文学研究会，参与发起新文学史上第一个诗歌团体“中国新诗社”，创办第一个诗歌杂志《诗》月刊等工作。文学之友有叶圣陶、沈雁冰、郑振铎、周作人、俞平伯、刘延陵等。经夏丏尊邀请，朱自清来到上虞春晖学校，同事有夏丏尊、丰子恺、朱光潜、匡互生等人。白马湖畔，一群志同道合的年轻人一同办学。朱自清在校刊发表《春晖的一月》文章，《教育的信仰》《团体生活》等重要论文也发表于校刊。他支持青年学生文学社团湖畔诗社、晨光文学社的活动，将鲁迅作品，以及《虞初新志》《白香谱笺》等古文收为学生教材，为学生提供更好的文学教育。1924年，朱自清的诗和散文集《踪迹》出版。

宁夏教育厅教研室语文教研员安奇老师边教书、边教研、边进行诗歌创作，三结合，三不误。他的诗集《野园集》别有诗趣、诗境、诗美。

6. 建立自己的学术体系、学术方法、学术习惯。

宁鸿彬老师的“卡片教学法”是学术积累与课堂运用相结合的典范。

余映潮老师创造了“随记——思想火花研究法”。他在《随时把思想所得变成文字》一文写道：“随时把自己的思想所得变成文字，是一种有效的充满智慧的学习方法与良好习惯。这种优秀的学习方法和良好习惯非常有助于我们积累，特别是能够留住那些转瞬即逝的思想火花。”“思想所得，如果表现为物质，一定是精华，但它并不能呈现出物质的形态。于是，留住这些精华的手段就是文字。及时把自己的思想所得变成文字，其实就是把最有价值的知识、见解、设想、创意等留存下来。这里面有两种宝贵的东西，一是学问，二是创意。”

7. 做一名学思结合的语文实践者。

朱永新先生说：“很多教育家只不过是把别人的精神财富应用到自己的教育实践中。在此基础上提出很多理论上的共鸣而已。你要自己去摸索，找到理论上的支柱与共鸣。”

语文教师要在教学行动中开展对教学行动的研究，认识规律，改进措施，丰富手段，提高质量。对于教学规律和学生成长规律产生深刻而独到的理解。李吉林老师创造性地借鉴了“境界说”的“真”“情”“思”“美”的精华，儒家文化“敏于行”的思想，以及杜威的“以儿童活动为中心”的现代教育理念，创造性地构建了情境教育在课堂教学中的操作体系。

三、才华：教师学术的最后呈现

才华指人表现出来的才能，多指文才、口才。才华很大程度上是综合了教师的教育思想、学术、经验、个性、特长、表现和表达能力的产物。

才华以学术为基，但不等同于学术，它还具有机智、灵动、创造等特点。才华既有先天的因子，更得益于后天勤奋的修为。名师的教学才华必有独到的功夫、深刻的学术作为背景。

增强语文教师的才华，意味着要走“实践+阅读”的路子。不仅仅是阅读，更重要的是要重视经典阅读。不仅要阅读有字书，还要阅读无字书。

增强语文教师的才华，意味着要走“实践+思考”的路子。不仅要读书，要研究，还要思考，更要实践。将读书、研究、思考、实践相结合，四位一体，学思结合，学研互促，学以致用，用以致学。

总之，语文名师都是有学术底色的先生。语文教师学品高了，文品自然高了，人品自然高了，教品自然也就高了。与纯粹的专家学者相比，学术高度不一定是真正的目标，学术向上才是一线中小学语文教师应有的姿态。

学科建设：教中国味的语文

朱永新先生说："在我们推荐的阅读书目中，最重要的是两大类。一是提高教师职业认同的哲学、心理学等方面的读物，一是教师所教学科的专业书。我们希望每一个教师能够成为他们所教学科的虔诚的传教士。能够掌握学科的基本原理与基本知识，以及学科的历史与方法。语文教师，首先要重视语文学科建设。"

作家王安忆说过："森林，也许你一辈子都不会见到，但是它却是实实在在地改变着你的呼吸。"从某种意义上说，中国味的语文也是这样一座森林，滋润着你的呼吸，滋润着中国人的呼吸。

一、语文名家催生我国现代意义的语文学科

1. 叶圣陶等语文名家提出语文学科称谓。

我国广义的语文教育源远流长。《论语·述而》记载，"子以四教，文行忠信"。"文"是重要的科目，排在孔门四科之首。科举时代设有"读经"等学科，但没有纯粹的语文学科。《六十年"语文"史论（1887—1950）》指出："古代没有单一的语文教学，文字语言教学是'就书衍说'。"

语言文字教学的专门化是20世纪前半世纪教育改革的产物。1905年清朝废除科举制度，开始开办新式学堂，学习西方课程名称而开设"国文"课。"国文"传授的仍是历代古文。

20世纪30年代后期，叶圣陶、夏丏尊等联名提出了“语文”概念。1949年叶圣陶主持草拟《小学语文课程标准》及《中学语文课程标准》时，使用“语文”作为学科名称用来取代当时在小学称为“国语”，在中学称为“国文”的课程名称。

2. 叶圣陶等语文名家界定了语文学科概念的含义。

1964年叶老在给某友的信中回忆了“语文”的由来：“‘语文’一词，始用于一九四九年华北人民政府教科书编审委员会选用中小学课本之时。前此中学称‘国文’，小学称‘国语’，至是乃统而一之。彼时同人之意，以为口头为‘语’，书面为‘文’，文本于语，不可偏指，故合言之。亦见此学科‘听’‘说’‘读’‘写’宜并重，诵习课本，练习作文，固为读写之事，而苟忽于听说，不注意训练，则读写之成效亦将减损。原意如是，兹承询及，特以奉告。其后有人释为‘语言’‘文字’，有人释为‘语言’‘文学’，皆非立此名之原意。”

吕叔湘先生对语文的定义：“语文这两个字连在一起讲，可以有两个讲法。一种可以理解为语言和文字，也就是口头的语言和书面的语言；另一种也可以理解为语言和文学，那就不一样了。中小学这个课程的名字叫语文，原来的意思可能是语言文字，但是很多人把它理解为语言文学。”

二、语言学家、语文名家对语文学科的不断建设

1. 汉语拼音。

我国古代没有拼音字母，采用直音法或反切法为汉字注音。卢戆章是我国第一个创制拼音文字的人。1892年出版《一目了然初阶》，公布了“中国切音新字”，用拉丁字母及其变体拼厦门音，声韵双拼，左右横写，声母在右，韵母在左，另加鼻音符号和声调符号，增加声母后

还可兼拼泉州音和潮州音。在吴玉章等人推动下，1958年全国人民代表大会批准公布《汉语拼音方案》。《中华人民共和国国家通用语言文字法》第十八条规定：“《汉语拼音方案》是中国人名、地名和中文文献罗马字母拼写法的统一规范，并用于汉字不便或不能使用的领域。”

2. 汉字书写。

汉字属于表意文字的词素音节文字，是世界上最古老文字之一。汉代文字学家许慎《说文解字·序》写道：“黄帝之史仓颉，见鸟兽蹄迒之迹，知分理之可相别异也，初造书契。”汉字“六书”构造原理为象形、指事、会意、形声、转注、假借等。汉字书写演变经历了甲骨文、金文、籀文等阶段，秦统一为小篆，后经历隶书、楷书等阶段，至今普遍使用楷书。

3. 汉语语法。

我国现代语法最早由语言学家马文忠、黎锦熙等人提出，不断得以完善。1898年马建忠《马氏文通》出版。这是我国现代语法学诞生的标志。该书认为“各国皆有本国之格朗吗，大旨相似，所异者音韵与字形耳”。它把拉丁语法的框架搬到汉语，从而建立起汉语语法体系。该书也发现了汉语的一些特点：“助字者，华文所独，所以济夫动字不变之穷。中国文字无变也，所以介字济其穷”，这就建立了汉语的词本位语法体系。黎锦熙《新著国语文法》是我国首部以现代汉语为研究对象的系统语法著作，它模仿纳斯菲尔德《英语语法》，把汉语句子成分划分为“主、谓、宾、定、状、补” 六大成分，建立了“中心词分析法”，建立“句本位”语法体系。1950年王力《中国现代语法》对汉语的认识较前两者有了较大进步。王力先生指出：“汉语没有曲折作用，于是形态部分可以取消。”张志公先生也著有《中学语法教学系统提要》。

4. 语文教材。

叶圣陶等语文名家编写了最早的现代语文教材。叶圣陶、夏丏尊等尝试编写了教材《国文百八课》，收录了《孔乙己》《再别康桥》《荷塘月色》等白话文篇目。叶圣陶、吕叔湘、张志公、朱德熙、刘国正、张定远、张中行等大师对于语文教育理论的贡献居功甚伟。叶圣陶是文学家、语言学家，也是语文教育家。叶圣陶、吕叔湘、朱自清编写了《开明新编高级国文读本》，吕叔湘、张中行编写《文言读本（续编）》，张志公出版《传统语文教育教材论》。

5. 语文教学理论。

语文大家创建和不断完善现代语文教学理论。任何一个民族语言文学的教学理论体系，都有一个渐进式的建构过程。我国第一位系统提出语文教学方法系统的是清代唐彪。潘新和先生在《集百家之长，立中肯之说——评清唐彪〈读书作文谱〉》一文指出："我们以往关注的只是诸如《论语》《礼记·学记》《朱子读书法》等一些大家名篇，而像《读书作文谱》这样一些有见地的教学论著,却往往因为作者人微言轻而鲜为人知。"唐彪字翼修，康熙年间语文教育家。其《家塾教学法》成书于康熙戊寅年（1698年），分《父师善诱法》和《读书作文谱》两卷，是我国第一部以"教学法"命名的语文教学法著作。书中虽然有对前代先贤诸如孔子、程颐、程颢、 朱熹等言论的大量引用，但也独具创见，已经形成了相对完备的语文教学法体系。

我国现代"语文"教学的理论奠基人首推叶圣陶，其次有朱自清、夏丏尊、吕叔湘、张志公、王力、张中行等人。叶圣陶、朱自清合著的《国文教学》，吕叔湘、朱自清、叶圣陶合著的《开明语文读本》，叶圣陶、夏丏尊合著的《文心》，叶圣陶、朱自清合著的《精读指导举隅》《略读指导举隅》，吕叔湘《语文常谈》都是我国"语文"学科教学理论的重要论著。张中行先生则有《怎样作文》《诗词读写丛话》《文言和白话》《负暄续话》《作文杂谈》《文言津逮》等系列论述语文学科的著作，对于语文教学理论建设居功甚伟。

谢冕教授说过："基础教育，讲的是做人的基础，知识的基础，语文写作的基础。这其实很多是'自古已然'的，甚至是'万变不离其宗'的。"

叶圣陶先生大体确定了语文教学的内容范围。按照叶圣陶先生理解，语文教学主要内容包括：阅读教学、写作教学、听说教学、书法教学。

叶圣陶确定了语文教学的主要原则。叶圣陶先生总结了语文教学的四项原则：文道统一、听说读写并重、语言训练与思维训练并举、课内外一起抓。

"文道统一"原则。语文本身是个意义世界。在这个意义系统里，存有理念、信念、智慧、道德、品格、审美……中国语文教育传统有一个遵循：文以载道。"文以载道"是语文教育信条。不管时代怎么变，语文教学怎么改，文以载道是永远的。透彻理解课文，才能把文章里的"道"悟透讲透。透彻理解文章，是贯彻"文道统一"教学原则的前提。要循文求义，不脱离本文。这是无论语文训练还是思想教育都必须遵循的规则。

"听说读写并重"原则。这一原则有着深刻的方法论与心理学依据。听读和说写这两类能力，前者是接受，后者是表达，二者又是相辅相成、互相促进的。听和读的能力加强了，吸收人家的东西多了，有助于说和写的能力的提高，反之亦然。叶圣陶指出："口头为语，书面为文，文本于语，不可偏指，故合言之，亦见此科听说读写宜并重。"从语文能力构成的关系来看，叶圣陶认为："谁忽视听说，谁就有重新把听、说、读、写四个字的关系郑重考虑一下的必要。”从语文能力训练的效果来说，听说读写四种语文能力的训练，其效果是相辅相成的，“诵习课文，练习作文，固为读写之事；而苟忽于听说，不注意训练，则读写之成效亦将减损”。坚持全面训练，密切结合，做到“四位一体”。

“语言训练与思维训练并举”原则。提倡学思结合，进行启发诱导，是自孔子以来传统语文教育的精华。孔子说：“学而不思则罔，思而不学则殆。”孟子说：“思则得之，不思则不得也。”荀子说：“诵读以贯文，思索以通知。”朱熹认为：“读而未晓则思，思而未晓则读。”这些大贤都深刻理解学与思的辩证关系，在将阅读与思考结合起来，做到以学启思，以思促学，学思结合，相辅相成。思维训练，既包括形象思维的训练，也包括抽象思维的训练。思维训练要贯穿语言教学的始终，不仅要贯穿听说读写教学的全过程，而且要贯穿学生学习的整个过程。教师要善于引导学生自己动脑筋。要随时留意自己和他人文字，进行比较归纳，提高自己的识力，增强语感。教师要有计划地教给学生一些语法、修辞、逻辑与篇章结构知识。教师要精讲并启发，教给学生训练思维的方法。教师决不越俎代庖，要放手由学生独立思考。

“课内外一起抓”原则。这是工具本质论所决定的，也是大语文观的体现。语言和文学是在生活中产生的，又为生活服务。语言离开了生活，没有了实际内容，就变成了无源之水；文学反映生活，离开了生活，就变成了无本之木。语文是天然与生活联系在一起的。叶圣陶与夏丏尊等合写的《文心》一书，就很强调语文教学与生活的结合。课外活动是课堂教学的延展，课外活动是学生锻炼自学能力的机会，课外活动是成才的重要途径。要切实指导课外阅读，包括读物选择的指导，阅读态度的指导，阅读方法的指导。要加强课外写作，加强课外语文的综合社会实践。

6. 中国语文融通世界。

文学大家、翻译学家重视中国语文从世界角度获取养料。和其他民族创造的语言文学的相比，中国语文具有独立性；同时，中国语文也有与世界各种语文相互学习、相互融通的问题。外语在走进开放的中国，汉语也在走向世界。20世纪初是中国语文与外国语文交流活跃的时期。我们向先进国家学习语言文学，出现了严复、王国维、林纾、鲁迅等一大批翻译作家。我们也向其他民族学习词汇，梁启超就从日文吸收了非常多的新词，包括“经济”“组织”“干部”等等。我们也在向其他民族学习语法。辜鸿铭和林语堂则倾毕生精力，于用翻译向西方传播东方文化。西方人对辜鸿铭甚为推崇，尊之为东方文化的“圣哲”。林语堂将《论语》《老子》等中华典籍翻译到西方，翻译作品合集为《中国的智慧》。

总之，世界各民族皆有语文，中华民族必须有高品位的中国味的语文。叶圣陶等语文教育家、文学家、语言学家、语文教学名家为此做出了重要贡献。

教材建设：教有料的语文

一、正确认识语文教材的功能

叶圣陶先生认为语文教材的功能有三：一是“凭借”，二是“例子”，三是“锁钥”。他说：“语文教材无非是个例子，凭这个例子要使学生能够举一反三，练成阅读和作文的熟练技能；因此，教师就要朝着促使学生“反三”这个标的精要地“讲”，务必启发学生的能动性，引导他们尽可能自己去探索。

按照叶老的见解，语文教材有四大功能。一是凭借功能：语文教材是语文教育内容的载体，是借以实现语文教学目标、发挥语文教育功能的物质基础。二是示范功能：挑选典型规范的作品作为教材，意在通过定向规范的语文训练，使学生集中地、高效地学习语文知识，培养语文能力。语文教材应该是表达思想的范例、运用语言的范例、语文训练的范例。三是教育功能：语文是表情、达意、载道的工具，自然离不开情、意、道的内容，因而语文教学具有教育功能。四是发展功能：现代教学论认为，教学与发展是互相联系的。语文教材为学生语言的发展、思维的发展、审美的发展提供了充足的材料。

二、语文教材的历史变革

中华人民共和国成立前的中学国文、小学国语也有教材，多为叶圣陶、朱自清等大家编著。民国老课本的文化蕴涵十分厚实。

中华人民共和国成立以来语文教材前后变异十余次。1951年秋，由人民教育出版社重新编写或修订的中小学教材出版在全国正式使用，这是人教版第一套全国通用语文教材。1956年、1961年、1963年、1978年、1987年、1992年、2001等年份都出现过大的变革。

1978年教育部颁布《关于办好一批重点中小学的试行方案》后，各地出现实验教材。如北师大实验中学版（沈心天主编），华东师大一附中版（陆继椿主编），北京东城区版（赵大鹏主编），等等。1987年是一道教材建设体制机制上的分水线，国家设立了教材审定委员会，开始了“审定制”。2001年教育部发布《关于启动国家基础教育课程改革实验工作的通知》，国家放开了教材的编写权，各出版社可以自行编写教材，各地可以选用不同的教材教学。“一纲一本”“一标一本”演变为“一纲多本”“一标多本”。顾振彪、孙绍振、温儒敏、童庆炳、顾德希、洪宗礼等名家担任人教版和各地版本的主编。各地使用的语文教材有人教版、苏教版、北师大版、湘教版、鄂教版、西师版、语文版、鲁人版、河北大学版等多套。

2017年9月起，全国中小学语文教材统一改为部编版。

一般学科的教学，“教什么”比较明确，主要思考“怎么教”的问题；语文教学首先要解决的是“教什么”的问题。语文教材并不能直接使用于教学，“教什么”要靠教材处理去完成。

三、中国语文教材为什么很不好处理

“古今词人格调之高，无如白石。惜不于意境上用力，故觉无言外之味，弦外之响，终不能与于第一流作者也。”在王国维看来，一个作家能否成为第一流的作家，一部作品能否成为第一流的作品，要看其作品是否向人们提供了“言外之味”“弦外之响”，这是对作品意蕴的丰富性作出的要求。

文学史上一直存在着这样一个不可否认的事实，那就是任何伟大的作品在其被阅读的过程中，总有着纷繁多样的理解、丰富多彩的阐释。阐释的多样性确实是一种不可否认的普遍现象，不同的读者对同一作品常常有着不同的理解和阐释，就是同一读者的这一次阅读也可能与另一次阅读有大异其趣之感受。

我国古代文艺理论家早就注意到了文本寓含的艺术张力和意蕴主题的丰富性。钟嵘的“滋味”、严羽的“兴趣”、王士祯“神韵”、王国维的“境界”等文艺鉴赏观的提出，无一不是以阅读文本意义的丰富性和阅读主体的创新思维为出发点。

接受理论提出了“读者中心说”，认为作品与读者是互渗互动的关系，作品一旦与读者发生关系，便不再是一个孤立的存在，作品的意义也“只有在阅读的过程中产生”。每一个真正的阅读者都不是被动地接受作品的观念内容，而是借助作品提供的审美意象，由联想而想象，表达或宣泄自己的情感。

童庆炳教授说：“文学接收是个性化行为，读者可以这样或那样理解作品，这是读者的权利，你有什么资格规定那种理解就不正确呢？”

中小学语文教学在“求旨”上，一般教师往往只承认一种“正确”的理解，并试图强迫学生接受这一种理解。《孔乙己》到底是揭示了封建科举制度所戕害的读书人的病苦，还是鲁迅先生自己所说的“是在描写一般社会对苦人的凉薄”呢？文本的主题是一个多元的开放性系统，具有极强的开放性和发展活力。对于一个文本主题的解读，只有带上学生自身体悟经验的色彩，他们才能真正学有所获，转化为智力成果。

四、名师对语文教材的研读

1. 课文研读。

所谓课文阅读，就是品析、欣赏教材中一篇篇精美的课文。所谓课文研读，是在课标引领下对课本的深度理解，是对原著作者的创作意图、教材编者的编写意图的综合性领悟。语文教材研读是阅读教学中最基础、最细腻的工作。要关注文本特点，关注文本最初在说什么。只有把文本研究深透了，我们才会深刻把握文本，制定出切合文本特点的教学计划。

刘祥老师的教材研读可谓功力深厚。他著有《中学语文经典文本解读——第三只眼看课文》。全书分为“在先秦的世界中穿越”“在两汉六朝的星空下遐思”“在大唐的光辉中寻梦”“在两宋的河山间徜徉”“在元明清的湖泊中遨游”“在新文化的语境中发现”“用西方的思维赏析”等七章。焦芳老师对此书的评价，借了一句尼采的话，“叔本华的伟大之处，是站在整幅生命之画面前解释它的完整意义，其他人却致力于研究画布和颜色”。焦芳老师说：“叔本华的视角，也正是祥哥的视角。”

王崧舟老师特别强调“文本细读”。教师要全方位备课，在立体式备课中拓宽教师的知识维度，通过查阅大量的文献资料提高教师文本解读能力，以便可以达到教师在给孩子上课时能适时解答“意料之外”的问题。

2. 语文教师课文研读必须是个性化、有创意的，否则发现不了“真金”。

阅读作为一种审美再造的艺术实践活动，具有鲜明的个性差异；同时，一部伟大的作品，总能给不同的人和不同时代的人以不同的美感和濡染，它才具有永恒的生命和意义。正因为如此，作为伟大的作品的鲁迅小说，读者对其主题的理解往往也因读者的不同而不同，也一如鲁迅先生自己所说："一本《红楼梦》，单是命意，就因读者的眼光而有种种：经学家看见《易》，道学家看见淫，才子看见缠绵，革命家看见排满，流言家看见宫闱秘事……"也就是说，对于作品主题的理解往往不能求得答案的统一。

钱梦龙是在20世纪50年代初成为语文教师的。钱梦龙独立钻研语文教材，根据自己对教材的理解和把握来进行语文教学。他苦练基本功，并形成了习惯，为他以后成为语文大师打下坚实的基础。

3. 课文研读是一门技术。

余映潮老师总结出了教学研读四字诀：深究一个"内"字，即着力于课文的内容去进行研究。如读《我的叔叔于勒》，可以用课文内容印证非常多的"文学知识"；勾连一个"外"字，即课文可以牵连出很多课文之外的知识，以拓宽学生的知识视野；坚守一个"细"字，细心品味语言的魅力；讲究一个"美"字，对课文进行美点寻踪，进行妙要列举。如果真能确有心得的进行课文研读，教师对教学内容便会有"登泰山而小天下"之感，在教学上便能深入浅出，进退自如。

4. 教师研读教材要形成自己的方法。

余映潮老师就是教材研读的高手。他在《致语文教师——余映潮教育教学智慧40则》一书写道：语文教师的第一基本功是研读教材的功夫。年轻语文教师可以用三种方法苦练这种功夫。方法一，独立地对课文的结构、思路、层次进行分析；方法二，用编写"语言卡片"的方式对课文的精华内容进行提取；方法三，对任何课文都进行"美点妙要"的欣赏。这些都要形成文字，既有利于自己备课，又有利于自己的资料建设。余映潮总结出了课文研读的六方法：一是"分解与组合"的方法。这种手法强调对课文的“分解”，然后再用同类相聚的方式进行组合，从而发现精致的、有效的教学内容。二是“课文集美”的方法，这种方法用选句的方式，着眼于“聚集”课文中最精美的内容，形成新的教学资源，有利于学生的课堂积累和课中活动的开展。三是“变形阅读”的方法，此方法巧妙地利用课文结构形态的变化来透彻地分析其层次、内容、技巧的奥妙，同时能形成有趣的课堂训练活动。四是“价值分析”的方法，此方法专门分析、提炼课文的教育教学价值，在理解课文的基础上，便于教师撷取、组合精致的教学内容。五是“资料助读”的方法，此方法能开阔教师的眼界，加深教师的认识，增加课文研读的学术的味道，非常有助于提升师生的对话的质量。六是“课文短论”的方法，此法将教师研读课文的独特的综合体会或点滴收获诉诸文字，在艰苦的深思中有了更精彩的沉淀。

五、语文名师对教材的处理

语文教材处理，既是一门技术，更是一门艺术。教材处理艺术简言之就是“教什么”“选什么教”“教什么最好”。

1. 教材内容转化为教学内容。

教师研读教材后要转化备课的教案、学案或者导学案。教材内容是学科教材层面的概念，它主要面对“用什么教”的问题。教学内容是学科教学层面的概念，它同时面对两个问题：一是针对具体情境中的学生更有效地达成既定的课程目标，“实际上需要教什么？”。二是为使具体情境中的学生能更好地掌握既定的课程内容，实际上“最好用什么去教”？教学内容是在研读教材、教学过程中产生的，它蕴涵了用教材教和教学为学生服务等教学理念。教学内容既然是对教材内容的再加工，这中间就有裁剪取舍和编排组织的问题。教师备课不是简单的教材内容大搬家，不是印刷体的手写化。教师要用心揣摩：揣摩教材，揣摩学生，揣摩教法，揣摩教学情境的设计等。

2. 整体处理。

包括学科教材整体处理、学段教材整体处理、单元整体处理、单篇课文整体处理等若干层级，使学生对教材的学习不处于零碎的状态，有利于学生从整体和全局而不是局部去掌握知识。

3. 分类处理。

对教材作出分类对比研究，比如诗歌与诗歌归类，按作者作品归类，借景抒情之作品归类，人物传记类作品归类，等等，使学生对教材的学习，从零散走向结构化。

4. 变形处理。

对教材内容进行分析重组。有的调整顺序，有的调整结构，有的改变表达方式，有的增加情境，有的转化为问题，有的转化为活动，有的转化为当堂训练，有的转化为课后训练，有的转化为作文，使教材向“可学习化”方向进一步发生变化。

5. 技术处理。

将教学内容转化为课件、微课、视频等形式。

6. 教材转化为学材。

教材变为学材，才是真正落实了以学生为主体、以学习为主题的教学理念。教材变为学材的前提是：在研读教材的基础上添加如下要素：唤起学习欲望、提示学习课题、提示学习方法、帮助个别化学习、巩固学习效果。教材变为学材的关键有三点。一是与学生的生活实际相结合。教材编者在编写时无法全部预设学生在成长过程中所碰到的具体问题，老师要根据学生在学习生活中所遇到的迫切要求解决的难题、最关心的热点问题进行授课。二是灵活处理教材，要善于运用课外素材去丰富教材，善于对教材进行二度开发。三是在语文教学中随时吸纳信息化社会的科技成果。四是必须增强课程资源意识。语文课程资源可以是纸质文本，也可以是多媒体资源，网络资源。要重视动态的课程资源生成。

7. 慎用教参，尝试“裸读”。

顾名思义就是不借助任何资料，不带有任何先入为主的看法，调动自己的知识积累和生活积累对文本进行陌生化阅读，获得对文本的原初理解和个性化解读。

王忠敏老师在《也谈语文教师的必备素养——文本的“裸读”能力》一文指出：当前语文教师文本“裸读”能力的弱化甚至缺失，贬损了中小学语文教育应有的含金量。

六、语文教材一度流行的自主研发

在2017年国家没有实行语文教材统编前，存在各种版本的地方教材、校本教材，各种出版社可独立编写教材，学校或者教师个人可编写教材。比如沈心天老师和《北师大实验中学版语文教材》，以及学校或者教师个人编写的读本。学材除了教材的学习化改变，还包括课内阅读读物、课外阅读读物、教辅书籍，等等。在教材、学材化方面的探索者，都是走在课程改革前沿的思想者。比如孙双金关于“12岁以前的语文”的实践与研究。分低年级和高年级两段编写教材。高年级段编写原则：一是适应高年段学生发展需求，二是奠定大智慧的人生基础，三是提升学生语文能力的综合发展，四是引导发展和谐的人生的处世原则。对于国学部分的两点教学原则：熟读成诵，不求甚解；多种形式，潜移默化。

七、语文名师教材处理的典型思想和案例

1. 于漪的“披文入情，进入角色”。

于漪曾说：“‘夫缀文者情动而辞发，观文者披文以入情。’（刘勰的《文心雕龙·知音》）自古至今，一篇篇名诗佳作，之所以传诵不衰，常读常新，就是因为作家文人笔墨饱蘸着自己的思想感情，甚至凝聚着心血和生命。”好文章必然是作者情动于中、言溢于表的产物。语文教师要深刻体会作者的思想感情，就要首先在备课时，要做到“披文以入情”，即认真研读教材，发现作者的思想感情所在，做到“文脉、情脉双理清”；进入角色，即深入理解语言文字所传达的情和意，挖掘作品的思想内涵，根据作品中的具体形象，展开丰富的想象，或唤起联想，或联系自己的生活经验、生活知识进行再创造，对作品中的形象进行丰富和补充，真切地体验作品中寓含的情感。于漪每次备课，除了深入钻研教材，弄清文章的来龙去脉外，常常要静思回味一番，联系自己生活中的所见、所感，细细地体味作者的思想感情，对所教的课文尽力做到：读，“如出我口”；讲，“如出我心”。情是文章内在的、固有的，教师只有认真咀嚼语言文字，深刻领悟文中的情，做到自己真正动情，才能以情感染学生，这是真挚的、高尚的“披文入情”的过程，是教师个人知、情、意的体现。唯有如此，才能真切地把文章所蕴含的情感转化为自己的真情实感，才能先燃烧自己，然后点燃学生感情的火花。

2. 王栋生和整体阅读教学。

从整体上把握课文内容的教学，就是课文的整体阅读教学。王栋生擅长运用整体阅读教学的方法处理教材。整体阅读教学，即运用朗读、提问、讨论、概括、复述、品评、赏析、改写等方法或手段，将学生深

深地带进全篇课文之中，让他们从头至尾地阅读课文，反复认真咀嚼课文。课文整体阅读教学的最主要的特点，就是确定地解决课文一至几个方面的关键问题，这一至几个关键的教学问题，既能带动对全篇文章的阅读理解，又能带动学生生动活泼的阅读活动；在解决这一至几个关键问题的过程中，让学生思维的触角深入到课文的每一个角落之中。

3. 余映潮和“教材处理八方法”。

八方法即整体处理、长文短教、难文浅教、短文细教、浅文趣教、美文美教、一课多篇、提炼组合。

整体处理。整体处理指的是单篇课文的整体阅读教学。简言之，不对课文进行肢解式的教学就是整体阅读教学；复言之，运用朗读、提问、讨论、概括、复述、品评、赏析、改写等方法或者手段将学生深深地带进全篇课文之中，让他们从头到尾地阅读课文，反复认真地咀嚼课文，从整体上把握课文内容的教法，就是课文的整体阅读教学。

长文短教。长文一般指篇幅比较长、文字比较多的课文。初中阶段超过2000字的现代文和超过500字的文言文就可以称作长文。余映潮说：“无论怎样处理，无论用什么手法，长文短教都重在一个‘短’字。这个‘短’字，又主要表现在‘点’上。也就是说长文短教的主要技巧在选点。”如在教学《阿长与〈山海经〉》一课时即可运用长文短教的方法，从片段入手，做到短而精深。《阿长与〈山海经〉》中写阿长的七件事，每件事都突出了阿长的性格特点，但最突出的应该是买《山海经》这件事。

难文浅教。难文是指在课堂规定时间内难以完成教学或者以学生的认知能力难以理解的课文。余映潮说：“大多数情况下对难文应该也必须想出一些较好的方法来进行浅教，来进行有一定教学效果、一定教学情趣和教学氛围的浅教。”如《大道之行也》一课，学生对“天下为公”“大同”“小康”的认识是模糊的。因此在教学这一课时就可以运用难文浅教的方法。教学过程中可以设计：你读过的文章或文学作品中哪个故事或场景让你觉得“大同”意味最浓？请向其他同学介绍。

短文细教。短文是指篇幅在千字左右的课文。余映潮说：“对短课文的教材处理应该在‘细’字上下功夫。这个‘细’字指的是怎样教得细一点，怎样教得深一点，怎样教得多一点，怎样教得实一点，教学层次怎样精细一点，教学角度怎样丰美一点。”如《记承天寺夜游》全文仅80多个字，却创设出一个宁静清幽、月光澄澈的艺术境界，传达了作者内心复杂微妙的情感，被称为文学艺术的神品。教学就要紧扣“细”字和“深”字。

浅文趣教。浅文趣教是一种教材处理方式，也是一种教学方法的设计。余映潮说：“比较科学的做法是根据课文特点，在教学设计中安排一个两个或几个比较有‘趣’的点。”如《故宫博物院》文章内容浅显易懂。针对这样一篇课文，教学过程就要体现出趣味来。可以设计“故宫布局图，我来画”的语文活动。

美文美教。中学语文教材中不乏文质兼美、丰富多样的美文，美文美教是一种教学理念。余映潮说：“不论怎么处理，不论怎么设计，在一课之中或一节课之中，课堂上不能始终洋溢着‘美’——美教，应是一两个占有时间较长的、学生活动比较丰富的、内容与手法都比较美的教学板块。”如《背影》，整个教学过程可以划分为三大美点赏析板块：内容美、语言美、情感美。

一课多篇。一课多篇也称一次多篇、多文联教。余映潮说：“一课多篇教材处理的实质，是在分析某几篇课文组合的规律和特点的基础之上，提出对它们进行教学的最佳角度，为顺利地实施教学迈开有指导的第一步。”《陋室铭》和《爱莲说》就可以运用一课多篇的方法。两课都是弘扬君子文化的文言散文，运用的都是托物言志的写作手法。

提炼组合。提炼组合是指分类集中，寻求规律，梳理线条，集聚板块。余映潮说：“提炼组合的教材处理技巧，主要用于单元小结、期中复习、期末综合复习、中考复习时的教材处理，它能使复习内容的目标相当明确，线条十分清晰，重点内容与精华内容非常集中。”

余映潮认为，年轻语文教师提升自己教学业务水平的第一实践是备课。要把每一次备课作为对自己的一次正规业务训练。备课训练的要求为：第一，要备详案，每个课的教学设计都应该有3000字左右；第二，这3000字之中，应该有1000字左右的课文赏析文字，有200字左右的“创意解说”和“效果预说”。第三，备课的角度要立足于学生课堂实践活动的开展。

4. 孙双金老师和《十二岁以前的阅读》。

孙双金立足突出某个学段特征，增加语文经典诗文教育，编辑学生读本。孙双金老师说，他教小学生读教材之外的古诗文由来已久。每周教学生读1至2首古诗。从三年级带至五年级，学生背诵了几百首古诗词，积淀了丰富的古诗文底蕴。《十二岁以前的语文》，解决了老师教学零碎性和没有系统性的问题。以中国古代诗词为主，以现代诗歌为辅。一二年级可以历代著名绝句为主，约80首左右。三四年级可以唐诗为主，约80首左右。五六年级可以以《诗经》《古诗十九首》《楚辞》《宋词》节选为主，大约80首左右。现代中外诗歌可以名家短篇为主，精选冰心、泰戈尔、普希金等名家适合小学生诵背的名篇约60篇。小学阶段古诗加现代诗约300首左右，真正达到古人所讲“熟读唐诗三百首，不会作诗也会吟”的境界。

国学诗歌经典因其语言精炼、富有韵味、充满音律美等特点，教学时应以诵读为主，辅导以适当讲解。“不求甚解”“熟读成诵”是国学诗歌教学的原则，再多采用如竞赛法、情境法、表演法、展示法、师生共读法、亲子共读法等方法，通过诗教涵养我们民族的气质，培养有高贵气质的一代新人。

5. 窦桂梅的“三个超越”理论之一：学好教材，超越教材。

在传统教学中，师生视教材为权威，迷信教材，不敢对教材有任何的质疑和加工，师生双方的自主性和创造性都受到压制，导致教学变成机械的输入，严重阻碍了学生的全面发展。在新课程精神的引领和多年实践经验的基础上，窦桂梅指出：在立足教材的基础上，积极审视传统教材，多元选择教材，即“学好教材，超越教材”。窦桂梅积极肯定教材的作用，认为教材承载着各民族、全人类精神的精华，是学生阅读的基本语言营养，应该“学好教材”。“学好教材”，首先，要学习教材，学习教材侧重学习教材所规定的基本知识、基本技能和方法，更多地体现语文工具性的作用。其次，要把握教材和吃透教材，把握教材和吃透教材是在学习教材基础上的进一步拔高，要求教师对教材的知识框架、知识点和教材的各个要素了然于胸，知其然又知其所以然，做一个“明”师，对学生进行正确和细致的引导。

在学好教材的前提下，窦桂梅又提出了“超越教材”。“超越教材”是让学生多角度、多渠道、全方位从书本中积累文化知识，间接获得情感体验、生活经验等人生涵养。超越教材首先体现在多渠道拓展语文教学资源，扩大篇章阅读量。在学习现有教材的基础上，窦桂梅还依据学生身心发展特点和认知水平，精选一些和学生的经验世界联系紧密的文质兼美的、富有代表性和典范性的文章和作品，作为学生泛读和略读的材料。如为低年级学生推荐民间故事、童话故事、神话故事等，为中高年级学生推荐儿童文学、杂文随笔、科幻漫话等，并带领学生积累背诵经典古诗词，使学生从中汲取自己所需要的营养，提高学生的语言素养，丰富学生的精神家园；其次体现在带领学生对教材进行延伸、修改、重组、再创造，使教材成为学生独立思考，积极发展的策源地。窦桂梅在讲授《狐狸和乌鸦》《狼和小羊》等课文时，支持学生向作家、权威提意见，在讲授《十六年前的回忆》时，结合学生的认知水平和兴趣特点，让学生把课文作为参考资料之一，结合其他可以搜集的资料，从不同角度去感悟李大钊，并以作文记之……通过这一系列的活动培养了学生的实践能力和创新能力。

6. 余党绪的教材改组。

余党绪老师善于在现有教材基础上的改造升级拓展。余党绪老师虽然没有彻底建构自己的语文课程体系，却从结构上做出了调整。其一是关于现代文教学，或曰时文阅读，余党绪老师认为所有的现代文都是时文，它们的功能就在于给学生提供新信息、新知识、新思想，潜在地训练他们思维。高中语文课对现代文不必进行系统的、有目的的分割；对于教材中的篇目不必花大量时间，作经典解剖。可以让学生不求甚解，在混沌的阅读中积累到一定的量，从而突然“开窍”，达到清晰的理解。其做法是打乱教材，对教材中的现代文做淡化处理。每个单元选一篇文章精讲，其余的少讲，甚至不讲。

在教材选文的教学之外，选择了大量课本以外的文章，以补充学生的阅读量，保持每周1万~2万字的规模，用量的积累实现质的突破。课外补充阅读的部分，可以有选择地在课堂里讲解，也可不讲，仅让学生写阅读评论；对于学生的评论，可加以点评，也可“置之不理”，让其自圆其说。

关于文言文教学。余党绪老师用核心（或曰基本）篇目承担文言文教学，以经典为载体，承载知识学习、文化熏陶、能力培养、写作训练等议题。在教材中选取32篇经典篇目作重点教学对象力求达到语言与文化的学习目的。这些经典篇目具有语言的经典性、思想的深刻性和写作的拓展性，对于这些文章力求弄通吃透，举一反三。

加强经典精读。在每周四节课中抽出一节课用来上经典作品，精读、鉴赏。从高一开始，每周如此，每班如此。名著欣赏，包括《红楼梦》《家》《水浒传》《三国演义》《列夫·托尔斯泰作品选》等等，每个学生自由选择，但必须有所选择。

7. 张化万老师的学生自己“编书”。

假期他让学生自行选择“编书”，将自己一学期的习作整合成书，发挥学生想象力与创造力，学生自行设计包括配图、封面，请人写序等。他曾收集学生的“书”编撰成《希望的花蕾》一书，在班级、学生家长之间展出。学生间互评选出优秀作品，让孩子拥有读者。

教学研究：教有内涵的语文

“物有本末，事有终始。知所先后，则近道矣。”此句出自《中庸》一文。天地万物皆有本有末，凡事都有开始和终了。能够明白本末、终始的先后次序，就是得道的高人。对本末终始的把握离不开研究。

“提高教育技巧——这首先是要自己进修，付出个人的努力，来提高劳动的素养，首先是提高思想的素养。没有个人的思考，没有对自己的劳动寻根究底的研究精神，那么任何提高教法的工作都是不可思议的。”苏霍姆林斯基非常看重研究精神对于教育劳动的意义。

语文教学作为一门广博深刻的学问更加需要研究。叶圣陶先生认为学习语文不能够速成，教师要去研究教学方法，懂得教学艺术，应用到语文教学中。叶老提出了语文教育万年都会常说常新的话题：教学研究。

一、教学研究浅说

1. 何为教学研究？

所谓的教学研究，简单而言就是对教学关注、琢磨、改进、提高。首先是将注意力高度集中，对于特定的教学现象加以有意关注。在关注的基础上加以琢磨。从琢磨现象到琢磨本质，从琢磨局部到琢磨整体，从琢磨事理到琢磨规律。在关注和琢磨的基础上，看清本源，找准症结，从流程上优化，结构上调整，工艺上改进，效果上提高。

朱永新先生在《根都应该扎入泥土里——如何做科研型教师》一文写道："教育科学研究是一种运用科学的理论和方法，有意识、有目的、有计划地对教育领域的现象与问题进行研究的认识活动。"

2. 为何要进行语文教学研究？

教学研究可以使教学接近规律，远离盲动；可以使教师提升层次，远离尘俗。教学研究的过程，就是使教学走向更科学、更本真的过程。

3. 语文教学研究要研究什么？

研究教学中真实发生的问题。研究植根于问题，以观察和分析问题为过程，以解决问题为目的。

4. 研究主体应该是谁？

研究主体不仅仅是专家学者，更是一线教师。朱永新先生认为："教育第一线的广大教师，应该是教育科学研究的主力军。"专家学者的研究替代不了来自一线教学的实际教学感悟。教学研究并不神秘，它不知不觉就在教学过程中随时发生着。

5. 研究的本质为何？

教育科研需要语文教师形成带有专业研究特点的科研素养，比如如何更准确地捕捉问题，如何更全面地占有材料，如何更系统地建立联系，如何更完整地表述观点，如何跨越时空限制，如何从盲目走向自觉。

二、教学研究开展的组织

从研究的主体看，可以分为个人单独研究、伙伴合作研究和教研团队研究。从研究的复合程度看，存在连片教学研究、跨区域教研、跨学科研究。从教研的形式看，存在线下教研，存在线上的网络教研，也存在网上和线下的混合式教研。从研究的内容看，有关于教材的研究，进行教材阅读与分析、课标学习与理解、核心素养学习与理解，等等；有关于教学实践的研究，对教学设计、教学反思、教学故事、教学课例、教学方法、教学模式、教学技术进行研究，等等；有学术专题研究，以理论研究为重点，以形成研究报告、论文论著为方向。

我国语文教学研究是有系统、有组织的研究。教育部基础教育课程教材研究所、人民教育出版社等专业出版机构都在负责语文课标研究、教材研究。各地教研机构负责语文教学组织、语文教学研究、语文教学评价的重任。语文教研员中多有名家，比如天津的伊道恩、宁夏的李泽琪和安奇、宜昌的余映潮、深圳的程少堂、银川的仇千计，等等。语文教研员是语文老师的老师。专业引领要示范正确的，纠正错误的，引导深刻的。语文教研员过硬的专业本领来源于对自身教学经验的梳理、对他人教学行为的观察、对名优教师教学优势的汲取、对教育理论专著的研读。语文教研员要实现自身专业结构的最优化，必须是自身的知识结构化、本质化、个性化、可应用化、可持续优化。语文教研员要对语文教育现象经常进行对不对、好不好、深不深的追问。语文教研员不仅要懂学科知识、学科教学，还要对于课程知识、课改知识有所接触，要成为现代教育技术支持下的学科教育专家。

各级中学或小学语文专业委员对于语文教研工作功不可没。中语会历任会长（理事长）有吕叔湘、刘国正、张鸿苓、张定远、陈金明、苏立康、顾之川等；小语会历任会长（理事长）有郭林、袁微子、高惠颖、崔峦、陈云先等。

三、语文教学研究的层级划分

基础层级：对经验的记录和梳理。如描叙教育现象，进行教育叙事。教研作品多为经典教案、教育故事。写教案是最基础的教研，写好教案也是一切优秀教师的教研起点。名师都能做到“四个琢磨一个写好”——琢磨教材、琢磨学生、琢磨课堂、琢磨自己，写好教案。

较高层级：对经验进行反思和提炼。教学反思是教师自我完善的能动认识，是积极、持续、周密、深入、自我调节性的思考。教研作品多为总结、论文、课例分析。

高水平教师最好的科研成果并不一定是所谓的教学专著，而是教育笔记、精品教案积累。钱理群《我的教师梦》是演讲录，李吉林的《情境课程的操作案例》是案例集，余映潮《语文教学设计技法80讲》是案例集，李镇西《做最好的教师》是教育随笔，魏书生《教学工作漫谈》是教学随笔，孙双金《追梦：我的教育情思》也是教育随笔，王栋生的《课堂上究竟发生了什么》是教育随笔，张化万《我的语文人生》是教育随笔，窦桂梅《听窦桂梅老师讲课》是课例集……

较高层级：小专题研究。带有综合性特征的课题往往称之为“项目”，具有“点状”特征的课题称为“小专题”。

语文名师窦桂梅提出教研“三层次两反思”。“三层次”即个人研究、年组研究和校级研究；两反思即分别就年组和学校研究进行“说课、评课”两反思。过程基本上是先由教师围绕大主题每人选定一课进行个人研究，并与优秀教师对比找差距、找不足，学方法；在此基础上，进行年组研究，要求每个教师都积极参与，通力合作，发现问题、解决问题；最后是在“个人研究、年组研究”成果的基础上，学校围绕年度研究的主题进行第三层次的研究。整个过程把课例当“案例”进行解剖，层层深化。

余映潮老师在《先做好一个方面的专题研究》一文对“语文（小）专题研究”进行了定义：指的是教师个人根据自己的业务特长，结合自己的爱好，考虑到教学实际的需要而独立进行的关于语文教学某个方面的定向研究。这样的专题研究就是自己给自己安排的微型研究项目。

小专题研究始于身边具体问题。问题是客观存在物，有的会被发现，有的不会被发现。怎样才能发现问题呢？关键取决于教师是否有研究问题的意识和发现问题的能力。当教师对解决某一问题有强烈的好奇心、责任感和探索精神，以及拥有一定的先进理念、相关知识、相应理论水平时，才有可能敏锐地发现问题。不要小瞧小专题，许多大家的教研都是从小专题起步的。

课题研究。“课题”是研究或讨论的主要问题或者亟待解决的重大事项。从学术研究的角度看，课题是指为解决一个相对独立而单一的问题而确定的基本的研究单元。

课题要么具有学术价值，要么具有应用价值。课题研究聚焦问题要具体，并不是所有的问题都有研究价值，具有代表性、被普遍关注、急需解决的问题才可以成为有意义的课题。

从教师研究的性质而言，有的课题是应用性研究课题，研究如何把教育科学的基础理论知识转化为教育技能、教育方法和手段，使教育科学知识同实际教育教学衔接起来，以达到预定目标；有的课题是经验研究性课题，分为一般性经验总结和科学性经验总结两个层次；有的课题是实验性课题，要把变量明确区分并加以控制，要对测量的事物规定操作定义，通过实验获得经验，从而得出理性认识和揭示规律。

课题也就是对特定问题的科学研究，对问题进行追问追踪、持续关注、不断澄清、精心设计，这些“追踪”“解读”“设计”其实就是课题研究。用教育叙事、教育案例、教育日记、教育论文、教育随笔等形式记录自己在课题研究中的点滴思考，最后形成报告，就是课题研究成果。

最高层级：经验的升华和拓展，理论的建构和完善。教研的作品多为课题报告、学术论著。

四、教师教研的类型

你到底练的是拳，还是练的是气？赵福楼老师曾对青年教师谈过专业发展的道路。他认为青年教师专业发展有三条道路可走。第一条路，走技术发展的道路，做一个会教课的教师，甚至成为一位会构建艺术课堂的教师。第二条道路，走学科专业化发展的道路，也就是强调知识的先进性，成为知识先进性的教师。第三条道路，走教学思想发展的路子。赵福楼老师的话让我们想到了武术有气宗和拳宗之分。拳宗练的是筋骨，是力气，是强健；气宗练的是内力、是内功。两个路径各有分野，武当和少林虽然都以武功卓绝闻名于世，但他们的习武路径是并不相同的。

语文教师的教研路径，大体有四：一是学科知识型的，二是教学技术型的，三是教育思想型的，四是多元综合型的。

1. 学科知识型的教师，更多悟的是“书”。

他们善于把课标读厚，因为课标原本很薄，需要变厚；也善于把课本读薄，因为课本原本很厚，需要变薄。优秀教师总是可以从教材中获得与众不同、高人一筹的见解，他们对文本的解读是富有个性、富有创造性、富有启迪性的。一是课本解读。哈佛大学第二十四任校长普西说过：“一个人是否有创造力，是一流人才与三流人才的分水岭”。学科型名师对于知识的本质理解、对于知识的变形转化一定与众不同，可以说独具慧眼入木三分。二是课本深读。研究书本的，首推余党绪老师。他不仅研究课本，还自创教材，对于大量的文化名著都有自己的深刻见解。正如哈佛大学校训所言，“与柏拉图为友，与亚里士多德为友，更与真理为友”，学科型教师都是对真理、真知的热烈追求者。

学科型教师很重视课本再造，有的教师努力在做教材的建构。比如原北京师范大学附中的沈心天老师，辽宁的欧阳代娜老师等。

2. 教学技术型的教师，更多琢磨的是“法”，关注教学的流程和模式。

教学两个字，是不是可以歪解为“教学生学”呢？一教学生学会，二教学生会学。魏书生的六步教学法，本质是琢磨教的艺术和效果，琢磨学的方法和习惯。

余映潮的教学处处是对于方式方法的研磨和创新，高论卓见层出不穷。余映潮提出“教学手法九大类”。第一学法手法，以课文为学法实践的载体，强调学生的自学，实现学习方法的训练；第二创编手法，从“写”的角度运用课文，有读有写，读写结合；第三讨论手法；第四连读手法，从某篇诗文扩展开去，进行一次多篇式教学，或扩展或比读；第五对话手法，师生对课文中某个问题或预设问题进行对话交流；第六赏析手法，包括词、语、句、段、表现手法、描写方式、艺术形象，等等；第七情境手法，创设虚拟教学情境；第八迁移手法，将课文内容迁移到其他课文或文章中去，给课文教学增添更浓厚的情感色彩，思想色彩；第九穿插引进手法，如课始、课中插入、加进与课文有关的内容，目的在于增加课文教学的厚度，提高课堂教学效率。

语文教研既要琢磨教法，更要琢磨学习的方法和策略。丁晓山所著《中国学生学习法》对各学段学生必须的学习环节，做了如下归纳：小学两段式：听课—作业；初中五段式：学习—听课—作业—复习—总结；高中六段式：学习—听课—作业—复习—课外学习—总结。罗杰斯、杜威、佐藤学等学者对于学习本质的论述，对于我们搞好语文教研很有启发。

3. 教育思想型的教师，更多思考的是人。

清代诗人沈德潜说：“有第一等襟抱、第一等见识，才有第一等真诗”。教育思想型的教师难能也可贵。

他们会思考教师的职业内涵，思考教师的职业作为。教师职业价值的核心，是为学生的生长提供了高价值的教育服务。山东淄博的王玉强老师在所著《深度教学》中这么写道；“我希望教师应该有这样的心理：我的孩子就在我的班里，我的班里都是我的孩子；学校就是学生的家，每个学生都是老师的作品”。加缪则这么阐述教育的功能：“最大的罪孽是肤浅”。

他们会思考儿童的成长规律。教育必须以促进人的发展为目的。孩子生长的基本特征是持续发展，对于幼小的孩子所做出的预言，哪怕再深思熟虑，也往往与孩子成年后的状况相差十万八千里。韩愈《师说》：“闻道有先后，术业有专攻”。优秀的教师不会因为自己优秀就藐视孩子的潜力蔑视孩子的未来。他们对于孩子成长最重要的心理是期待，对于成长的期待。

王玉强老师在《深度教学》中有过这么一段引用：墙角刚长出一棵树苗，主人原以为是一棵小桃树，其父从老家来，说这是一棵栗子树；有一位朋友来访，说这是一棵樱桃树。谁也不知道，这到底是一棵什么树。有一天修路，要移动这棵树。修路的人说，这是一棵核桃树。主人问：“你怎么知道它是一棵核桃树呢？”这个人说，这棵树上，已经结了一个小核桃了。树在结出果实之前，很多人并不知道它是什么树。同理，那些成功的人，我们原本也不知道小时候的他们长大会是什么人。当爱因斯坦创立了“相对论”这个果实时，我们知道了他是物理学家；当居里夫人发现了镭这个果实时，我们知道了她是化学家；当马克思发现了“剩余价值”这个果实时，我们知道了他是思想家。总之，是你的果实决定了你是一棵什么树。

他们会思考教育的本质属性，思考教育的社会价值。教育最大的目的，是学生的生长。卢梭说过，“教育即生长。生长就是目的，除此别无目的”。思考人在教育中的地位。英国哲学家怀特海说过：“自我发展才是最有价值的发展。”法国哲学家帕斯卡尔说：“人只不过是一根苇草，是自然界最脆弱的东西，但他是一根能思考的苇草。因此，我们要好好地思考，这就是道德的原则。”

综合型老师能将思想、学科、学生、教学方法等各种要素熔为一炉。洪宗礼先生在《目标：构建语文教育链》一书对语文教育“链”作出如下解说：遵循“引导—历练—能力—习惯”的过程，“把知识、引导历练、能力发展、习惯养成、方法获得和思想文化素养提高构建成一个纵横结合的科学体系”。语文教学包括三个维度：内容维度、过程维度和关系维度。内容维度包括知识技能、能力、习惯方法、情感与价值观；过程维度包括历练、养成和渗透；关系维度包括中介、定型化、语言与思维同步发展，这三个维度覆盖了教育目标的认知、动作、情感三大领域。两种因素：智力和非智力因素。其中智力因素包括知识技能、能力、习惯方法，这些方面着眼于智力发展；非智力因素包括情意与价值观，立足于情感态度价值观的培养。

五、教学研究的基本主张

对语文课堂的真实发生进行即时研究。语文教师的教学研究理应随时发生，无处不在。如何让孩子积累作文素材，如何让孩子认识汉字，这些细节都有研究价值。语文教师的教学工作处于复杂而生动的教育情境中，教师可以把追寻教育的理想与价值作为研究对象，可以把解决教育教学中的疑难、困惑作为研究的对象，可以把学生、教材、课堂作为研究的对象，可以把自己作为研究的对象，每位教师都可以从中选择适合自己的研究课题。教学研究没有固定的格式。有的教师适合于课例研究，有的教师适合小专题研究，有的教师适合大课题研究；有的教师长于文献整理，有的教师长于故事性叙述，有的教师长于批判性思维。

教学研究不是玩弄概念，不是架空理论，不是用术语唬人。名师都反对脱离实践去谈教研，因为理论源于实践，高于实践，指导实践，世界上不存在与实践无深度关联的理论。

若能钻进去，教学教研真的很美。陶醉其中，语文教学的俗味自然烟消云散。常建的哲理诗写得真超逸，“山光悦鸟性，潭影空人心。万籁此俱寂，惟闻钟磬音”。

宁夏正高级教师慕金才著有《教研感悟》。他写道：“有效的教研活动要努力探索‘三个解放’：解放教师的教学力，解放学生的学习力，解放教材的示范力。”

丁有宽老师教育科研有“四个坚持”说：坚持以“爱心是根、科研是本”为科研导向；坚持以“全面教育、全体教育”为科研目标；坚持以“树一宗、学百家、求创新”为科研品格；坚持以“面向实际、勇于实验、讲究实效”为科研作风。

语文教学研究，一定要将学科研究、教学方法研究、学习策略研究与技术支持课堂变革相结合。研究白板背景下的语文教学，是信息化、时代教学研究的方向。要善于运用微格手段，给自己教学行为画像，将数据作为改进教学技能、发展较学观念的第一资源。

琢磨课党：教有本色的语文

美国教育哲学家帕克·帕尔默说过："优秀教师不能被降格为技术员。优秀教学源自教师的自身认同和自身完善。"

什么是语文教育的创新？语文名师拒绝教育劳动的平庸和重复。拒绝教育劳动的平庸和重复，意味着探索和创新。

科学研究的本质，不仅仅是求新，更是务本。语文教育创新是不是一定要创造语文教育新的模式、技术、方法、理念呢？语文教育创新不在于发现什么"新语文"，也不在于解体什么"旧语文"，更不在于搞出什么特色的语文。它在于揭示语文本来的样子。谁能说清语文的本源、本色，谁就实现了语文教育的最大创新。

笔者对语文教学创新的五点理解：让课堂变成孩子喜欢的模样；让语文变成语文原本的模样；让教师用语文的方法教语文，让学生用语文的方法学语文；让语文远离并不需要的非语文的教学手段；让语文原生态的教学理念与现代的信息化特征兼容。

1. 余映潮的"治学智慧"。

课文读写法，自建仓库法，精品收藏法，案例分析法，多向运思法，横向联系法，纵深探索法，发现命名法，等等。

以"发现命名法"为例。一要进行"发现"，二要进行"命名"。"发现"是一种独具慧眼的、精确地揭示事物尚未被认知特点的研究方法。在科学研究中，发现的能力是最高层次的能力。

发现命名法的关键在“命名”上。余映潮老师说：“在教学研究中，最有意义的发现与命名是针对自己的教育、教学与教研特点的，是针对自己教学实践中别有新意的创造的。凡优秀教师大多立足于对自己的锤炼和发现，都立足于形成自己独特的教学风格，在一定时候就有了对这种风格的命名。如洪镇涛的‘语感教学’、胡明道的‘学长式教学’、赵谦祥的‘绿色语文’、王君的‘青春语文’、程红兵的‘语文人格教育’、邓彤的‘语文素读教育’等，都是这样。”

教师的毕生事业就是打造好课堂、培养好学生。课堂不发生变化，教学质量就不会变化。好课是如何产生的？好课堂是靠教学管理抓出来的，是靠走课改的路子闯出来的，也是靠老师琢磨、打磨出来的。

意大利佛罗伦萨的米开朗琪罗，创造了经典雕塑作品《大卫》。大卫雕像的勃勃雄姿成了当时佛罗伦萨市民心目中抵御外敌、保卫祖国的英雄形象的化身，它被西方美术史称为最值得夸耀的男性人体雕像。米开朗琪罗精心刻画了大卫临战前的一刹那：头部微微转向左方，双目紧紧地凝视着敌人，左手握着肩上的投石器。右手自然的下垂，略握拳头。大卫雕像是一座立像，高5. 5米。当年只有26岁的米开朗琪罗看着这块大理石，自信地说：“大卫已经在里面了，我现在只需要把多余的部分去掉。”由从米开朗琪罗对作品《大卫》的琢磨，我们想到了：好作品都是打磨出来的。

什么是琢磨呢？苦思冥想只是过程，开悟才是关键，思维突破才是归宿。

教师琢磨好课、打磨好课，至少要琢磨如下问题：这节课到底要教学哪些内容？本节课的教学目标是什么？本节课的主干知识是什么？本节课知识在整体教材中处于什么位置？它和前面的知识点、后面的知识点是什么联系？哪些知识学生很容易掌握，哪些不容易掌握？不容易掌握的知识用什么巧方法让学生掌握？本节课知识的结构图如何画？知识和生活有哪些联系？知识有什么生活意义和具体应用？这节课的切入点在哪？从哪里开始教学，学生更容易理解？从哪里开始，学生更容易产生兴趣？如何整体建构课堂流程？传统的教学流程，主要是教的流程。笔者也反对单纯的以“学”设计流程。这两种情形，都是片面的。笔者主张从“教”和“学”两个角度系统地思考课堂教学流程，将时间、空间、内容、教师、学生、资源系统地思考，将教与学、学与习系统思考，将课前、课中、课后系统思考，将备课、上课、反思、观课、评课系统思考，将课堂教学环节设计与学生认知心理结合后系统思考。如何将知识转化成教学任务，或者转化成教学活动？如何设计教学问题？如何让学生产生问题？如何让学生在老问题解决后产生新问题？教学如何实现连续的生成性？如何使训练具有及时性、针对性？

钱梦龙一辈子都在琢磨课。关于课堂教学的概念，教育史上提出了无数种理解，而以钱梦龙老师对于课堂教学的定义为最恰切。钱老对课堂教学的定义是：课堂教学是以学生发展为目标、以教学内容为凭借的师生协同活动。

余映潮老师琢磨教学，提出语文课堂教学的“最优化”思想。所谓“语文教学的最优化”，就是在一定的教学时间和特定的教学条件下，通过对语文教学系统内在结构的调整和改组，充分调动师生两个方面的积极性，合理利用开发各种教学资源，尽可能地创造出语文教学的最大价值，促进学生的最佳发展。余映潮语文教学设计思路就是对语文教学最优化的探索与实践的最好明证。语文教学最优化是一种系统整体优化的动态发展过程，它内涵丰富，结构复杂，功能全面。余映潮结合教学实际，有目的、有针对性地从教学设计入手，牵动了整个课堂教学系统的优化。

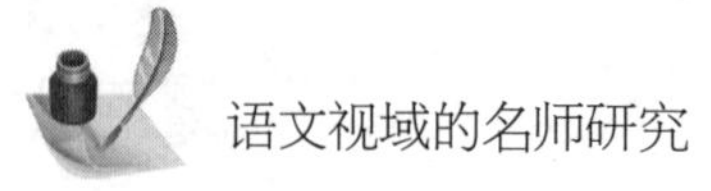

2. 窦桂梅琢磨课堂，采用“微格教学”。

窦桂梅经常用录音机把自己的教学过程录下来回家细听，把发现的问题记在心里，争取在下堂课改进。她积极争取组内老师的帮助、领导的指导、专家的指点，每一次接受评课，她都郑重地把本子打开念道：“上节课里您告诉我有以下几条缺点，您看这节课我改了多少。第一条……第二条……”1992年窦桂梅执教《王二小》。一次次教学设计，一次次试教，推翻了，再重来；重来了，再推翻……第二天就要上公开课了，下班后窦桂梅一个人留下来做最后一次试讲。在窦桂梅眼里，那一排排空空的座位就是可爱的学生……由于太投入，竟忘了去托儿所接孩子。托儿所阿姨等不及了，只得把孩子送来。可是课还没讲完——于是窦桂梅一手抱着孩子，一手拿着粉笔继续演练。1995年和1997年她两次参加“全国小学语文教学大赛”均获一等奖。

研究课堂，研究学生，研究教材，才是最主要的教研。

倡导有深度的持续研究。学术成果和教学成绩，很大程度上是深入持续地进行教学研究的结果。苏霍姆林斯基一生大量的研究成果，正是他在帕什雷夫的小镇学校长期对日常问题的思考、探究而总结出来的。教师的第一科研能力是明确问题、确定角度，巧妙的角度是创造与创新的着眼点。第二能力是观察现象、资料收集、占有资料这是研究顺利进行的必要保证；第三能力是观点提炼，形成结论。“观点提炼”的三部曲是：分析材料，归类处置，定性命名。

3. 倡导以语文教学知识更新和语文教学观念更新为前提的研究。

于漪老师认为，要想在语文教学领域有所突破，最关键的一点是要在原有基础之上更新语文教学观念。主要有以下几点：第一是了解社会，把语文教学改革建立在对现代社会了解研究和科学分析的基础之上。教学改革源自社会发展的需要，离开了社会发展的实际，改革就成了无源之水，就会迷失方向。第二是研究人，把语文教学改革建立在对教育对象个体和群体深入研究基础之上。教育的对象是人，人的发展具有“未完成性”和“阶段性”，因此，更新语文教学观念必须立足学生，服务学生。第三是深入探讨语文教学的任务，使学生具有获取新知识的能力和运用知识于实践的能力。

4. 倡导研究后的改进和提高。

要撰写教学反思录，将经验和教训记录在案。总结“得意”之处，分享成功喜悦。诸如教学过程中达到预先设计的目的、引起教学共振效应的做法，课堂教学中某一应变得当的措施，“双边活动”开展的成功之处，某些思想教育渗透的巧妙之举，备课之中未曾考虑到而在课堂上突然爆发出的灵感之花，针对学生课上学习中暴露出的各种问题实施“课后备课”调整教案的内容等等，这一切都可以作为教学反思的正面素材。同时要查找“病因”“病例”，探索矫正之法。有时教材内容处理不妥、有时教学方法选择不佳、有时师生活动不和谐。每堂课后都能仔细查找教学中的不足和失误，多积累“病因”、多分析“病例”、多对症寻找“疗法”，就会收到“吃一堑、长一智”的效果。对于自己不能解决的“疑难病症”，可以找同事或专家一起“会诊”。

语文教学实验。如陆继椿的“分类集中分阶段进行语言训练”、刘朏朏的“作文三级训练体系”、章熊的“语言和思维的训练”、欧阳代娜的“阅读和写作分科教学”、张孝纯的“大语文教育”，等等。张孝纯的“大语文教育”主要实验成果如下：

一体两翼。“一体”是语文课堂教学，“两翼”是“大力开展语文课外活动”和“强化语文环境的积极影响”。课堂教学由范文、阅读教学、参读教学、习作教学、考试考查四部分组成。“强化语文环境的积极影响”从主观和客观两方面强化。教学是双边活动，需要两条腿走路。

三步骤课堂教学模式。预习见疑，质询研讨，巩固深化。

四部“语文基本规律教程”：字法，词法，句法，篇法。

五种参读文章。类比型，对比型，补充型，导引型，印证型。

六项具体举措：单元教学，精讲巧练，整体性作文教学，改革考试方法，开展课外活动，布置语文环境。

山东潍坊韩兴娥老师的传统经典“素读”实验重在阅读。两周教完一册教科书，然后进行海量的经典阅读。重诵读，重背诵，轻理解。所谓阅读为三块：第一为熟读，第二为背诵，第三为应用。

余映潮在《教师的第一科研能力是提炼能力》一文写道：

“语文教师的第一基本功是能够读出课文的味道；语文教师的第一课外阅读是中学语文专业杂志；语文教师第一要克服的难关是论文写作关；语文教师的第一科研能力是提炼能力……这是我从语文教师专业素质角度常常说的几个第一。”

“提炼有两方面含义：一是指从事物中进行提取，含有筛选提纯、聚集精华的意味；二是对事物、现象进行归纳，含有小结经验、发现规律的意味。”

“提炼是积极的思维方式”“提炼是科学的操作技法”“提炼是一种高层次的发现能力。它要求我们善于划分，善于归纳，善于概括，善于结论，在筛选、组合、思考、验证的具体实践中理性地发现一些客观存在的规律，用于指导教学、提高自身。”

“之所以将提炼称为教师的第一科研能力，就在于它要求抽象，在于它能让我们发现规律。有了这种能力，我们就能洞悉事物，就能在深刻和高效上提高我们的教学能力。”

“提炼的基本手法大致上分三步：第一步，集聚材料；第二步，划分归类；第三步，定性命名。”

理论建设：教有体系的语文

语文名家名师的教育教学理论不胜枚举。笔者列举几个对自己教学实践启发至深的教学案例：

一、钱梦龙与“三主四式”语文导读法

“三主”是导读教学的指导思想。即“以学生为主体，以教师为主导，以训练为主线”。钱梦龙指出：“学生为主体”是教学的前提，着眼于使学生“善学”；教师为主导，是强化学生主体地位的条件，着眼于“善导”；而学生的“善学”与教师的“善导”都必须通过“善练”的科学序列才能实现，所以说“训练为主线”是“主体”与“主导”相互作用的必然归宿。

“三主”导读的课堂结构形态：“基本式”即基本课型，为导读教学的结构形态。其表现形态为：“自读式—教读式—练习式—复读式”，后称“四式”。

钱梦龙老师的“三主四式”语文导读法强调学生的阅读实践和教师的主导作用。在教师导之有方的指导下，使学生求知的主动性得到充分的调动。在“训练”这一师生互动形式中，提高教学质量。

二、李吉林老师和她的“情境教育”

“情境教学”四大特点：形真（神韵相似）、情切（以情动情）、

意远（意境广远）、理寓其中（围绕课文中心）。

“情境教学”促进儿童发展的五要素：以培养兴趣为前提，诱发主动性；以指导观察为基础，强化感受性；以发展思维为核心，着眼创造性；以激发情感为动因，渗透教育性；以训练语言为手段，贯穿实践性。

情境教育的基本原理：暗示诱导原理，情感驱动原理，角色转换原理，心理场整合原理。

情境教育的基本模式：拓宽教育空间，追求教育的整体效益；缩短心理距离，形成最佳的情绪状态；利用角色效应，强化主体意识；注重创新实践，落实全面发展的教育目标。

情境课程的内容	情境课程的操作要义
核心领域：学科情境课程	操作要义之一：以“美”为境界
综合领域：主题性大单元情境课程	操作要义之二：以“思”为核心
源泉课程：野外情境课程	操作要义之三：以“情”为纽带
衔接课程：过渡性情境课程	操作要义之四：以“儿童活动”为途径

三、洪宗礼老师提出“五说”语文教育观和“双引”教学体系

“五说”包括：工具说、导学说、学思同步说、渗透说、端点说。工具说：语文学科的性质，旨在“综合效应”。导学说：语文教育的最高境界，旨在“双边效应”，体现教与学的关系。学思同步说：语言与思维的发展是相适应的，却不能“合二而一”。渗透说：各因素合力大于分解之和，具有“开放效应”，语文与生活、各个学科之间的相互渗

透，但也要摆正语文课程的位置。端点说：语文教育的根本出发点：以人为本、关注学生个人全面和谐发展。洪宗礼“五说”涉及语文学科的性质、内容、过程、特点、教学目标，各个学说之间环环相扣、首尾呼应，逻辑清晰，系统梳理了多重语文要素之间的逻辑关系。

洪宗礼提出“语文教育链”。语文教育链以“五说”语文教育观为基础，旨在经过语文技能训练和历练使学生能够实现以下目标：实现能力定型化，养成运用语文的习惯，掌握必要的语文方法。语文教育链的总体目标是从整体上全面提高学生的语文综合素养。

洪宗礼提出“双引”教学艺术。“双引”教学法即引读、引写教学法。“引读法”五原则：明确语文教学目标，引导学生重点读；激发学生兴趣，引导学生主动读；启发学生积极思考，引导学生深入读；培养学生良好习惯，引导学生仔细读；交给学生阅读方法，引导学生独立读。引读有十法，分别是：扶读法、设境法、提示法、读议法、揭疑法、反刍法、反三法（举一反三）、比勘法、历练法、小结法。

引写法又叫“阶法”引导，即把中学阶段的作文分成若干台阶、步点、引导学生拾级而上，有层次地进行科学而有序列的作文训练。每个阶，又设若干引写点，一单元，一册书，连点成线，形成阶段的训练系统。洪宗礼说：“各单元因教材要求、年级特点的不同，采用不同的引写方法。这些方法是：知识引写法、例文引写法、情境引写法、激思引写法、导源引写法。”

“双引”教学法要义有二：一是最大限度调动学生学习的积极性，引导学生自己读和写；二是交给学生学习的规律和方法，引导学生在课外广泛而熟练地读和写。

四、蔡澄清老师与“点拨”教学法

所谓“点”，就是点要害，抓重点；所谓“拨”，就是拨疑难，排障碍。所谓“点拨”，就是教师针对学生学习过程中存在的障碍，运用画龙点睛和排除故障的方法，启发学生开动脑筋，自己进行思考与研究，寻找解决问题的途径与方法，以达到掌握知识并发展能力的目的。

“点拨法”是运用启发式引导学生自学的一种方法。针对三种障碍（知识障碍、思维障碍、心理障碍），抓住教材的三项内容（重点、难点、疑点），立足三个方面（知识内容、学习方法、学习实际），通过三条途径（画龙点睛以掌握知识要领，举一反三以实现能力迁移，启发讨论以求得教学相长），达到三个目的：掌握知识、发展能力、养成习惯。

实施点拨教学的依据是依纲据本，因材施教；诀窍是相机诱导，适时点拨；方法是点其要害，拨其迷障；主要方法是画龙点睛，举一反三；点拨教学的根本目的是提高效率，发展能力。实行点拨教学，教师一定要善于驾驭教材，改革传统教法，力忌全盘灌输，要强化教学机制，促进积极思维，发展师生智力。实行点拨教学，要抓其重点，点疑为悟，化难为易，因势利导，启发思维，排除疑难，教给方法，片言居要，点石成金，举隅推导，闻一知十，言简意赅，直抵教学要害。

“点拨法”的关键在叶圣陶倡导的“相机诱导”四个字上。教师既要“相机”，又要“诱导”。因文、因人、因时而定法，择“机”而“导”。

五、余映潮和他的三大教学策略

从架构看，采取“板块式”课堂教学，也叫“分步组合式教学模式”，就是将一节课或一篇课文的教学内容及教学过程分为几个明显的而彼此之间又有密切关联的教学“板块”，即教学的过程、教学的内容呈“板块”状并列而又一步一步地逐层深入。板块式教学结构主要用于一节课的教学，使这节课布局完美、内容厚实；它也可以用到一个教学步骤之中，使这个教学步骤显得丰满细腻；还可以用到单元的综合学习活动之中，使这种活动的教学层次清楚而内含丰富。板块式教学结构呈“板块”状而又组合丰富，灵活多姿，可以充分地表现教师设计教学的技艺、创新意识与审美意识。

“板块式教学”模式的教学过程清晰有序，容易形成教学节奏，能够比较顺利地展现教与学、疏与密、快与慢、动与静、轻与重的相互关系，使课堂教学波澜生动，抑扬合理，动静分明，教学的清晰性和生动性得到了鲜明的表现，能够十分有效地改善大面积实际课堂教学中步骤杂乱、思绪不清的问题。“板块式教学”模式的各个板块都着眼于解决教学内容的某一角度、某一侧面的问题，于是各个板块就成了“大课堂”中的一个半独立的“小课”或者“微型课”。“板块式教学”模式改变了以往的“线”型的“平面式”课堂模式，以“块”为教学单位，结合自然过渡，提倡“多元化”的设计，整个课堂便有了立体感，使得原本看来比较机械、缺乏语文味的语言训练变成了有思维、情感等参与的复合型语言实践活动。

板块式的教学结构，使课堂目标细化，把课堂教学目标优化，有助于教师落实整堂课的教学目标，也有利于学生对照并达成目标。板块式的教学结构，也使学生活动充分。学生在充分占有时间的前提下学习语言、习得技巧、发展能力、训练思维。教师适时参与和适当引导，把更多的时间交给学生。对于传统的教学结构而言，板块式教学设计是一种创新与突破。

从方法看，提出“设置主问题”。能够牵动对全篇文章的阅读或牵动文章主体部分阅读的问题或提问，就是课文阅读教学中的“主问题”。阅读教学中的“主问题”，指的是能从课文整体的角度或学生的整体参与性上引发思考、讨论、理解、品味、探究、创编、欣赏的重要的提问或问题；对课文阅读能起“牵一发而动全身”的重要的提问或问题；是阅读教学中有质量的、立意高远的课堂教学问题，有着“一问能抵许多问”的教学效果。

就“提问”研究而言，“主问题”既是对传统的课堂提问方式的改造和创新，也是对阅读教学课堂活动方式的改造和创新。“主问题”在教学中表现出三个非常明显的特点：在课文理解方面具有吸引学生进行整体品读的牵引力，在教学过程方面具有形成一个教学板块的支撑力，在课堂活动方面具有让学生共同参与、广泛交流的凝聚力。用“主问题”来形成课堂教学步骤的课，往往表现出一种“线索”之美，表现出“妙在这一问”的新颖创意。所以，“主问题”的设计是对大面积阅读教学中提问设计的一种创新。

主问题设计的着眼点之一是整体阅读，深化理解。所谓“整体阅读”，不是指让学生读课文并大致知道课文写了什么内容。而是让学生围绕着一个或者几个“话题”对课文进行深入的分析理解，即引导学生从课文整体的角度去理解课文的情节、课文的脉络、课文中的人物、课文中的事件、课文表情达意的手法等。这就要求给学生一个“抓手”，让学生在这个“抓手”的导引下得到真正深刻的阅读体会。在这方面，“主问题”可以说是有着绝对的优势。请见《孔乙己》研读阶段的整体阅读教学设计。在课文教学的研读阶段，设计这样一个主问题：说说孔乙己的“手”。这是一个巧妙的问题设计。这个问题及学习要求的出现，打破了那种让学生泛读课文、抄写字词、标明段落、理解层次的习惯性讲读思路。它激发了学生的求知情绪，把学生引入了课文，也把学生引入到专心致志、全神贯注的阅读心理境界。学生会立即被这个问题所吸引，目光深深地进入课文，开始对课文进行整体的研读提炼。主问题设计的着眼点之二是：集中话题，优化活动。“集中话题”就是减少提问，“优化活动”就是让学生在课堂上有长时间的阅读、思考、研讨、交流的机会。主问题设计的着眼点之三是：精细思考，深刻探究。“主问题”是从课文中提炼出来而又能让同学们进入到全篇课文中去的大“问题”，应有利于学生运用自主、合作、探究的学习方法，有利于让学生的眼光进入到课文的每一个角落，从而达到让学生精细思考、深刻探究的目的，而这种精细思考与深刻探究，又始终是围绕着某条主线进行的。这就是“主问题”牵引作用。

六、魏书生和他的语文习惯教育

语文读书法：“四遍八步”。第一遍，跳读。第一步记梗概，第二步记主要人、事、物或观点。这一遍的阅读速度，是每分钟1500字。第二遍，速读。第三步复述内容，第四步理清结构。这一遍的阅读速度是每分钟1000字。第三遍，细读。第五步完成理解和掌握字词句，第六步圈点摘要，第七步归纳中心这样三步任务。这一遍的阅读速度是每分钟200字左右。第四遍，精读。完成第八步分析写作特点的任务，速度不限。“四遍八步读书法”，旨在培养初中学生的阅读和思维能力。

教学法：“六步阅读教学法”。“六步阅读教学法”包括定向、自学、讨论、答题、自测、自结六个环节，经过1978年至1984年初中语文教学实践形成。定向：确定本节课的学习重点，教学重点由学生提出。自学：学生自学课本，独立思考，自己解决问题。讨论：学生把自学中不能解决的问题记下来，前后左右四人一组互相讨论。答题：学生自己去解答疑难问题，由每个学习小组承担回答一部分问题，由教师回答解决剩下的疑难问题。自测：学生根据定向内容，拟出一组10分钟的检测题，自测、互测，抢答。自结：学生口头总结学习过程和主要收获，在不同类型的学生中选一两个面向全班总结，使学生接受的信息得到及时的反馈。

七、窦桂梅的主题教学的主张和体系

主题教学以积累、感悟、创造为形式，由主题牵一发而动教材知识与能力体系的全身，根据主题把那些散乱的珍珠串联起来统整成一个集成块，由个及类，由类及理，个性与共性相融，从而形成立体的整体效果。

主题教学路径：①主题讲读。主题讲读，以教材中典范的精美课文为主要研究对象，在课文中寻找、提炼主题，围绕主题进行课堂教学活动，注重对主题的深入挖掘和深化。主题讲读要求教师开发利用一切课程资源，引导学生多角度、创造性地解读课文，探究“文本‘究竟’说了什么？文本‘想要’说什么？文本‘能够’说什么？文本‘应该’说什么？”②主题作文。主题作文就是围绕一定的主题，充分重视个性情感的表达，通过知识、生活情感的积淀，在重过程的积累生成中，让语言在这些因素的诱发下自然生成，理解人的精神和心灵，把写作主题潜在的想象力、创造力和表现力，即鲜活而强悍的“生命力”都尽情地释放出来。③主题阅读。主题阅读实质上就是围绕主题而读书。主题可以是某一篇章的主题，也可以是一本书的主题。围绕同一主题，选取更多的作品，让学生阅读、感悟、理解，让书走进学生的心灵。主题阅读以主题为线索，将课内外阅读串联起来。“课内学习如何读懂一篇文章，并强调一篇文章带多篇文章；课外学习如何读懂一本书，并强调一本书带一本书，甚至多本书。按年段，每学期推荐必读和选读数目，强调‘经典性’‘序列性’和‘儿童性’。”窦桂梅在课程表上专门设立阅读课，实现了“课外阅读课内化”，“课内阅读指导化”。

八、丁有宽的“读写结合导练”教学实验

教学思想：练语言、练思维、练思想感情，三者结合。

教学原则：一个观念、五个坚持。“一个观念”是学生主体，“五个坚持”是整体设计、动静结合；抓住主轴，敢放会收；多向反馈，善于调控；面向全体，培优扶差；坚持“十要”导练要求。

“十要”导练要求：目标要明，要求要实，重点要准，内容要精，时间要省，方法要活，容量要大，教情要真，学情要浓，效率要高。

六个教学模式：一是“阅读、观察、思考、表达”模式；二是“读写同步，读、仿、写三步转换”模式；三是“读写结合五（六）步系列训练”模式，四是“单元分组导练”模式，六是“课堂教学为主、课内外结合”模式。

基本经验：“有的”——杂中求精，打好基础；“有序”——乱中求序，分步训练；“有点”——华中求实，突出重点；“有法”——死中求活，教给方法。

九、汪潮和方兰的“素课”思想和教学体系

“素课”四大理念是本色语文、情态语文、思性语文、文化语文。“素课”的效果以“整体关照”和“细节落实”两个维度展现。

“素课”的整体思想：语文课是由相关元素组成的整体；语文课是有环节、层次、结构的整体；语文课是整体有效运行的；语文课的整体功能是由全息元主导的。

整体效果是以层次和结构的合理性为前提的。从一堂课的总体结构看，要考验四个维度。一是哲学维度，整体—部分—整体；二是心理学维度，内化—外化；三是教学论维度，感知—理解—巩固—应用；四是阅读学维度，读熟—读厚—读薄—读精。

“素课”的具体课型结构有四种。小学低段精读课：创设情境—引导学法—自读课文—检查落实—读背课文。小学中段精读课：引导目标—自读自悟—聚焦重点—尝试解决—积累语言。小学中段略读课：指导学法—自读自悟—班级分享—适度点拨—积累运用。小学高段精读课：整体性读—细节性读—探究性读—总结性读—拓展性读。

十、马文科的“走心语文”

宁夏正高级语文教师马文科提出“走心语文”，“走心语文”是一种以情感体验为主要路径实施语文教学，使学生在学习过程中产生浓厚的兴趣、发生热爱的感情、出现专注投入状态的语文教学理念。它有三层基本含义，第一层是课程实施层面上的，与“过脑”相对；第二层是情感态度层面上的，是指学习者热爱语文的情感态度；第三层是现实的教学情境层面上的，指学习者学习过程中出现的专注投入的状态。“走心语文”实践由“走心读写”实践、“名著课内阅读”实践和“构建充分言说的课堂”实践三个部分有机组成，“读”“写”“听”“说”是贯穿始终的红线。“走心读写”就像是一次自驾游，思想情感是旅行者，语言文字是旅行者驾驶的车，找到一个很好的起点，便开始了一段兴趣盎然的旅程。如“名著课内阅读”教学活动主要采取的是“弱干预，勤促动，巧练习，重建构”12字方针。“构建充分言说的课堂”实践有四个基本策略：课堂发言“口语作业化”策略，课堂讨论“话题化”策略，教师讲解“对话化”策略，课堂结论“生成化”策略。

学术主张：教有见识的语文

古罗马哲学家塞涅卡说过：“如果一艘船不知道他要驶向哪个码头，那么任何风都不会是顺风。”语文学术主张，是高校语文教育理论专家、语文名家、语文名师或者知名语文教研人员经过教育实践和思考提炼出来的，能体现自己对语文学科特质和教育教学规律独到理解的观点及其体系。语文名师学术主张，就是名师对语文教育教学“码头驶向何方”的理解。

语文学术主张，分为语文教育主张、语文学科主张、语文教学主张、语文教师专业发展等若干部分。

一、名家名师的语文学术主张的价值意义

语文名师的学术主张具有学术价值。主张的提出，绝不是孤立的语言行为。从内容角度讲，往往是对教育精神和学科文化的一种反映，符合学科课程的性质和特点，体现学科特有的文化内涵和价值意义，背后蕴藏的是教师对语文教学的深刻思考与研究，有着不容忽视的教学智慧在其中。主张无不是紧紧围绕着语文教学的根本目标、学生、语文课堂、教学效果等深度展开。

语文名师的学术主张具有实践价值。教学主张有利于改善教学实践。主张固然可贵，化为行动的主张更为可贵，教师的教学主张就是教师的教学观。它会使教师处理教材时，于平凡处见新奇，发人之所未

发，见人之所未见；在教学时精熟运用教学方式、技能技巧，灵活驾驭课堂，独有技艺，得心应手，使教学取得明显效果并达到较高水平。

语文名师的学术主张具有课改指引价值。教学主张有利于课程改革。教学主张本身是从教学活动提炼而来，很容易转化为一种特定的教学方式，形成基于教学主张的教学模式。明确清晰、具体可操作的语文教学主张，具有可学性强、推广价值大的特点。

语文名师学术主张具有促进教师专业发展的价值。教学主张有利于语文名师形成。名师之所以从普通教师的行列跻身为名师，往往是因为他在教学领域形成了自己深刻系统的教学主张。这些主张贯彻在课堂教学中，有利于其教师教学风格与教学特色的生成与发展。

语文名师学术主张具有教育批判的功能价值。王崧舟老师在《语文的生命意蕴·序》写道："我们的语文课，正在泛滥着以客观超然的姿态，不动声色地从事所谓的'零度教学'。我们的语文教师似乎只在冷眼旁观'别人的世界'，讲着'别人的故事'。"这样的语文教育批判，实则是从另一角度对语文教育思想更加深刻的建设。

这些主张既有理论主张，也有展示认识深度的思想主张，也有一般言说性质的理念主张，更有来自经验的方法主张。主张源于教师深刻的思考，源于教师丰富的经验，源于教师对语文本质的把握，源于教师的教育责任和担当。各种主张对语文学科教学实践起到评点和推进作用，对语文教育改革起到把脉和深化作用，对教师专业发展起到定向和促进作用。

二、名家名师的语文教育主张举隅

1. 语文教育主张，直接指向语文学科育人的终极价值追求和目标。这种教育主张立意高远，饱含着深厚的精神价值。

于漪老师论语文教育事业的神圣价值。于漪老师说：“教育是一项理想的事业，没有理想的教育是不存在的；教育是一项神圣的追求，它充满着伟大与圣洁，不容任何玷污与亵渎；教育是一个崇高的使命，它需要我们全身心的投入与完全的奉献；教育是民族发展的奠基者，它决定着民族的命运与未来。这是我心中的教育，正是基于对教育的这一认识，决定了我的价值意识和人生选择，决定了我终生的职业走向。”

于漪老师提出“以人为本”的语文育人观。于漪老师认为现代社会理念和社会发展对教师提出了新的要求，要求教师不能放弃任何一个学生，要求我们的教育注重培养和调动学生学习过程中的自主意识，充分发挥每个学生的潜能和优势，以形成各个学生的最佳素质结构。全面育人观的建立是教育的本质所决定的，是时代发展的要求，也是当代教育可持续发展的必然选择。

程红兵老师提出“语文人格教育”思想。“语文人格教育追求的是‘以能力为核心、以发展为主线、以人格为目标’的完人教育。”以语文老师为原点，以学生为中心，在有意识地、有计划性地将语文知识传授给学生的同时，对学生人格、价值观进行正确引导，以期树立正确的价值观和人格观念。“语文人格教育”旨在表达程红兵对语文教育所寄予的教学理想。

李镇西老师论变“语文教学”为“语文教育”。“教育与教学，本是两个密切联系的概念……教育统帅着教学，教学体现了教育；教育是教学的根本目的，教学是教育的主要途径。单纯的知识传授是没有的，因为任何教学都永远具有教育性。况且，多年来我们的语文教学理论的确一直在强调‘文道统一’‘教书育人’……语文教学本身应包含的道德培养、思想教育、思维训练被有意无意地排除在语文教学之外……为了使广大语文教学工作者在指导思想上真正把‘育人’看成‘教书’的有机组成部分，我们强调变‘语文教学’为‘语文教育’。”

孙双金老师提出语文的“情智教育”理论。孙双金老师倡导“情智教育”，指教育者用自己高尚的情感和丰富的智慧营造出情智和谐的教育氛围，使受教育者的积极情感得到培养，蕴藏智慧得到唤醒和发展，从而培养出情智和谐发展，人格健全的大写的“人”。“情智教育”是基于学生和谐发展的教学主张，知识、思维、情感是必须要攀登的“三座大山”。登顶之时，学生才有情智的全面发展。

韩军老师倡导回归语文教育的人文之本。韩军老师认为：最朴素的愿望，是师生在语文课上不撒谎，不故意撒谎，也不被迫撒谎。这应是一个最起码的愿望，起码的常识。韩军认为：中国中小学生在作文中“编造谎言”，成为一道举世罕见的风景。韩军说，教师“精神真实”，才能导引学生“精神真实”；教师“精神丰盈”，才能导引学生“精神丰盈”。呼唤回归真实、自由、个性地做人的人文本义，无非就是让学生说“人的话”——真实、自由、个性的“人性”之话，不要教唆孩子说“神的话”——假话、大话、套话；也不放任学生说“鬼的话”——自私、冷漠、仇恨的话。所谓“神的话”，是泯灭人性，培养虚伪的神性，实为奴性；所谓“鬼的话”，是动物的“非人”的本能占据了道德心界与心理视域。说话、写作，既不拔高，做“虚伪之神”；也不降低，做“非人之鬼”。不“装神”，不“做鬼”，做真实、自由、个性之“人”。这就是回归语文教育的人文之本。

李吉林老师倡导情境教育的“情”“思”“美”。李吉林老师对于语文的人文性有着深刻理解。她主张以“情”为纽带，老师与学生之间，真情交融；教材与学生之间，引发共鸣；学生与学生之间，学会合作。以“思”为核心，倾注期待使儿童在最佳的心理状态下积极思维；启迪想象，激活右脑，在宽阔的思维空间中提高悟性；结合实践，在有情有趣的学科活动中，将创新能力的培养落到实处。以“美”为境界，显现“美”的教学内容，运用“美”的教学手段，运用“美”的语言。“情”“思”“美”都是人文精神重要的组成。

2. 有的语文教育主张，需落实到语文教育实践的过程、方法、途径等研究。

叶圣陶老师提出“效在直观”的语文教育观。叶圣陶先生的“直观”绝不仅仅是指课堂教学中运用图片或其他直观教具。叶圣陶认为，学校生活也是社会生活的一个组成部分，是社会生活的一个缩影。学生在学校里接受教育实际上就是学习怎样生活、怎样做人。因此学校应该为学生设置种种环境，让他们能在这种种环境里直接去学习生活、学习做人。教育必须重视直观，而直观“就是跟事物直接接触”。“直观”教育不仅指直接接触各种事、各种物，而且还指直接接触各种人。叶圣陶强调一个人在青少年时期应该多接触品行端正的人，接触足以为人楷模的人，使他们从中受到好的影响。

叶圣陶先生主张“学就是要做”的语文教育过程观。叶圣陶先生说：“做一个人必须与物跟事打交道，打交道必须凭藉知和能。你不懂得道理和做法，交道就打不成，你的生活必将一塌糊涂，这如何要得？”

叶圣陶说：“学生在学校里念书做功课，理由是预备将来做人，将来做事，这是成千成万的教师父母们如是想的，也是成千成万的学生们信守着的。换句话说，学生过的并不是生活，只是预备生活。所以一切行为、一切思虑，都遥遥地望着前面的将来，却抹杀了当前的现在。因此，从初级小学以至高等大学校里的所有一个个生物只能算‘学生’，还不能算‘人’，他们只学了些‘科目’，还没有作‘事’。”

3. 有的教育主张，直接指向教师自身。思考语文教师的角色、使命。

于漪倡导“教师是平等中的首席”。于漪老师说：“师生关系不是灌输与被灌输，而应该是平等的对话关系，即师生对话，生生对话。这是多边对话，讨论的是文本，它的基础是师生关系平等。师生对话中，老师应该是对话的首席，否则怎么指导和点拨？教师应是学生学习的组织者、指导者、引导者、参与者。”以话题讨论等方式而非一问一答的方式，营造对话氛围，组织对话过程，调控对话方向，保证学生的主体地位。

钱梦龙老师也有大量类似主张。

4. 有的主张思考师生关系的新型样态、思考教学关系的重组与建构。

于漪老师主张“教师要把心贴在学生身上”。于漪老师说：“把心贴在学生身上，就会慧眼独具，发现学生哪怕是语文能力低下的学生身上潜在的积极因素，点燃他们智慧的火花，促使他们积极进取；把心贴在学生身上，就能理解和体会他们学习语文的难处，发现各种类型、不同层次学生的特点，千方百计寻找培养他们的有效方法；把心贴在学生身上，总觉得自己这个当老师的学识不够，水平不高，要执著追求，毫不懈怠。”

5. 有的教育主张，思考学生的主体地位、直接指向教育对象，体现出师者对被教育者角色的高度关注和深刻认知。他们更关注学生的学习体验，关注学生的成长体验。

于漪老师提出“目中有人”的语文教育观。于漪老师说：“面向全体学生，把学生的健康成长放在第一位。”在于漪老师的心中，“全面育人”是教育本质的呼唤，是学生终身发展的需要。教育应当面向全体学生，应当针对不同个体、不同特质施教。教育是育人，不是“育分”。强调教师“目中有人”，必须研究学生的新情况、新特点，从学生的实际出发进行教学。

李希贵老师倡导“面向个体的教育”。完全为学生着想，真正将学生看作一个人，力争使每一个学生都能成为自己的CEO。他将关怀学生做到极致，让校园随处可以生长学生的想法，真的是一位难能可贵的语文名师。

黄厚江老师主张关注学生语文学习的体验。黄厚江老师认为：要让学生经历学习体验，在体验的过程中感受阅读、写作、表达、交流的快乐。现在的语文教学中学生的阅读过程是缺失的，写作也缺少过程，导致学生缺少学习语文的过程和体验，缺乏体验过程和体验之后的满足感和快感。学生的课外阅读时间和课内阅读时间都不充分，课堂上教师提供给学生思考具体问题、解决具体问题的必要时间也存在着严重的不足。完整的写作过程包括对写作者生活的感受，对生活的思考，对生活的提炼，也包括对习作的修改。黄厚江的处理策略是：保证学生的阅读过程和写作过程，让学生在阅读和写作过程中感受到学习的快乐。

三、名家名师的语文学科主张举隅

有的语文名师的教学主张，直接指向语文学科本身。他们研究学科本位、学科本质、学科思想、学科知识体系，重视思考语文学科的功能和价值。

1. 叶圣陶先生提出语文的“工具说”。

叶圣陶先生1962年在《认真学习语文》一文指出：“语言是一种工

具。工具是用来达到某个目的的。工具不是目的，比如锯子、刨子、凿子是工具，是用来做桌子一类东西的。”

“我们说语言是一种工具，就个人说是想心思的工具，是表达思想的工具；就人与人之间说，是交际和交流思想的工具。”

夸美纽斯《大教学论》之《语文教学法》说：“学习语文不是为了靠语文本身形成一部分博学和智慧，而是作为获得知识和给别人传递知识的工具。”

2. 叶圣陶先生论语文学科工具性的基础地位。

叶圣陶先生1978年在《大力研究语文教学，尽快改进语文教学》一文指出：“语文是工具，自然科学方面的天文、地理、生物、数、理、化，社会科学方面的文、史、哲、经，学习、表达和交流都要使用这个工具。要做到个个学生善于使用这个工具（说多数学生善于使用这个工具还不够），语文教学才算对极大地提高整个中华民族的科学文化水平尽了分内的责任，才算对实现四个现代化尽了分内的责任。”

3. 叶圣陶先生论“相机诱导”。

叶圣陶先生在为陈侠《论教育规律及其他》一书作序时强调：“愤悱启发是一条规律。”叶圣陶先生说：“凡为教者必期于达到不须教。教师所务惟在启发引导。俾学生逐步增益其知能，展卷而自能通解，执笔而自能合度。叶圣陶先生还说：“教师之教，不在于全部讲授，而在于相机诱导。”

4. 叶圣陶先生论语文思维的学科属性。

叶圣陶1961年在《怎样教语文课》一文写道：“在基本训练中，最重要的还是思维的训练。不要只顾到语言文字方面，忽略了思维训练。各门课都和思维的训练有关，特别是语文课是着重训练思维的，语言是和思维分不开的，语言是思维的固定形式。”

在《关于使用语言》一文指出："思维活动决不是空无依傍的，必须依傍语言材料才能想。""思维和语言密切地联系着，咱们不能把想的和说的分开来看待。实际上思维和语言是分不开的。"

1980年叶圣陶说："语言与思维分拆不开。语言要说得正确，有条有理，其实就是头脑里要想得正确，有条有理。因此语言训练和思维训练要同时并举。"（《叶圣陶语文教育思想》）

5. 叶圣陶与夏丏尊两先生论语文教学与生活的结合。

叶圣陶与夏丏尊两先生合写的《文心》，就很强调语文教学与生活的结合。叶圣陶先生认为国文教授限于教室以内，限于书本以内，弊端是明显的，他指出："趣味的生活里，才可以找到一切的泉源。"

美国教育家华特也指出："语文的外延与生活的外延相等。"

6. 柳斌先生论热爱民族语言。

朱永新主编《中国教育改革大系·学科教学卷·分论·语文课程教学》指出："柳斌认为，语文教育要为提高国民的语文素质而努力。学好汉语拼音，热爱民族语言，珍视我们自己的语言，爱我中华，兼爱我语言，保护母语，传承文化。"

7. 梁衡先生语文课程的多元价值。

梁衡先生在《语言文学是民族生命的一部分》指出：语言首先是一种工具，其次是一种艺术。在发挥工具和艺术功能的过程中，它又远远超出本能而有了全局的、政治的价值。所以，我们说语文课程的工具性除了涵盖语言基本功能之外，语文课程的学习还使得儿童在学习语文的过程中可能受到思想情感、政治和道德以及审美上的影响。也就是说语文课程具有承载社会机构或个人有关思想、政治、道德以及审美的价值的功能。

8. 叶圣陶先生论学语文的学以致用。

叶圣陶先生指出，“学语文为的是用，就是所谓学以致用”，“经过学习，读书比以前读得透彻，写文章比以前写的通顺，从而有利于自己所从事的工作，这才算达到学语文的目的。”

9. 叶圣陶先生论学语文的类农业性。

《教育与人生——叶圣陶教育论著选读》记载了叶圣陶先生的这么两段话：“最近听吕叔湘先生说了个比喻，他说教育的性质类似农业，而绝对不像工业。工业是把原料按照规定的工序，制造成为符合设计的产品。农业可不是这样。农业是把种子种到地里，给它充分的合适的条件，如水、阳光、空气、肥料等等，让它自己发芽生长，自己开花结果，来满足人们的需要。吕先生这个比喻说得好极了，办教育的确跟种庄稼相仿。受教育的人的确跟种子一样，全都是有生命的，能自己发育自己成长的；给他们充分的合适的条件，他们就能成为有用之才。所谓办教育，最主要的就是给受教育者提供充分的合适条件……”。

“但是比喻究竟是比喻，把办教育跟种庄稼相比，有相同也有不相同。相同的是工作的对象都有生命，都能自己成长，都有自己成长的规律。不同的是办教育比种庄稼复杂得多。种庄稼只要满足庄稼生理上生长的需要就成，办教育还得给受教育者提供陶冶品德、启迪智慧、锻炼能力的种种条件，让他们能动地利用这些条件……”。

10. 叶圣陶先生论述语感训练的意义。

叶圣陶先生说：（语感就是）“对于语言文字的灵敏的感觉”，“是对语言文字的正确丰富的了解力”。

“文字语言的训练，我以为最重要的是训练语感，就是对于语文的锐敏的感觉。”

11. 叶圣陶先生论语文的含义。

1964年叶老在给某友的信中回忆了“语文”的由来：“‘语文’一词，始用于一九四九年华北人民政府教科书编审委员会选用中小学课本之时。前此中学称‘国文’，小学称‘国语’，至是乃统而一之。彼时同人之意，以为口头为‘语’，书面为‘文’，文本于语，不可偏指，故合言之。亦见此学科‘听’‘说’‘读’‘写’宜并重，诵习课本，练习作文，固为读写之事，而苟忽于听说，不注意训练，则读写之成效亦将减损。原意如是，兹承询及，特以奉告。其后有人释为‘语言’‘文字’，有人释为‘语言’‘文学’，皆非立此名之原意。”

12. 吕叔湘先生对语文的定义。

吕叔湘先生说：“语文这两个字连在一起讲，可以有两个讲法。一种可以理解为语言和文字，也就是口头的语言和书面的语言；另一种也可以理解为语言和文学，那就不一样了。中小学这个课程的名字叫语文，原来的意思可能是语言文字，但是很多人把它理解为语言文学。”

13. 吕叔湘论语文可以向生活学习。

吕叔湘先生说：“语文课跟别的课有点不同，学生随时随地都有学语文的机会。逛马路，马路旁边有广告牌；买东西，附带的有说明书。到处可以学习语文。可惜的是，学习语文的最广阔的天地没有受到重视，甚至遭到人为的封闭。”

14. 吕叔湘先生论语言的产生和效用。

吕叔湘先生在《语文常谈》一书指出：“只有人类有真正的语言。语言，也就是说话，好像是极其稀松平常的事儿。可是仔细想想，实在是一件了不起的大事。正是因为说话跟吃饭、走路一样平常，人们才不去想它究竟是怎么回事。其实这三件事都是极不平常的，都是人类不同于别的动物的特征。别的动物都吃生的，只有人类会烧熟了吃。别的动物走路都是让身体跟地面平行，有几条腿使几条腿，只有人类直起身子来用两条腿走路，把另外两条腿解放出来干别的、更重要的活。同样，别的动物的嘴只会吃东西，人类的嘴除了吃东西还会说话。”

吕叔湘先生说过：“人类语言的特点，就在于能用变化无穷的语音，表达变化无穷的意义。”

15. 刘国正先生论语文天地的三个层次。

刘国正先生说过：“在课外的天地里，学生得到语文训练的机会很多很多，是课内所不能比的。”语文不同于其他学科，语文无处不在，无时不有。有生活就有语文。刘国正先生把学习语文的天地概括为三个层次：课堂、校园、家庭和社会。

16. 刘国正先生概括语文作为工具学科的五大特点。

刘国正先生在《刘征文集·语文教育论著》第一卷曾概括语文作为工具学科的五大特点：“语言是人类自身具有的工具”“语言是适应全民使用的工具”“语言是与生活密切相连的工具”“语言是与人的思维和思想感情不可分割的工具”“语言是技能性很强的工具”。

17. 章熊老师论阅读的多义理解。

章熊老师说：“发展学生的创造性思维，我现在感觉突破口可能在阅读方面。阅读教学取得突破的关键，在于承认它的多解性。”

18. 何兆熊先生论“语用学”的相关概念。

何兆熊先生在《语用学概要》指出：“在众多的语用学定义中，有两个概念是十分基本的，一个是意义，另一个是语境。”

19. 朱永新先生在《中国教育改革大系》中论语文的学科价值。

朱永新先生主编《中国教育改革大系·学科教学卷·分论·语文课程教学》指出：“语文是母语学科。语文教育不仅教语言文字与逻辑，还传递价值观与信仰，关乎每个青少年的认知与审美、人格与心灵，因而历来受到高度重视与广泛关注。对任何一个国家和民族来说，母语总是教育的重中之重。”

20. 朱永新先生在《中国教育改革大系》中论文学不宜过分强化。

朱永新主编的《中国教育改革大系·学科教学卷·分论·语文课程教学》指出：“中小学生喜欢读文学作品，语文教材中适当选一些文学作品也是必要的。但文学教育只是语文教育的一部分，不能成为语文教育的全部。人人都需要一定的文学素养，但不一定人人都能成为文学家。语文教学应以培养学生基本的语文素养为目的，以培养学生正确理解和熟练运用祖国的语言文字为基本任务。叶圣陶老师说：“大学毕业生不一定要能写小说、诗歌，但一定要能写工作和生活中使用的文章，而且非要写得既通顺又扎实不可。”

21. 朱永新先生在《中国教育改革大系》中论语文学科的口语交际功能应该得以加强。

朱永新主编《中国教育改革大系·学科教学卷·分论·语文课程教学》指出：“人们普遍重视书面表达，忽视口语表达。其实，口语交际能力是一种重要的语文能力，在当今时代越发显得重要。口语交际作为语文课程的一个重要领域，还有待于从目标、内容、方法、教学和评价等方面进行大力度的建设。”

22. 吴红耘、皮连生先生论语文知识的排列序列。

吴红耘、皮连生先生在《语文教学科学化路在何方？——评章熊先生的〈我的语文教学思想历程〉》一文指出：“从三条线索考虑语文教学任务排序。一是按照学生的生活经验和课文内容知识排序……；二是以语文基本技能结构中的句法与词法为中心，由易到难、由简单到复杂排序；三是按语文学习高级技能的难易程度排序。”此文谈到了语文知识如何排序从而合理科学地呈现的问题。

23. 黄伟教授论语文知识类型。

黄伟教授在《语文知识刍论及吁求》指出："语文知识可分成三种类型：语文学科知识、语文课程知识、语文教学知识。三类知识各有其价值功能、形态特征和呈现方式。对这三类知识进行分类考察、研究和建构，对认清当前语文知识状况、解决语文教学问题、推进语文教学的有效性和科学化，具有理论和实践价值。"

24. 黄伟教授论语文学科知识的组成。

黄伟教授在《语文知识刍论及吁求》指出："学校教育课程中的语文学科知识，是由文字、语言、文学、文章等多门学科知识综合而成的。"

25. 顾振彪先生论语文知识的致用性。

顾振彪先生在《关于中学语言知识教教材的反思与设想》一文指出："叶圣陶先生呼吁语言学家编写不用语法术语的语法书籍，张志公倡导建立实际应用语言的知识系统，都旨在解决中学语文知识的致用问题。"

26. 周正逵老师论课程分类。

他在专著《语文教育改革纵横谈》第一讲提出："语文学科是'基础工具性学科'"周先生分析，"基础教育的文化课程，大体上说可分为三类：第一类是以培养某种学习能力为主要目标的，叫'文化工具性课程'，如语文、数学、外语等学科。第二类是以掌握某种知识为主要目标的，叫'文化知识性课程'，如历史、地理、物理、化学、生物等学科。第三类是以学会某种活动技能为主要目标的，叫'文化活动性课程'，如音乐、美术、体育、劳动、卫生等学科。在上述三类课程中，语文、数学、外语这三门学科是学好其他各门学科知识和活动技能的基础，也可以把这三门课叫'基础工具性学科'。在这三门'基础工具性学科’中，语文不单是学好各门学科知识和技能的基础，也是学好数学和外语的基础。换句话说，‘语文是基础的基础’。”

27. 于漪老师论汉字的文化特征。

于漪在《谈谈语文教学研究中的几个问题》一文写道：“我们使用的汉字是有形、音、义的文字，是形、音、义的组合体，是反映我们几千年中华民族深厚文化的文字。”她对于中国文字的认识分为三层意思：从“存在”的角度看，有形、音、义三要素；从结构的角度看，是形、音、义三要素的组合；从价值意义的角度看，是数千年民族文化的承载。最关键的一点是，于漪把“形”列在了“形、音、义”三要素之首，抓住了汉字区别于世界其他文字的核心特征。

28. 于漪老师论学生的课堂质疑。

于漪老师指出，现在的聪明学生不少，一教就懂，对知识点对答如流，但现在的课堂能否教出真正智慧的学生？学生不仅仅是要掌握知识，还要学会质疑，要拥有演绎推理的能力。“如果有学生能在课堂上问倒老师，那这样的课堂才是有效果的，才有可能提升学生的智慧。”因此于漪老师认为，教师应当培养学生的好奇心，要使他们有创新思维，而不仅仅做一个知识的容器。

29. 于漪老师阐述语文学科性质。

于漪老师在《准确而完整地认识语文学科的性质》一文阐述了她对语文学科性质的认识，“我们进行的是母语教学，语言和文化不是两个东西，而是一个东西，是一个整体。说语文学科具有人文性，绝对不是排斥它的科学精神；说语文学科具有工具性，也绝不是削弱它的人文精神。不存在限制这一个，张扬另一个问题，二者不能割裂，更不能偏废。所以我强调要准确而完整地认识语文学科的性质。工具性和人文性沟通交融，互渗互透。”

30. 于漪提出汉语言文字的人文属性。

于漪认为："汉语言文字不是单纯的符号系统。它有深厚的文化历史积淀和文化心理特征"。汉语和其他民族语言的工具性和人文性一样，是一个统一体的不可割裂的两个侧面。没有人文就没有语言这个工具；舍弃人文就无法掌握语言这个工具。用"人文性"代替"思想性"，赋予了语文更为深广的文化内涵。她说："语文课就是语文课，须把握它的本质属性，在语文知识教学、语文能力训练中贯彻人文精神教育，收潜移默化、春风化雨之功。"在培养学生语文能力的同时，对学生进行情感教育和人格教育。"人文"中有"思想"，同时又兼具审美等方面的因素，这就更准确、更贴切地揭示了语文的本质特点。

31. 钱梦龙老师反对"去知识、去传统、去训练"。

钱梦龙老师在《去知识去传统去训练，语文教学的三大弊端》一文指出："去知识——这是有明显的后果的。满街的错别字，我们的语文知识在哪里？去传统——盲目反传统，就可以凭空建立一个全新的世界？去训练——我们常说熟则生巧。反过来说，不巧是因为不熟，不熟是因为不练，不练自然就不可能掌握。语文毕竟是一门语言文字科目，要能识字断句，集字成文，解其三味，领略内涵。语文课需要去掉花哨，回归传统。"

32. 李吉林老师论以"思"为核心培养学生创造力。

李吉林老师的情境教育主张，从儿童发展的明天考虑今天的教学，在理论构建上提出以"思"为核心，促进儿童素质的发展。主张教师的教学应始终以"儿童思维发展"这一核心来设计组织教学过程，努力把孩子教聪明，并且以"发展儿童的创造力"作为不懈追求的教育的高境界。要倾注期待，使儿童在最佳的心理状态下积极思维；要启迪想象，激活右脑，在宽阔的思维空间中提高悟性；要结合实践，在有情有趣的学科活动中，将创新能力的培养落到实处。

语文情境教学引导学生从整体上感知教材，理解词句，把训练语言与发展思维结合起来，情感活动参与认知活动，有效地完成语文教学在认知、教育、发展诸方面的任务，促使儿童智力因素和非智力因素和谐发展。

33. 黄厚江老师论语文课程迫切需要建立一个学科知识系统。

“语文课程迫切需要建立一个学科知识系统。理应从语文知识本身的维度、学生是否实用、教师是否便于操作三个方面入手，寻找一个比较理想的契合点，逐步完善语文学科知识体系。”

34. 黄厚江老师论语文学科价值。

黄厚江老师在《语文就是语文》写道：“学校为什么要开设语文课？学生为什么要学习语文？考试为什么要考语文？因为语文对学生有用。这个用处最基本的是两个：一个是让学生学会学习语文，能够运用语文，会读会写会听会说。过去说‘双基’，后来说‘知识和能力’，现在说是语文素养，说法不同，但基本的内涵没有本质的区别。这些东西不仅考试有用，而且对终身发展有用。我曾经问过许多颇有成就的学生，中学的学科哪个最有用？几乎都说是语文。越是发展好的学生越这样说。”“语文学科还有一个价值，就是丰富学生的精神世界，为学生搭建精神的小屋，或者叫建设精神的家园。这是语文学科超过其他学科最有价值的地方。”

35. 王荣生教授论古典知识的系统整理、传承吸收。

王荣生教授在《语文教师专业发展十四讲》指出：“在历史上，像孔子、朱熹等千百年来一直受到世人景仰，其中很重要的一个原因，不是强调‘推陈出新’‘标新立异’‘创新成果’，而是强调‘述而不作’、效法先贤，注重对已有古典知识的系统整理、传承吸收。”

36. 王崧舟提出“诗意”语文主张（《诗意语文——语文教育七讲》）。

诗意语文是一种超越风格、超越流派的教学现象。诗意从不同的角度看有不同的阐释，在哲学上来看是一种精神和心灵的自由；从认识论的角度上说是某种直觉和顿悟；从文字的角度看，诗意则又是某种含蓄、凝练、朦胧的境界。所以，诗意语文是一种模糊了流派和风格而又驾于其上的教学现象。一旦将诗意语文框定为某种教学流派，那么诗意的多样性和模糊性必将遭受毁灭性的打击。所以什么时候将诗意语文解释透彻了，什么时候也就宣告了诗意语文的死亡。诗意语文是对语文教育理想境界的一种追求，也是对语文教育本色和本真的一种深刻自觉和回归。诗意语文不是一个名词，也没有一个静态的、现成的模式以供我们去模仿和学习，诗意语文是一个动词，一个过程，只能在行进的过程中不断地体验和触摸。从一堂课的教学过程来看，诗意语文的教学必然是用一个诗意的教学过程来培养一群诗意的学生，使他们在这个过程中获得精神的蕴藉和灵魂的升华。”

余映潮、尤屹峰等老师倡导“诗意语文”（尤屹峰《诗意语文教育观》、余映潮《致语文教师》）。虽然他们对“诗意”各有见解与解读，但从追求的终极教学目的来说，“诗意”是对语文美的崇拜，雅致的诗意与语文的特质更加契合。在“诗意”语文的浸润下，学生更容易获得精神的慰藉与灵魂的升华。

37. 王崧舟老师提出“生命通过语文发现他自己”的语文学科价值观（《语文的生命意蕴》）。

“语文，就是通过一篇篇凝聚着作家灵感、激情和思想——代表人类创造的精神财富的文学作品，潜移默化地影响学生的情感、情趣和情操，影响学生对世界的感受、思考和表达方式，并最终积淀为学生精神世界中最深沉最基本的东西——价值观和人生观。我以为，这是言语生命的灵魂，也是语文教育的灵魂。泰戈尔有诗云：上帝通过创造发现他自己；我则坚信：生命通过语文发现他自己。”

38. 程少堂老师提出“语文味”的主张（《程少堂讲语文》，于漪、刘远主编）。

深圳语文教研员程少堂老师提出“语文味”教学理念。人有人味，花有花味，草有草味。语文作为一门学科，也有自己学科的味道。“味”的研究来源于古典诗歌理论。用一个“味”字涵盖了语文的特质。所谓语文味，是指在主张“语文教学要返璞归真，以臻美境”的思想指导下，以共生互学（互享）的师生关系和渗透教师的生命体验为前提，以提高学生的语文素养、丰富学生的生存智慧、提升学生的人生境界和激发学生学习语文的兴趣为宗旨，主要通过情感激发、语言品味、意理阐发和幽默点染等手段，让人体验到一种富有教学个性与文化气息的、同时又令人陶醉的诗意美感与自由境界。

39. 赵谦翔老师提出“绿色语文”主张。

“绿色语文”的核心词是：亲情、爱心、习惯。“绿色”充满生机与活力，象征着生命的健康。“绿色语文”是培养“亲情”的语文——这“亲情”就是对中华民族的母语一往情深、地久天长的钟情，“绿色语文”是培养“爱心”的语文——这“爱心”就是爱自己、爱他人、爱祖国、爱人类、爱自然的博爱之心；“绿色语文”是培养“习惯”的语文，——这“习惯”就是“含英咀华”地读，“咬文嚼字”地写，“语不惊人死不休”。在“绿色语文”中耕耘素质教育，在天然纯粹地积累中实现语文教育质的飞跃。

40. 韩军老师“新语文教育”理论体系。

其原理是：向着精神着意，向语言着力，必须从能力得益。

（1）提出“语文新教育”论纲。价值论：由强塞“公话”到张扬“私语”；本体论：由“应用为本”到“精神为本”；操作论：由“举一反三”到“举三反一”；原理论：着意精神，着力语言，得益能力。

（2）提出“语文新教育”的六大理念。真实自由，回归语文教育“人文”之本；举三反一，回归语文教育“积累”之本；美读吟诵，回归语文教育“诵读”之本；重文写白，回归语文教育“文化”之本；文字素养，回归语文教育“文字”之本；化意为字，回归语文教育“生活”之本。

（3）论百年中国语文的十大关系。重视语言学，更强调文学；重视白话，更强调文言；重视“举一”更强调“反三”；重视分析，更强调吟诵；重视理解，更强调背诵；重视散文，更强调诗歌；重视神圣与崇高，更强调平实与真诚；重视写实，更强调写虚；重视统一，更强调多元；重视技术，更强调精神。

（4）韩军提出“语文新教育”的“三环节语言（文字）”强化教学。强化语言（文字）揣摩，强化大量阅读，强化自我习惯。

（5）没有文言，我们找不到回家的路。韩军老师说：“是文言教育造就了白话大师，文言学习形成纯粹、典雅的汉语语感，文言是白话的根基。”

（6）语文新教育，反对技术化。韩军老师认为：语文教育应当重视教育教学技术，应当提倡和规范教育教学技术。备课有技术，上课有技术，批改作文有技术，朗读有技术，板书有技术，提问有技术。

然而，这一切并不意味着语文教育是一门技术化的课程。语文教育要警惕技术化思潮对语文教育的侵袭。第一种表现，把强调教师心性涵养，强调教师人文底蕴的语文教育，化简为几课型、几步法、几段式的纯粹程式化的操作；第二种表现，把注重感性内化、注重心灵感悟的语文教育，潜意识地理解为纯粹理性的语法学、词汇学、修辞学、写作学、阅读学、文章学的堆砌；第三种表现，高举理性分析大旗，抽筋剥骨，狂轰滥炸地大事操练。

（7）提出反对语文教学“伪圣化”。用一套唯一的“群性话语”“公共思维”模式，钳制师生丰富多元的精神方式、说话方式，压抑精神自由，禁绝个性语言，让全体师生都用一个模式思维、用一套话语说话。这样培养出的孩子，有两种极为奇特扭曲的现象：“少”与“多”的反差。语文课上无话可说，课后的话却滔滔不绝；作文课上搜肠刮肚、苦无素材；而在日记，在给朋友和家人的信中却下笔百语千言；“真”与“假”的反差。在交给老师的作文、在试卷上写的文字、公共场合表达的言谈与文字，并非真情实感的话，是根据场合所说的应景话；而在日常言谈、书信、日记中，都是自由、率性的抒发与剖白。“伪圣化”形成了学生“两面人格”“两套语言”“两种精神状态”。

（8）论语文课是读书课，不是听书课。韩军说：“语文课原本应是读书课、诵书课、抄书课，不是听书课。可是到了现代，中国语文课堂发生异化，异化成讲习课、做题课……于是局面出现了学生不会读，不想诵，想诵也无时间诵；教师必须开讲，且大讲，特讲，深讲，细讲，透讲。”

（9）论诵读与分析的分野。诵读与分析的四点分野：诵读是自我的，分析是他人的；诵读是指向内心的，分析是指向外部的；诵读是无限多元的，而分析是一元的；诵读诉诸感性，分析诉诸理性。

41. 黄厚江老师提出“本色语文”的主张，三“本”追求。

黄厚江老师将其阐释为：在目标和任务层面，实现语文本原；在规律和途径层面，实现语文本真；在方法和效果方面，实现语文本位。把语文课上成语文课，用语文的方法教语文，这是本色语文的核心主张。

这一主张衍生出的“共生”教学方法，是在语文课堂存在的多种关系中实现共生共长、以活激活的诸元和谐。

黄厚江老师在《江苏教育研究》2008年10期发表《语文就是语文》，提出本色语文。——语文的人文性，不是文学的人文性，不是历史的人文性，不是艺术的人文性，也不是人文科学的人文性，只能是语文的人文性，必须和语文有着不可剥离的联系。剥离了语文谈人文性，把一切人文的东西都拉过来堆在语文头上，必然会失去语文的自我。二是语文的人文性只能在语文课程价值实现的过程中体现，脱离或者丧失了语文课程价值，所谓的人文性便与语文无关。——语文就是语文，要求语文教学必须以语言为核心。语文课堂的基本要求是什么？是像语文课。语文课最基本的特征是什么？是以语言为核心，以语文活动为主线，以提高学生的语文素养为目的。——语文就是语文，要求语文课必须体现语文自身的课程追求。

黄厚江提出“本色语文”的教育主张。黄厚江说：“我提出‘本色语文’的背景是因为语文失去了本真，是因为语文被严重异化”，“我喜欢用原点思维的方法思考问题”，“常常从最初的问题开始思考”，从对语文“元”的思索开始。黄厚江从寻找语文最初的规定性开始对语文的学科本质、语文的教学规律、语文的学习规律等进行研究和探索，试图弄清语文是什么。“本色语文”力图讨论三个问题：语文是什么，语文应该教什么，语文应该怎么教？这三个问题实质是语文的本体论、表现论和方法论的问题，黄老师将其用三个词高度概括就是本原、本真、本位。第一个词是本原，所谓“本原”，就是用本体论的理论去思考语文到底是什么。黄厚江认为“语文教育最基本的任务是培养孩子热爱母语的感情，激发孩子学习母语的动力，提高孩子运用母语的能力。”宽泛一点地说就是培养学生的语言素养。因此，他将提高学生的语文素养定为语文教育的基本目标和基本任务。第二个词是本真。“真”就是语文的规律。本真就是按照语文学科的规律去教学。教师按照语文的规律去教，学生按照语文的规律去学。第三个词是本位。强调语文的学科本位，坚守自己的学科职责，就是要以听说读写为本位。具体而言，阅读教学就应该以阅读为本，写作教学要以写作为本。所以，我们既强调语文学科总体上要有自己的学科立场；又强调语文的学科本位要体现在不同领域的教学之中。不同语体的教学要体现不同语体的特点，不同文体的教学要体现不同文体的特点。他强调学生与教师、阅读与写作、方法与过程的关系的合乎规律等等都是为了实现语文的本位价值。黄厚江最终用一句话概括出了“语文是什么”的问题：语文就是语文。成尚荣老师说：“‘本色语文’反映的是黄厚江追根寻源的品质。”

42. 于永正老师提出“五重教学”。

“五重教学”分别是：重情趣、重感悟、重积累、重迁移、重习惯。于永正一生都在研究课堂教学艺术：导读的艺术、提问的艺术、板画的艺术、语言的艺术，将一堂课设计组织得妙趣横生、充满意味。留下知识和情感、留下语言和能力。

43. 丁有宽论“读写结合”教学中的寻美作文。

通过范文教学，培养美感；组织寻美活动，发现美的素材（举办各种颂美主题会、开展各种颂美征文比赛、出版颂美小报、设立集美本）；教师要做孩子寻美、颂美引路人（比较寻美法、因果寻美法、联想寻美法、由表及里寻美法、直观感知寻美法）；挖掘美的实质，写出真情实感。

44. 薛法根老师提出小学语文组块教学。

薛法根老师提出小学语文组块教学，提出了“走向智慧、走向生

活、走向综合、走向运用”的教学理念。

45. 黄玉峰老师论母语学科学习的意义。

黄玉峰老师说：“语文与一般的学科不是同一概念。语文是底色，是人生，是生命本身。思想的深度取决于学习母语的深度。母语学到什么程度，整个文化底蕴及思想的深度就到什么程度。母语学习对一个人的发展有着不可替代的作用。”

46. 程翔老师论语文母语教学的根本任务。

程翔老师说：“语文教学的根本任务是培养学生热爱母语的感情，传承以母语为载体的祖国优秀传统文化。”

47. 王健稳老师提出写作教学中思维训练的三种模式。

一是关注生活，激发灵感，训练发散思维；二是打破定式，反弹琵琶，提倡逆向思维；三是开发资源，创设情境，培养想象思维。

李平老师提出“语文的外延是生活”的三个维度。一是宽度，语文从课上延伸到课下；二是深度，从文本挖掘到生活；三是长度，从思维深入到生命。

48. 宁夏银川六中韩万仕老师提出高考作文六“统一”。

韩万仕老师提出了写好材料作文的六“统一”技巧，即标题与材料角度之统一呼应，标题与首段统一呼应，首段与主体段统一呼应，结尾段与主体段统一呼应，结尾段与首段统一呼应，结尾段与标题统一呼应。

四、名家名师的语文课堂教学主张

有的教学主张，指向语文课堂教学的微观实践，含有对语文教学目标、要素、内容、流程、结构、方法、途径等多种元素的思考。优秀语文教师一般都善于从语文教学的原点出发，探寻语文的本真意蕴。

1. 叶圣陶先生提出语文教学的听说读写“能力至上”。

叶圣陶先生说：“语文教学不仅是传授知识，尤其重要的，在乎培养学生听说读写的能力。分开来说，听和读是一类，说和写是一类。有了听和读的能力，就能吸取人家的东西，化为已有。有了说和写的能力，就能表达自己的心意，让人家完全明晓。这两类能力，无论在学习中，在工作中，在日常生活中，都是必需的，所以是最基本的能力；非着力培养不可。合起来说，这两类能力又是相辅相成的，就是说，听和读的能力的加强，有助于说和写的能力的提高，反过来亦然。因此，培养的时候亦需双方兼顾，听、说、读、写四个字中间不偏废任何一个字，才能收到相互促进、不断提高的成效。”

2. 叶圣陶先生论阅读伴随着情感体验。

叶圣陶先生认为：学习者要有丰富的形象的真情实感，这样读到某种语言文字时，才“引得起自己经历过的同样的实感”。有了丰富而形象的生活体验，写作才能从“旨趣到符号”表达出真情实感；阅读才能“从符号到旨趣”体会出真情实感。

3. 叶圣陶先生论语感重要和如何习得。

叶圣陶先生指出，语感就是“对于语言文字的灵敏的感觉”，“是对语言文字的正确丰富的了解力”。其次，阐明训练语感的重要意义，他明确指出：“文字语言的训练，我以为最重要的是训练语感，就是对于语文的锐敏的感觉。”在他看来，语感是听说读写四种语文能力中最核心的因素，离开了语感，文学作品无从鉴赏，听说读写能力无从谈起；语感的水平，决定着听说读写的能力和水平。因为，只有有了“锐敏”的感觉，读者“才能把捉住语言文字的意义和情味，才能辨出作品的真滋味来——也就是接近作者的旨趣的希望。”总起来说，他认为，训练语感，“唯一的办法就是多读别人的作品，多读，多体会，多了

解，语感自然有进步。”

4. 于漪老师提出“立体化，多功能”的课堂教学效率观。

于漪老师认为：语文学科与学校生活、家庭生活、社会生活紧密相连。学生生活在母语环境之中，母语的学习与运用无处不在，无时不在。所以如果教师眼睛只盯着一本教科书加一本教参，思路打不开，教起来就会捉襟见肘，学起来就会索然无味。要开发与利用语文课外的学习资源，分清别类，择优而用，讲求实际效果。

5. 于漪老师提出“点”“线”“面”“体”主体化教学方法。

于漪老师认为：重教轻学是传统教学的积弊。于漪非常重学性，把从教出发的立足点转换到从学出发的立足点上来，重视对学法的研究，使教学为学生的学习服务。

6. 于漪提出“怎样上好一堂课”的五条经验。

于漪老师认为：第一，“挖掘文章内在的思想性，揭示其寓含的深意”；第二，“重锤敲打关键词句，使它们溅出耀眼的火花”；第三，“变换提问的角度，选择最佳入口处，激发学生的感情”；第四，“创设情境，带领学生置身于情境之中，使他们耳濡目染，受到熏陶”；第五，“联系、扩展，增添感情浓度，形成余音缭绕”。

7. 杨再隋教授论小学语文学习兴趣。

杨再隋教授认为：“小学语文教学的误区，是把本来富于儿童情趣的、形象的、情感的语文教学向标准化、公式化、概念化转向，导致人文价值的坠失。在语文课上，学生被动地抄词、解词、拼合词语、组装句子。教师在课堂上枯燥乏味地讲，讲了不少‘正确的废话’，学生在教室里没精打采地听，漫无边际地说，说了不少‘正确的空话’。语文教学的魅力没有了。”

8. 洪镇涛老师论“组织学生学习语言”。

洪镇涛老师说过：“语文教学质量普遍不好的其中一个重要原因，就是语文教学中还存在着一个长期性、全局性的失误。可以说，我们还陷在这个误区中没有跳出来。这误区，简言之，就是以指导学生研究语言取代组织学生学习语言，以对语言材料（包括内容和形式）的详尽分析取代学生对语言材料的感受和积累。”他指出：“我们语文教学的任务，应该是组织学生学习语言，而不应该是让学生研究语言。”

9. 洪镇涛老师纠正语感教学的认识误区。

洪镇涛老师指出，人们对语感存有疏漏和误解：第一，只注意到“语感”是一种感受能力，没注意到“语感”还有特定的感受模式。第二，只注意到语感是零散地、随即地体现的，却没有注意到这种零散、随机的体现，在人的思维深处是有组织的、成系统的。第三，只注意到个体的人的“语感”现象，却没有把这种个体“语感”放在一定的历史背景下考察，没注意到处于一定历史时期的群体有共同“语感”。第四，个别人以为，我们几十年没有进行旨在培养“语感”的语文教学，因而我们的学生就没有形成“语感”。实际并非这样，只要一个人会说话并在一定的语境中生活，他就有“语感”。

10. 李吉林老师倡导情境教学的学生活动。

李吉林老师以“儿童活动”为途径，在课堂教学中促进儿童素质发展。她将“活动融入课程，以求保证；利用角色效应，以求主动；活动结合能力训练，以求扎实”。人的发展是在活动和相互关系的过程中进行的。

11. 余映潮提出“语文教学设计30字诀”。

“思路明晰单纯，提问精粹实在，品读细腻深入，学生活动充分，课堂积累丰富”。

12. 欧阳代娜提出“六步写作”教学。

欧阳代娜作文教学的主张是：“写作教学程序安排为六步：学生写作前的构思酝酿—教师写作前的指导—写作—批改—讲评—总结、修改、改写。”

13. 伊道恩老师论“两感”教学。

语感和文感都是语文课程的重要概念，“两感”也是语文教学的最大难点。所谓语感是指：对语言的有效性或合适性的感觉，包括对遵循或背离某一语言的既定用法的敏感性，对语言的有效性或合适性的感觉，对语言或者意象最直接的印象或感觉，是比较直接、迅速地感悟语言文字的能力，是对语言文字分析、理解、体会、吸收全过程的高度浓缩。语感是语文水平的重要组成部分。语感很重要，但它是一种经验色彩很浓的能力，牵涉到学习经验、生活经验、心理经验、情感经验，包含着理解能力、判断能力、联想能力等诸多因素，因而很难培养。语感的理论基础是心理学和语言学。语感好的，一接触语言文字就产生正确的、多方位的、丰富的直感。在阅读时能快速、敏锐地抓住语言文字所表达的真实有效信息，感知语义，体味感情，领会意境，而且能捕捉到言外之意、弦外之音。语感差的，仅能领略文字所承载内涵的一鳞半爪，甚或曲解其意，难得言辞要领。

14. 高万祥老师提出生活化大语文教育。

高万祥老师在《和学生一起分享语文的幸福》写道：“语文学习的外延等于生活的外延。我向来主张生活化大语文教育。日记写作、聆听窗外声音、影视欣赏、文本阅读，便是我践行这种语文教育理念的代表性行动。”

15. 宁夏尤屹峰老师提出“课前五层级”说话训练。

通过说故事、说自己事先写好的文章、即兴演讲、鉴赏评价名篇名作，即兴点评别人的文章，以训练培养学生的口语表达能力。

16. 贯志敏老师论看课的“三看三不看”。

看教学，不看表演；看学生，不看老师；看门道，不看热闹。

17. 贯志敏论语文教师应该是个“杂家”。

语文教师应该是个杂家，即“半个编辑”“半个作家”“半个演员”“半个书法家”“半个演说家”“半个剧作家”“半个播音员”“半个幽默大师”……如果我们真能如此的话，那么应该是个教育专家了。

18. 王栋生老师授课采用问题环绕型结构。

王栋生的授课结构一般是：教师提出一个或者若干个问题引起学生的思考，然后由学生提出一系列零碎的问题，最后师生共同研讨得出结论。

19. 程翔提出五种写作训练模式（方法）。

五种模式（方法）：①脉络句训练法。任何文体的文章都有贯穿始终的脉络，称之为“文脉”。脉络句的写作方法：结合不同文体使用脉络句，注意横式结构（描写、议论）和纵式结构（叙述）两种不同结构的训练，从显性脉络句入手再到隐性脉络句，通过段落写作训练脉络句，脉络句训练可看成列提纲，写过渡句。②读后感训练模式。读后感形式的写作训练，一方面有利于提高学生的文学积累，另一方面有利于学生提高写作能力。读后感应突出“感”。③阶梯式训练模式。有某个汉字，联想其相关词语、内容，将琐碎的内容整理排序分类，以层进的逻辑完成作文。④“分歧式”训练模式。给出范文，让学生找出文中的“矛盾冲突”，并联系生活实际完成习作。⑤程序性写作。中学写作教学应在重视陈述性知识的同时重视程序性知识。程序性写作技巧：选取空间描写的参照物，捕捉“动情点”，借助“假设法”。

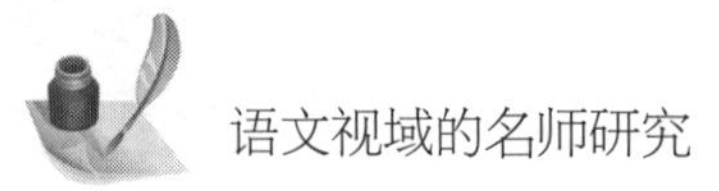

20. 黄厚江提出树式共生作文教学。

“树式共生课堂结构”，即“一个点，一条线，分层推进，多点共生”。一个点：在作文教学中共生原点的选择也很多样，一个作文题目、一个话题、一个故事都可是共生原点。共生原点选取的角度非常多面，每个教师可根据自己对课文的理解选择共生原点在尊重语文教学规律的前提下，只要这个点具有生长性，它就是共生原点。一条线：教学总是需要一个教学主线，使作文教学能够有条不紊、层层递进地向前推进，有效的教学主线要求每一个教学活动之间应该具有关联性和生长性。分层推进、多点共生：教师用自己的写作经验指导学生的写作，让学生在写作中获得写作体验，掌握写作方法，培养写作能力。课堂教学充满鲜活的体验、鲜活的思考和鲜活的教学内容。

21. 黄厚江老师提出优化课堂的“四大原则”。

“四大原则”是和谐原则、适度原则、节奏原则、整体原则。

22. 黄厚江老师提出语文的“教学逻辑”。

黄厚江说：“语文教学是一门艺术，但同时也是一门科学。语文课堂教学应该追求诗意，但又不能不遵循教学逻辑。我们知道，过分强调了教学逻辑，会扼杀教学的灵性。但只讲诗意不讲逻辑，就会丧失了课程的基本价值。提出这样的命题，不是为了别出心裁、哗众取宠，而是想提醒自己在教学设计和教学操作中常常想一想：这样的安排、这样的方法、这样的要求有道理吗？符合语文学科的规律吗？”教师的教学行为要符合教育的基本规律、学生的学习规律、语言的习得规律，等等。教学设计要合乎语文教学的逻辑。教学过程中问题的提出和解决、教材多元解读、教学评价都要合乎逻辑。语文教学要想协调和谐，需要一个明确的教学起点。黄厚江说：“要有一个明确而又合理的逻辑起点。”“就语文教学来说，是在语文课程的共性目标和具体教学内容的个性特点之间寻找他们的契合点。”

23. 程少堂老师提出“幽默点染”。

程少堂老师说：“语文教师最该做的事情也应该是用自己的课来证明有趣是存在的。”用他自己的话就是要“备废话”，注重现场气氛。他上课的宗旨就是美国“搞笑诺贝尔”的宗旨：“先让人发笑，再让人思考”。情感激发和幽默点染是“语文味”教学的重要手段。

24. 王崧舟提出语文教学的“积极语用”。

所谓积极语用，是基于表达主体独立人格和自由思维，以个性言说、独立评论和艺术创生为主要形式，富有创造力的主动完整的表现型行为。通俗地说，就是学生能够主动说写，按照美的方式说写，说写内容是经过自己独立思考和体验的。

与“积极语用”相对的，则是“消极语用”。

25. 王崧舟论作文教学“盲区”（《语文的生命意蕴》）。

作文教学最大的盲区就是“儿童”。不研究儿童，不理解儿童，不以儿童为作文教学的原始起点和唯一目的，乃是一切作文教学变革失败的根本原因。儿童观决定了言语观，儿童观决定了教学观，儿童观决定了学习观。因此，从教法变革的载体论到教材变革的本体论再到关系变革的主体论，即儿童本位论，乃是整个课程改革自然也是作文教学变革的必然趋势。

26. 王崧舟提出“教学机智的三个维度”（《教学机智是如何炼成的》）。

王崧舟老师认为“对于教学机智，我们需要进行三个维度的考量。第一个维度是时间，对教学机智而言，时间是最为吝啬、最为严苛的一个条件；第二个维度是情境，情境的不确定性、多因素性是对教学机智的一种巨大挑战；第三个维度是决策，因为机智意味着对多种解决方案的即时抉择。这三个维度，其实是融为一体的。情境是时间中的情境，瞬息万变；决策是时间中的决策，当机立断；时间是情境中的时间，稍纵即逝；决策是时间中的决策，随机应变。”

27. 王崧舟论语文教学是“形象感知、情意感悟的过程”。

王崧舟在《语文的生命意蕴》一书序言指出：“我始终主张，语文教学不同于其他学科，仅仅培养学生的语言逻辑能力是远远不够的。语文说到底不是一个推理过程，而是一个形象感知、情意感悟的过程。模式化、公式化地阅读理解，只会使学生沦为考试的机器、文字的工具。”

28. 郑桂华老师提出“语用核心价值”（《语文有效教学：观念·策略·设计》）。

一篇课文在存在许多教学价值点的情况下，教学设计不仅要关注文本的核心价值，更要抓住“语文核心价值”。重点挖掘课文隐含的语文学习价值，重点训练学生对语言的感受能力和表达能力，重点完成语文课应该完成的教学目标；而适当弱化文本中可能隐含的其他教育价值。比如科学普及价值、社会生活认知价值、思想品德养成价值、生活能力指导价值。一句话，尽量把语文课上成真正的语文课。

29. 郭锋老师提出“三从四得”学生语文阅读探究式学习。

“三从”策略是：从学生心理上出发；从文本价值上破土；从语文本色上着手。“四得”目标是：让学生的语文阅读得悟；让学生的语文学习得法；让学生的语文学习得智；让学生的语文视野得益。郭锋老师《四界语文》的成果源于课题“课内外衔接”。做好课内外衔接，把课外看成另一块不可缺少的语文训练的阵地。

30. 褚树荣老师论跨媒介阅读与交流（网络文章）。

“媒介”是什么？媒介就是媒体，是传播信息的介质，也就是信息的载体和工具。我们通过这些载体和工具获得信息，它们相当于传输者和介绍者。广义地说，所有承载信息的载体和工具都是媒介。就语文课程而言，媒介主要指常见、常用的大众媒体，主要包括报纸、杂志、广播、电视等传统媒体，还有网络、移动终端等诸多新媒体。何为跨媒介？跨媒介传播是指信息在不同媒介之间的流布与互动。它包含两层含义：其一是指相互信息在不同媒体之间的交叉传播与整合；其二是指媒体之间的合作、共生、互动与协调。

31. 肖家芸老师提出语文教学的“活动式”。

语文教学活动依然存在着“场效应”，通过构建自主、合作、探究的新型学习方式，建立民主、平等、合作的新型师生关系，在这种氛围之下使学生受到潜移默化的影响，继而实现主动、全面、创造性发展。

32. 孙艳霞老师提出“实用语文”的主张（《实用语文教学实践与探索》）。

引导学生将在语文学习中的所得“用于阅读、用于表达、用于积累、用于立人”。语文学习的途径为实践活动，将形形色色的综合实践活动与拼音识字教学相结合，与听说训练结合，与课外阅读整合，与阅读教学整合，在实践活动中让师生体会到“教语文”与“用语文”的快乐。

33. 李胜利老师提出“高效阅读”法。

关注学生的阅读价值取向和阅读兴趣，着力于改变封闭的、单向的纯接受性阅读模式，鼓励学生与教师、学生与作者、学生与学生之间的对话，尊重学生的创造性阅读，批判性阅读，尊重学生个性。李胜利老师认为，阅读的技能是可以经过训练得到提升的，并提出具体可操作的技能训练方式，保护学生的积极性，使学生建立阅读学习的信心。

34. 严华银老师提出：写作本位——遵循规律的个性化表达。

严华银老师认为：阅读和写作实际是两种不同的甚至相反的心理过程。“写作是作者运用已有的知识表达思想情感的复杂的心理过程，说白了，写作是把思想情感倾注于语言中，把要点、主旨寄寓在作品里”。他在确立阅读教学本体地位的同时，也确立了写作教学的本体地位。对作文教学，严华银有着丰富的实践和系统的阐述，其作文教学观可以概括为以下几个方面：①写作要培养个性化表达的能力；②写作要以读促写，读写结合，以写促读；③教学方法——养成良好的写作习惯；④写作训练——强调写作的规范意识；⑤价值取向——达到思维创新的真实写作。

35. 李平老师提出现代语文课堂的三大元素激活。

李平老师认为：“由于教师、学生、教材三大元素皆被激活，三元互动就构成了一个动态新陈代谢、良性循环推进的生态生命系统。教师转型为导师，学生变型为学者，教材化身为课程。”

36. 张祖庆提出“牧养想象”（《张祖庆讲语文》）。

想象力是从人的生命根性中汩汩流出的，不需要刻意培养，只能靠悉心“牧养”。就像牧民们让小羊羔打小在精心养护的草原上自由驰骋，羊儿就会主动地吃到很多鲜嫩的草。久之，羊儿就长得壮壮的。孩子一生下来，他就有与生俱来的想象禀赋。只要我们不给孩子太多的束缚，让他们在想象的草原上自由奔跑，学生的想象力也会与日俱增。所以说，学生想象力要“牧养”。当然，“牧养”不等于“圈养”，更不是“放养”。对于孩子的想象力发展，语文教师最需要做的，就是还儿童一片牧养想象的草原。

37. 张祖庆老师提出“高效能语文课堂”。

以“让学生学得快乐、扎实、灵活”为标准。高效能阅读教学的策略与路径：一是合宜策略——凭仗；二是话题建构——蓄势；三是打磨细节——迸发；四是读写互动——融合。高效能作文教学的核心是原生态和“牧养想象”。张祖庆老师认为，要用生态观建构“高效能语文课堂”：教师与学生从霸权、控制到多元、共生；教学内容从既定、割裂到开放整体；教学策略从机械、灌输到有机、参与；教学环境从过度、封闭到适度、开放。

38. 储树荣老师论语文教学的“文质道术”。

语文教学要文质兼美，道术相融。“文”为教师的外显行为，“质”为教学的内容分量，“道”是教学价值和课程依据，“术”是教学个性和教学方法。

39. 储树荣老师论语文教学的“一个中心，两个基本点”。

“一个中心”指的是语言实践必须成为语文教学的核心，积累、内化、运用语言，是语文水平提高的不二法门。“两个基本点”即语文教学必须达成两大目标：从“交际工具”一头看，是培养语文能力，即阅读、写作、听说等能力，与“知识与能力”有关；从“人类文化的重要组成部分”一头看，是提高人文素养，包括应有的学识、完善的性情、完美的人格、健康的情趣等，与“情感、态度、价值观”有关。“过程与方法”联系着两头，只有两者齐头并进，才有完整的语文教学。

40. 储树荣老师论语文能力培养的“三原则”。

“主体原则”，是指发挥学生的自觉性、主动性和能动性，即“绝知此事要躬行”；“实践原则”，是指反复地动口、动手、动心、动脑，即“操千曲而后晓琴”；“开放原则”，是就语文学习的外延而言，既是“语文工具”，就必须在“开放”的状态下，在生活化、社会化过程中运用工具，即“开窗放入大江来”。

41. 储树荣老师论提高人文素养的“三原则”。

“整体原则”是指注重完整、完满和完善，切忌零敲碎打，即“七宝楼台拆不得”；“积淀原则”是指讲究积累、渗透和内化，切忌硬贴标签，架空分析，即“随风潜入夜，润物细无声”；“以人为本”原则指“目中有人”，讲究人道，陶冶性情，培养人格，尊重个体生命的尊严和地位。

42. 储树荣老师论从事语文教职的“四个一”。

一张嘴巴，合格的普通话和规范的表达；一手好字，清晰的书写和简明的板书；一肚文章，阅读的习惯和阅读的积累；一支笔杆，有表达的冲动和写作的习惯。

43. 储树荣老师论语文教师的“五心”。

“诗心”，诗意地生活；“爱心”，对真善美的由衷欢喜；“恒心”，聚沙成塔，积水成河；“苦心”，滚滚红尘痴痴情，板凳要坐十年冷；“童心”，生命不老，青春常驻，学术常青。

44. 王栋生老师论阅读教学的本身目的。

王栋生认为注重孩子们阅读本身最为重要。阅读的对象很重要，但是阅读活动本身才更为重要。由阅读而思考，由思考而怀疑，由怀疑而独立，由独立而成长，这才是阅读教学本身的目的。

45. 张祖庆提出力求“优质课”里的“生本语文”。

“生本语文”——公开课式的“唯美课堂”的“救赎”之路。以生为本的语文课，旨归是学生语文素养的发展，这是语文教学的主流价值。以生为本的课堂，要直面真实，拒绝虚假；以生为本的课堂，要在“忘我”中追求“有我”。

五、语文教师专业发展的主张

有的语文学术主张，思考语文教师素养，思考语文教师的专业成长。

1. 王栋生论语文教师的阅读素养。

在阅读教学的引导上，教师的阅读素养起着关键性作用。语文教师自己是一位爱读书的人，具有丰富的阅读体验，具有厚实的阅读积累，并且在阅读中能不断发现新的东西，这种可贵的品质将深刻影响孩子们阅读观的形成。只有自己会读书，才有可能形成一套有效的阅读教学方法。在孩子们眼里，教师的阅读习惯、阅读理解都具有示范作用。

2. 窦桂梅提出语文教师的“共读、共教、共写、共同成长”。

“共读，共教，共写，共同成长”——建立共同的语言密码，达成共同的理解，形成共同的价值取向，并在这种“共同”中，体认各自的存在——从而让老师在读书中走向广博、深刻、独到。对于语文老师而言，文学素养的获得，最重要的途径就是教师自身发自内心的读书的渴望和行为。读书，是每个语文教师专业成长必需的生命方式。读书就是最长远的备课，最好的教学准备。第一，以教促读，第二，以备促教，第三，以写促读，第四，读无字之书。

提出语文教学（教育）主张，既是一个标志，也是一种预兆。标志着教师开始走出经验和实操的窠臼，预示着教师可能有脱胎换骨的未来。银川教科所姜俐冰老师指出：所谓教学主张是优秀教师在对教育教学深刻理解及学科目标准确把握基础上，在教育教学实践过程中形成的符合教育规律、高度统摄的教学见解，是个人的教学思想的具体体现，是个人教学风格的内核。宋君老师指出：教学风格是具体的、个性的，是教学主张的具体化；教学思想是源，无论是主张还是风格都源于教学思想；教学主张是优秀教师的“旗帜”，是名师的第三只眼；教学主张是优秀教师从经验走向理论，建构自我的教育教学理论。

六、语文里的创新素养教育

宁夏教育厅教研室岳维鹏老师认为：影响创新的发生既有认知因素，也有非认知因素。可以把创新人格、创新思维、创新方法的总和称为创新素养。

要在语文学科对学生开展创新素养教育。创新素养教育是以培养全体学生创新素养为基本价值取向和实践遵循的教育。如果教育是一种以传播知识、延续文明、发展潜质为特征的社会活动的话，创新素养教育使教育的过程被赋予了创新素养培养的特征。

语文学科的创新素养教育，首先要注意说明文的阅读和写作。说明，是传播科学知识、发表科学研究结论最基本的表达方法；其次要注意科学家传记的整本书阅读，培养学生真正意义的对科学精神的理解与建构；要重视非连续文本等知识呈现形式，要注意培育学生利用多学科知识解决真实情境下复杂问题的能力。

名师实践

名师课堂：本色语文

一、语文课堂的本来模样

1. 语文课堂是学生念语文书的地方。

课堂是学生学习的地方，是学生求知的地方。学生才是课堂的核心要素，学习才是课堂的主要存在。所以，课堂实际上就两个要素：一是求学的孩子，二是包括教师在内的对孩子求学的帮助性条件。课堂教学绝不是教师单一主导的静态发生，它的本质是学生的学习活动。学生活动包括个人活动和课堂有序组织的集体活动。读、说、听、写、思、做，都是学生的学习活动。

2. 语文课堂是语文教师教书的地方。

除了“学”，也可以将课堂视作教师进行教学实践的地方，是教师实现职业价值的地方，是教师获得职业尊严的地方。

李镇西老师说：“教师的尊严是学生给的。课堂是教师的饭碗，是教师的命根子。课堂就是教师毕生的事业，课堂就是教师唯一的职业生命！”教师的职业“修为”主要是课堂修为。

3. 语文课堂是语文教师研书的地方。

于永正老师长期做与课堂教学有关的真学问，每有所得必将其转化为课堂教学行为。有一次，他思考了这样的问题：课文中的生字是否都要教？是否每节课都要拿着卡片让学生认读生字呢？他立即将这个问题放到课堂教学中去论证。他让学生自己认读生字，认识哪个字就念给大家听，哪个字不会读就自己练读。于永正老师坚持将思考带入教学实践，使其正确地认识和把握了教学活动中的种种本质特征，为其成为一名课堂教学专家打好了根基。特级教师高林生曾这么评价于永正："于永正的难能可贵之处就是善于把先进的教学思想变成一个个活生生的课例。"

4. 语文课堂是体现语文教育价值内涵的地方。

课堂是学校最核心的、最重要的地方。学校最重要的基础设施是教室，最重要的场所是课堂。课堂是从事教学的专门场所。没有好课堂就没有好教育，没有好课堂就没有好教学，没有好课堂也就没有好老师。教育所谓的内涵式发展，主要是教师课堂教学艺术的发展、学生学习技能的发展和学习质量的提高。学校内涵式发展的着力点实则是课堂教学的改进。

二、名师语文教学实践的理性思考

1. 语文课程价值决定语文教学的本位。

周正逵老师在《语文教育改革纵横谈》指出："对任何一门课程都必须首先明确它的性质和特点，因为它决定了这门课程的任务、目标、内容、方法等各个方面，是整个课程的'定盘星'。对语文课程的性质和特点如何认识，历来是有争论的。"周正逵老师的观点可以概括为两个：一是我们必须明确语文的课程性质和特点；二是语文学科的性质与特点目前仍然很难明确。我们先看看几种代表性的说法。

语文课里有许多科普说明文。同样的科技类素材，语文学科与科学学科的教学区别又在哪里呢？我们先看看于漪老师的课例。于漪老师在讲授《宇宙里有些什么》一课时，课文里有"宇宙里有几千万万颗星星”一语。一个学生突然问：“一千万万颗是多少？”结果引来一片笑声，一位同学告诉他：“一千亿。”那位学生又问：“为什么不用亿？”于漪老师立刻引导学生思考：万万就是亿，为什么用“万万”而不用“亿”？经过一番思考，大家认识到了用“万万”的好处：万万是叠词，读起来响亮，有气势，给人以“更多”的感觉。语文课不是科学课，科学课会从科学知识的角度设计教学，而科普文的本质是说明文。说明文的教学要扣住说明对象的特征、说明方法、说明顺序、说明语言等要点进行教学。语文教学必须立足语文学科的学科定位和课程价值。

宁夏教育厅教研室马兰老师认为，学科本位的现象自然必须改变，但学科特点也不能不体现。融合也好，沟通也罢，语文课就是语文课，不能上成手工课、自然课、思想品德课、音乐课亦或是美术课，更不能上成“大杂烩”。语文课必须体现母语教育的一些特点。学习语文，主要就是掌握语文这个工具，即积累语言、积淀语感，再凭借语感、运用语言，也就是要着力培养学生听、说、读、写的能力。融合、沟通的目的是为了让学生多视角的学语文、用语文，为了让学生在更广阔的空间里学语文、用语文，同时使语文学习和其他学科的学习相互促进，而不是另外给语文附加上一些其他学科的任务。我们的语文教学再不能为了打破学科本位而又变成另一种形式的“种了别人的田，荒了自己的园”了。

2. 语文学科特征决定语文教学的本色。

立足趣，语文本有意思；立足思，语文本有意义；立足诵读，让语文本有声色；立足涵咏，语文本有积累；立足应用，语文本有价值；立足自得，语文本有真法。

3. 语文教育目的决定语文学习的本体。

语文教学必须坚持学生立场。贾志敏教师的课堂教学就形成“以学生为主，以训练为主，以激励为主”的风格。在作文教学中则形成了“高、趣、真、活、实”的特色。

语文教学必须产生真正的语文体验。语文学习始终伴随着情感体验。叶圣陶先生认为：学习者要有丰富的形象的真情实感，这样读到某种语言文字时，才“引得起自己经历过的同样的实感”。有了丰富而形象的生活体验，写作才能从“旨趣到符号”表达出真情实感；阅读才能“从符号到旨趣”体会出真情实感。张化万老师的“弹性作业”富有特色。比如设计六年级《我的心事》作业时，让学生根据实际情况，自由地在下面的作业中选择一个练习：一是在课文里摘录表现大林心理活动的句子；二是寻找帮助大林卸去心事的办法，给大林或给小姐弟写一封信；三是想象作文《和小姐弟俩的第二次见面》。教育部领航语文名师、宁夏吴忠中学马建荣老师提出“真性情”语文主张，非常重视师生语文学习过程中的“真性情”体验、“真性情”思考和“真性情”表达。

三、语文名师教学实践

1. 语言与文学的关系：在辩证中行走。

吕叔湘先生曾批评过语文教学重“文”不重“语”的现象：“学校的语文课，实际仍是只教文，不教语，是该有所改变了。”

王力先生在《我的治学经验》写道：“文学是语言的精华。”语文名师都善于把握语言（文字）与文学（文章）的辩证关系，小学相对更重“语”，中学相对更重“文”。语言（文字）与文学（文章）均有典型经验。比如陆继椿老师在20世纪80年代创立了“分类集中分阶段进行语言训练”的教学体系，简称“双分”教学体系，并总结出了触发信息—多向思维—求异思维—创新思维的作文思维过程。

2. 工具与人文的关系：在融合中共生。

关于语文的工具属性，任何一位语文名师都没有过忽略，他们比一般教师更重视“教文育人”。人是文化的人，文化是人的文化，两个本源可合称为“文化精神”。谁能让学生做到“文化的人和人的文化”，谁就是一个优秀的语文教师。

语言学家罗常培曾说过：“语言文字是一个民族文化的结晶，这个民族过去的文化靠着它来流传，未来的文化也仗着它来推进。”语文教育应该给人建立一种精神的底子。成尚荣老师在《文化隐喻：重构语文教育》一文指出：“用文化来观照语文，让语文在文化中站立起来，是语文教育永恒的主题，又是一个永远有解、永远难解、永远要解的重大课题。”

程翔老师提出了语文教师的一个现实责任：母语教育的文化使命。语文教育主要具备两个功能，并对人的终身成长产生影响：一是培养学生表达的技能，二是培育健康的心灵。中学生学语文的目的，一是掌握运用母语来交际和表达的能力，二是熏陶培育自己的情感和心灵，使自己健康成长。程翔要培养学生心中的太阳。“我有一个观点，教育是要培养学生心中的太阳。我们培养出来的人，如果能够拥有自己心中的太阳的话，他就会用自己心中的太阳去照耀别人，在精神上、思想上、心灵上不会去依赖别人。”我们应该培养学生心中的太阳。教师心中首先要有太阳”，“这个太阳就是对于传统文化深入的学习和了解，对于整个人类优秀文化的吸收和发扬。只有这样，才能给学生奠定良好的精神底子，促进学生人格健康和谐发展。也只有这样，语文教师作为文化人的概念才能真正树立起来。”程翔认为，语文教师要站在文化制高点教书。程翔爱好广泛，特别是对于传统艺术形式。他喜欢听古典音乐，上课的时候也会适时给学生放一放古典名曲。他讲《孔雀东南飞》时就给学生放《梁祝》。程翔教苏轼的《赤壁赋》，联系到余秋雨写《苏东坡突围》，回归到传统文化，从中国传统知识分子的心灵之路的角度来教。程翔说："语文老师要浸泡在一种文化之中，要'语文式地'栖居着，周围的生活都是文化，都是语文"，"中国的语文教师应该对传统的文化有广泛、深入的涉猎，对传统文化起到传播作用，在弘扬传统文化的同时能不断地创新。"

韩军老师倡导"中国文化的语文教学"。韩军认为：我们应该这样认识和把握语言。语言是"工具"，又是文化本位；是客体，又是人的主体；是"器""用"又是"体""道"。把语言当作"工具"时，不脱文化本体精神的约束；当作客体时，不脱主体精神的约束；当作"器""用"时，不脱"道""体"的约束。反过来说，把语言视为文化本体时，并不排斥语言有"工具性"；视为人的主体时，并不排斥其客体性；视为"道""体"时，并不排斥其"器""用"特性。反对脱离了文化主体和人的主体约束的纯工具客体的"器""用"的语言观，也反对否认语言的"工具"客体性的纯文本、主体的"道""体"的语言观。韩军主张以文化精神为本位的语言感受，以丰富的人文文化（语言）陶冶过的精神来体验世界，以丰富的人文文化（语言）塑造过的眼睛来观察"文本"。这种语感的直接性联想，总指向人——人是文化主体，指向文化中的人生、人伦、人性、人格，强调此时此刻，此情此景，即中国文化精神的设身处地、将心比心、知人论世。它认为"文"是"器""用"，又是"道""体"，"人""文"一脉，"文""道"一体，"文"就是"道"，言为心声。因而"语感"宽泛、恰切、醇厚。语言作为文化，它不仅仅是文化"载体"，更是与文体一体、与人一体。它不能脱离两个"本源"，一个文化本体的本源，一个是人的主体的"本源"。根植于这两个"本源”，它就“气”“血”两足，脉运旺盛；一旦脱离这两个本源，它就“气”“血”两虚，气息奄奄。

黄厚江老师认为：“在语文课堂教学中，语文的人文性总是在语文的工具价值实现过程之中得到体现的。”

程红兵老师非常重视语文的文化育人，体现这一思想的具体举措是程红兵极力倡导并倾力实践的语文人格教育。

窦桂梅老师认为语文教师要努力做一个“中国灵魂，世界眼光”的人。教师有了文化积淀，才有教学高度，才有教学的广度。

3. 文言与白话的关系：文言是底色，白话是趋势。

语文名师一般不忽视白话语体文教学，但更重视文言教学。黄厚江提出“三文融合”的文言文教学。针对文言文教学中“字字落实，句句清楚”的教学方式，黄厚江主张力避串讲，并从文言教学整体性的角度，提出了“三文”融合的文言文教学观，即文言文教学的内容包含文言、文章和文化三个方面，教学过程中应努力追求三者的自然融合。他的文言教学十分重视文言知识的积累，但不是孤立的字词训练，更不是古汉语知识的系统学习，而是在整体阅读中的积累。比如，在教《阿房宫赋》时指出“可怜焦土”中“焦土”的名词作动词的特殊用法；在教《黔之驴》讨论“驴不胜怒”中“胜”的读音变化等，他一直在不折不扣地夯实文言基础知识，但又善于化整为零，区别对待。在文言、文章、文化融合的整体中提高学生的语文综合素养，是他文言文教学的根本追求。如在《阿房宫赋》教学的最后，黄老师向学生展示了自己改写的结尾：“观古今之成败，成，人也，非天也；败，亦人也，非天也。成败得失，皆由人也，非关天也。得失之故，归之于天，亦惑矣！”并让学生对照课文进行大胆地评说。黄老师的这个改写并不是“续貂”，而是经过对文章主旨的深入思考，紧密结合学生的实际而进行的人生观价值观的教育。这一设计体现了“三文”融合的文言教学整体思想。

韩军老师的“文言教学主张”是：没有文言，我们找不到回家的路。他认为：是文言教育造就了白话大师，文言学习形成纯粹、典雅的汉语语感，文言是白话的根基。人们在孩童的“语言敏感期”，从“根源处”学习语言，阅读和背诵一定数量的古诗、古文，打好了文言根基，再运用白话来表达，那么，写出的文字就比较简洁、干净、纯粹、典雅、形象、传神；相反，通过白话来学习运用白话，写出文字，就难以达到以上的境界，反而可能拖沓、冗长、烦琐、欧化、啰唆、抽象。文言诗文中，肯定有糟粕，但是也肯定有精华，正像白话中有语言垃圾也有语言珠玉一样。对于中小学课本来说，宜古今兼选，不可偏执一端，或偏古失古，关键是编写教材者选择、取舍得当。

4. 阅读与写作的关系：读写“一体两翼”。

语文名师都是阅读与写作并重的。有的擅长阅读教学，有的擅长写作教学，有的读写教学都很有特点，有的读写互促。

余映潮老师提出阅读教学“五观点”。一个原则：突出语言教学这个灵魂。两条成熟经验：学生活动充分，课堂积累丰富。三条基本要求：尽可能“实”地研读教材，尽可能“活”地研读教材，尽可能“巧”地研读教材。四个教学的关注点：抓好朗读教学，抓好品读教学，抓好技能训练，抓好语言学用。五种基本教学手法：朗读、说读、写读、穿插、讲习。

黄厚江老师认为，阅读教学中的“读”，必须考虑整体的课堂效果，体现得法、强化、渐进的要求。

李胜利老师提出了高效阅读。两个视野：一是扩大识别间距。扩大识别间距是指在阅读时扩大眼睛的视野，也就是古人说的“一目十行”，目的是让学生读得快，质量高，效率高，提高阅读速度。关键在于快速阅读的技能训练。二是扩大阅读范围。是指扩大学生的阅读范围，从课堂教学延伸到课外阅读，开阔学生眼界，使学生汲取更多人类文明的精华，培养学生的语文素养和人文素养。高效阅读一定重视阅读技能训练。比如快速，训练时间把握；比如理解能力，高效阅读区别于其他快速阅读方法的关键。第一阶段练习整体感知课文，抓文章的主要内容，形成阅读定势。从题目、作者、出处、主要内容、文章主旨、主要特点、质疑七项内容把握。第二阶段根据文体提出要求，记叙文关注时间地点、主要事件、主要人物、思想感情等；议论文关注作者的观点、论据以及论证方式等；说明文关注说明的对象、对象的特征、说明的顺序和语言等。第三阶段为单项训练，怎样总结，怎样分层，怎样梳理思路，等等。

叶圣陶先生说："一位优秀的语文教师应该是会写出一手好文章来的。"叶圣陶先生说："教师'下水'方能深知作文甘苦，无论取材布局遣词造句，知其然而又知其所以然，而且非常熟练，具有敏感，几乎不假思索而自然能左右逢源。这样的时候，随时给学生引导一下，指点几句，全是有益的启发，最切用的经验。"

于漪老师的作文教学观。其作文观的核心是视野、思路、表现力，能否有效地指导学生读有字书与无字书是写作教学成功与否的关键。强调作文教学抓好三思：思想、思维、思路。

李吉林老师的情境作文教学富有启迪意义。情境作文教学的教学理念主要是考虑到作家拿起笔去构思、创作时，必然进入他所写的作品的那一系列的情境中。作品的题材来自生活的情境，作家创作时心中再现了那些情境，并用笔去描述那一系列的生活情境和内心要表达的情感。离开了特定的情境，知识就成了文字符号，没有了任何存在的意义。李老师倡导"观察情境教说话、写话""情境口头作文""情境作文”“想象性作文”“童话作文”等唤起学生兴致的习作新样式，并归纳出情境作文指导五步法。

5. 讲授与启发的关系：启而发之，是为善喻。

《礼记·学记》：“君子之教也，喻也。导而弗牵，强而弗抑，开而弗达。导而弗牵则和，强而弗抑则易，开而弗达则思。和易以思，可谓善喻矣。”一般化的教师重视讲授，较优秀的教师重视启发，优秀的教师善于启发，极优秀的教师善于启发并精于讲授。

钱梦龙老师在总结自己的经验时说：“要提高教读的实效，除灵活选择教学方法以外，还得掌握各种启发思维的手段，值得重视的有三点：帮助学生建立新旧知识的联系，启发其推旧知新；善于发问，巧设情境；选准知识与智能的结合点。”可见，钱梦龙老师高度重视通过启发培养思维。

王栋生老师喜欢用“苏格拉底式问题研讨法”引导学生思考问题，培养学生探究的能力。王栋生的课堂充斥着各种各样的问题，教师和学生一起阅读文章，一起思考问题，最后一起解决问题。这里的问题有两个来源：教师提出和学生提出。

黄厚江非常重视课堂中的“学生问题意识”。课堂教学过程应该是学生发现问题和解决问题，并且体验这种由发现和解决问题所带来的成功的喜悦的过程。读书的快乐不是来自别人的现成结论，而是来自自己在阅读中的发现。阅读中，无论是对一个句子的理解，还是对人物情感的体会，或者是对作者思想的把握等等，自己的发现、顿悟那种感觉远远胜过从别人那听来的感觉。写作过程中所带来的各种各样的诸如灵光一闪、峰回路转等感受都能给学生带来精神的享受。在阅读教学中，不重结论，而重过程，给学生自己发现的机会，这样学生能体验到发现问题的快乐和解决问题的满足感。新课标提倡自主、合作、探究的学习，最明显的标志就是学生自己能提出问题，并且能在一定程度上解决问题，而现在的中学教学普遍的现象是学生和教师的问题意识和解决问题的能力都比较弱，学生很少能体会到发现、进步的快乐和解决问题的成功的喜悦，这就要求我们语文课堂培养学生的问题意识。黄厚江认为培养学生的问题意识有两种方法："一是障碍式的问题，即学习中的困难；一是发现式的问题，即对教材或教师的结论提出不同的见解。前一类问题，是主要的；但后一类问题更有价值。对于前一类问题，要尽可能地引导学生自己解决，通过这些问题的解决，掌握语文学习的基本方法，提高语文学习的基本能力。后一类问题的解决，能够促进学生创造性思维的形成。对于这类问题，要进行分类和筛选，对不同的问题要采取不同的解决办法：有的可以展开分组讨论，有的可以引导学生进行学习反思，有的可以等待条件成熟时再行解决，而不必一律现场解决，更不必都给予一个明确的答案。"再次，语文课堂教学是教师教学生的过程。"教"就是教师帮助学生成长。学生学习的过程不可能是一个完全自主的过程，会出现失误，有错误，就需要教师及时发现这些错误，通过点拨、讨论、比较、示范等有效方法，组织学生的学习活动，指导学生的学习方法，评价学生的学习效果，引导学生的学习行为，从而实现学生在课堂上的成长。

窦桂梅老师认为可以用启发诱导的方法，给学生多提供一些大胆猜想的机会，让学生能够在短时间内做出回答。这样的训练能够提高学生的直觉思维能力。然后是对求异思维的训练。所谓求异思维，是指有创见的思维。它注重开阔学生的思路，启发联想，让学生从各个方面、各个角度去思考问题，最后得出具有独创性的解决方法。窦桂梅认为在教学过程中要允许更要鼓励学生"标新立异"，绝不要求整齐划一的理解。窦桂梅认为要培养学生的创造力就要对学生有意识地进行形象思维训练、直觉思维训练、求异思维训练，还要注重学生的个性心理品质的培养。首先是形象思维训练，语文学科同样具有形象性特征，窦桂梅认为语文教师在教学过程中要引导学生联想相关事物，训练学生的形象思维能力。特别是对学生进行美德陶冶的过程中要注意其形象思维的培养，发挥学生的想象力。

6. 定法与得法的关系：教有法，无定法，求活法，贵得法。

叶圣陶先生说："教亦多术矣，运用在乎人。"教学"多术"的背后是无限深邃的"思"和深刻至简的"道"。

程翔老师认为一堂好的阅读课应该"关爱生命、着眼发展、依学定教、发扬民主、以读为本、以情感人、强化语感、鼓励创见、引导质疑、敏于点拨"，从而创造了"自读感悟—开放引导"教学模式。

7. 充实与留白的关系：有充实、有留白方为完整画卷。

荀子说："充实之为美"。中国艺术一直以留白为高明，中国哲学一直以"无"为大有。《道德经》第10章写道："三十辐共一毂，当其无，有车之用；埏埴以为器，当其无，有器之用；凿户牖以为室，当其无，有室之用。故有之以为利，无之以为用。"第43章写道："天下之至柔，驰骋天下之至坚。无有入于无间。"不要小看"无"的存在和力量。

宁夏教育厅教研室主任、知名小学语文教研员马兰认为：绘画、文章、电影、诗词等艺术，都讲究留白。绘画中的留白，令人浮想联翩；佳作中的留白，让人回味良多；电影中的留白，使人意犹未尽；诗词中的留白，给人留下余味无穷的深邃意境……语文教学也是艺术，也应讲究"留白"。

8. 课堂与生活、课内与课外的关系：得之课内，用之课外，课外反哺课内，课内滋养课外。

语言来自生活。艾青在《诗论》指出："生活的语言，是最丰富也是最生动的语言。”夸美纽斯在《大教学论》指出：“语言的学习，特别是在年轻时，应当与学习事物相结合，使我们加深对客观世界的熟悉和语文的熟悉，即是说，我们关于事物的意识和表达他们的能力，能齐头并进。”

郭锋老师提出“四界”语文：理想的语文目标是生活的语文，课文的语文，文学的语文，文化的语文。四个维度是四重境界：感悟生活，体会文本，回归文学，上升文化。四者似乎独立存在，又似彼此牵连，把语文的理想目标倾注其中，漫漫求索。

窦桂梅老师主张“立足课堂超越课堂”，使学生在广阔的学习天地中观察社会，体悟人生。“语言已经不是作为交流情感和思想的工具，语言更是人的生存空间、生存条件、存在方式。学生所有的生命运动都是语文学习的过程。”

9. 知与行、学习与实践的关系：知而行，行而知，知行合一。

儒家文化历来就有“敏于行”的可贵思想。叶圣陶先生指出：“凡是技能，唯有在实践中才能练就。所以阅读的技能要在阅读各种文件或是书籍报刊中练习。”语文学习要结合社会实践，边实践边学习。好的语文课，就是要开启生活里的实践之行。语文不是一门纯粹的知识性课程，不是以传授知识为主要目标，光靠讲不行，主要是靠练。要在读中学读、读中学写；要在写中学读、写中学写；要在听说中学听说、听说中学读写。

孙艳霞老师提出“实用语文”的理念。语文教学的终极目的就是让师生体会到“教语文”与“用语文”的快乐，这种快乐的源泉就是“用语文”。变“重理解”为“重运用”，引导学生将在语文学习中的所得“用于阅读、用于表达、用于积累、用于立人”。

“实用”观念下教学的四大转变：教师身份与角色的转变，教学的

关注点的转变，教学设计的基点转变，教学评价的转变。

10. 一与多的关系：以一统万，殊途同归。

语文学科是个超级复杂的综合建构。语文是个筐，何物不可装？语文是个箩，肚如弥勒佛。语文学科是一门兼具诸多功能的育人学科：以智育为核心，渗透德育和美育，培养素质和发展智力，讲求综合效应。

于漪老师对于语文的综合性有深刻认识，提出为了追求语文教学的综合效应，应把语文教学视为一个整体。她认为语文教学一定要从整体出发，以语文的整体性为依据，处理好语文的内部结构与外部的各种关系：将教师的教与学生的学，两者有机结合，表现“能者为师”的特点，进而使学生的知识能力和智力达到协调发展；综合课堂上教师与学生组合的种种形式，经过优化形成科学的、辐射式的教学网络，改变单向型直线往复的课堂教学结构，采用网络式教学形式，师生双方积极性高涨，课就上得立体化，空间充实，时间紧凑，教学效率大为提高；综合教材的逻辑结构和教学的程序，选择最佳结合点，使思想、知识、能力、智力等教学目标有效得到落实并融为一体。

郭锋老师基于语文的综合性特点提出了语文的综合性学习。语文的综合性学习三方面的整合是：整合读写听说，突破学科界限，联结书本实践。四大特点是：勾连阅读，铺垫自然；大小穿插，收放有度；综合运用，整体发展；自主选择，合作探究。语文的综合性学习策略是：打破界限，多角度了解和审视事物；化整为零，在阅读教学过程中渗透；激发兴趣，大力挖掘课外学习潜力；搭建平台，充分展示学生学习成果；自主开发，因地制宜用好课程资源。

11. 文本与超文本的关系：墙内开花，墙外留香。

宁夏教育厅教研室特级教师孙雁秋认为：事实上，我们从来不缺少学习语言文字运用的样本。小学语文教科书12册，编入文选300多篇，篇篇文质兼美，形神兼备。在一篇篇课文的教学中，立足语言文字的运用，才能让学生“得意、得言、得法”，做到课课有得，得得相连，学以致用。

从运用文本角度，语文教师或许可以分为如下层级：一般意义的教师无法深刻解读文本、建立深度理解；较优秀教师可以走进文本、正确理解文本；优秀教师既可以走进文本，也能走出文本，自由出进；极优秀教师的教师，教学源于文本，超越文本，不拘泥于文本，自选自编自创文本。

叶圣陶先生说：“我认为教师教语文，无非是引导学生练习看书作文的本领，主要一步在透彻理解课文。而所谓透彻理解，须反复玩味课文，由字句章节而通观全篇。作者的思路、文章的脉络，都宜求之于本文，不宜舍本文而他求。”叶圣陶先生说：“阅读以了解所读的文章书籍为起码标准。所谓了解，就是明白作者的思想感情，不误会，不缺漏，作者表达什么，就完全领会他什么。”

12. 意思与意义的关系：有趣，也要有料。

于永正老师在教学上追求的是“有意思”，而不仅仅是“有意义”，他说“无情无趣的教学永远不会是成功教学”。他关爱每一个学生，尤其关爱学习上有困难的学生；他尊重每个学生，理解并尽力满足学生的内在需要，让每位学生都能感受到学习的快乐，都能得到应有的进步和发展。

杨再隋教授指出：“小学语文教学的误区，是把本来富于儿童情趣的、形象的、情感的语文教学向标准化、公式化、概念化转向，导致人文价值的坠失。在语文课上，学生被动地抄词、解词、拼合词语、组装句子。教师在课堂上枯燥乏味地讲，讲了不少‘正确的废话’，学生在教室里没精打采地听，漫无边际地说，说了不少‘正确的空话’。语文教学的魅力没有了。”

13. 知识、能力、素养的关系：一知识，二能力，三素养。

“三维目标”的第一维是知识与能力，能力往往是知识学习的伴生物。核心素养提出后，三者关系更需要辨析。陶行知曾说：“行动是老子，知识是儿子，创造是孙子。”

14. 教师与学生：师为尊，生为重。

肖家芸老师说：“教育是由教学双方共同参与完成的。学生的自主活动与教师的主导活动是一种教学现象的两个侧面。相辅相成，互动促进。倡导学生自主，绝不以为放弃或是削弱教师的主导。相反倒是对教师的主导有了更高要求。”

宁夏西夏区教研员卜中海老师在《今天怎样当老师——用智慧经营教育》提出今天教师的新角色：“教学资源的整合者、学生情感的点燃者、学习问题的点拨者、学生学习的服务者、学生学习的引导者、课堂教学的组织者、真实学情的发现者、学习条件的利用者、课堂教学的设计者和科学方法的提供者。”

15. 思想与感情的关系：情趣、情感伴随语文，思考、思想催生哲理，思维、思辨发展智慧。

文学本是有情物，饱含作者的生命随感。于漪老师说过，要把课上得“声情并茂”必须“体作者之情，察作者之意，文脉、情脉双理清”，要“选准动情点，以情激情，满怀激情的启发、提问、讲述、剖析……增强学生的语文感受能力。”语文教师应按照“入情—动情—析情—移情”的情感传递轨迹打动学生的情弦，激起他们对阅读的浓厚兴味，激发学生在内心深处形成一个心物交感、情景交融的意象世界，从而达到与作者在心灵上的契合与情感上的共鸣。

语文学科本有真情。李吉林老师提出以“情”为纽带，老师与学生之间，真情交融；教材与学生之间，引发共鸣；学生与学生之间，学会合作。

四、追求更高效能的语文课堂

《诗经·蒹葭》篇写道："蒹葭苍苍，白露为霜。所谓伊人，在水一方。溯洄从之，道阻且长。溯游从之，宛在水中央。蒹葭凄凄，白露未晞。所谓伊人，在水之湄。溯洄从之，道阻且跻。溯游从之，宛在水中坻。蒹葭采采，白露未已。所谓伊人，在水之涘。溯洄从之，道阻且右。溯游从之，宛在水中沚。"语文教学也要心有所仪、行有所慕。

对好课堂的追求建立在教师深刻的价值体认上。教师理应心存"课比天大"的信念。"课比天大"这句话是耶鲁大学史景迁教授说的。

赵谦翔老师为了一节已经预约的全国展示课，无法去顾忌、去怜惜、去疼爱病危中的妻子，正是践行了"课比天大"的职业信念。

对好课堂的追求，落脚点在教师灵动的教学创意上。《现代汉语词典》对"创意"的解释：有创造性的想法、构思等。没有好创意，就没有教学艺术，就没有好课堂的诞生。余映潮老师在《角度：创造与创新的着眼点》一文指出："角度的魅力，表现在巧妙、独特上"，"角度是观察事物的出发点，是处理事务的方式方法，是创造、创新的着眼点。在教学创新中追求新颖实用的角度，是为了激发我们的智慧，让我们智慧地进行教研与教学""做事也好，教学也好，'新'主要体现在'角度'二字上。因为'角度'好，'角度'与众不同，便有了个性，于是就叫作'创意'。"

语文课改：教有价值

“至德为恕，上善若水，大爱无边”——程翔老师在他备课本的扉页上，用毛笔写下这12个遒劲的大字。在第二页上他这样写道：“课程改革，由此开始；更新理念，探索佳径。”

一、当下语文教学的尴尬局面

语文教学处境如何？可以说四海欢歌，也可以说四面楚歌。《误尽苍生是语文》《语文教育忧思录》《杞人忧师》《审视中国语文教育》等一篇篇评语文教学的文章问世……不经意间语文教学已陷入“口诛笔伐”中。语文教学的尴尬，也是语文教师的尴尬。

“遗民泪尽胡尘里，南望王师又一年。”语文教学何时走出尴尬？语文教师何时走出心酸？

二、语文教学常见问题

1. “分析式”的文本解读教学。

教师把教科书当作“圣旨”，瞄准分数着力，围着课本打转，从词性、句法、修辞等方面逐条解读语文课本，陷入形式主义的泥淖。

2. “强受式”的主体缺位教学。

这种也叫“填鸭式”的一言堂教学，不能正视“以学生的发展为中心”的教育理念。教师一个人在讲台上表演独角戏，学子们在讲台下昏昏欲睡。教师设疑解疑，汗流浃背；学生们努力克服着非智力因素中的“不能持久注意听讲”的毛病。

3. “结论式”的标准答案教学。

因为受封闭式、接受式和分析式等陈旧教法的影响，学生长期受到传统语文教法的束缚，习惯于老师讲的单向活动，没有养成课堂积极主动思考问题的习惯，也没有质疑发问的能力。学生不敢提问，不会提问；学生不敢质疑，不会质疑。

4. “封闭式”的脱离生活教学。

脱离生活，言之无物，空话连篇，套话成堆。语文教学严重脱离了人间烟火。

5. “训练式”的应试主义教学。

片面追求“实用性”、纯“工具性”训练，单纯追求所谓“成绩”。

6. “套路式”的单一程式教学。

语文课堂教学模式化、程式化。不管什么文章都是一个套路：背景讲解、字词学习、划分层次、归纳段意、概括中心、写作特点分析，最后布置作业。近年有些学校的预习、对学、小学讨论、展示交流、训练等固化的模式，也很流行。

三、语文教学必须破冰前行

画家吴冠中说：“重复自己是可耻的。”于漪老师说：“不改不变，没有出路；不改革，语文教学中的无效劳动难以避免，语文教学的质量难以提高，学生语文能力的培养受到很大限制。”优秀教师的课堂之所以精彩，原因在于一直在课改。所谓的课改，就是想清楚自己的课堂不足，能改掉自己的课堂不足；想清楚理想的好课是什么样，能让自己的课堂变成那个样。

教育为什么要改革？于漪老师说："我们教育发展到今天，有很多做法不符合时代的要求。所以就必须改革，保留、发展好的……我们教育的弊病是重技轻人，对技能、技巧是非常重视的，而对人的整体素质的培养是不够的。"因此于漪提倡语文教育教学的改革。陈日亮老师在《我和'我即语文'》写道："鲁迅说过，我们每个人都是进化链中的'中间链'，既非开始，也非终结。作为一个改革的'过来人'和'中间物'，在当下语文课改步履杂沓、众声喧哗的行进中，我仍愿意随行且抱持'我即语文'的梦想，将这一生的自我期许与追求践行到底。"陈日亮老师这席话很能揭示语文课改的本质。

四、语文课程改革：山雨已来风满楼

教育实践环节主要包括课程建构、教育实施、教学评价三个部分。课程是学校教育的核心，课程改革是整个学校教育改革的核心。课程和教学是相近概念，但不是同一概念。课程是指在文化传承与发展进程中对学习的系统化预设。课程的含义有三个方面：课程是提供给学习者学习的，是对学习的预设，预设是一种系统。课程主要表现在三个层面：一是课程规划（课程方案、课程计划），二是课程标准（教学大纲），三是基本教材。狭义的课程改革是指对课程方案、课程标准、基本教材等的改革。

课程改革比之于教学改革，更加系统、全面和深刻。主要包括课程方案的改革、课程标准的改革、课程教材的改革、学科教育思想的改革、教学模式的改革、教学方式方法的改革、教学评价的改革、教学技术的改进，等等。

叶圣陶先生刚开始教书就培养自己的"教学改革意识"。他曾经尝试国文课新教法：让学生用白话翻译文言文；或者他讲演一段话，让学生写成文言文。在练习缀句时，他先作四句描写春天景色的句子，其中每句空两个字，让学生填写。虽然结果不是很理想，但是每句能够通顺，“亦颇可人意矣”。叶圣陶找出一册印本短文，选出其中一篇，先以白话讲解，然后让学生译成文字抄下来，再“讲之读之”，同时教授了“习字、作文与读法”。他认为这些方法很好，“将来细心研究必能令学生得益也”。

叶圣陶先生在阅读教学中强调学生主体地位，创造性提出了自读—讨论—训练的三段式阅读教学流程。

于漪老师的教学改革有三个立足点：一是倡导以学生为本，进行以促进学生的发展为本的教学改革。二是立足课堂教学方式的变革。在《教育改革呼唤教师的角色转换——访全国著名特级教师于漪》一文中，于漪说：（教学改革的关键）“是课堂教学方式的变革”。课堂教学方式的变革主要是学习方式的变革。各学科都要提倡学生自主、合作、探究的这种学习方式。课堂究竟是谁的用武之地？教师要转换角色，要把课堂还给学生，学生应成为课堂的主人。教师还要发挥主导作用，应对学生进行启发、引导、点拨，为学生服务。三是师生关系的变革。于漪认为：“实际上我们课堂教学改革，是把教师与学生的灌输与被灌输关系转换为对话的关系，平等对话的关系。改革的关键就在这里，从灌输转化为对话。”

魏书生老师为了引导学生建构语文知识体系，创造性地教给学生画知识树。

陈军老师在安徽宣城寒亭农村学校教学时，抓农村语文教学改革。从培养“四化”人才着眼，立足农民生活、生产实际需求，培养农村实用人才。主要做法是：大力加强应用文写作，将自编的《农村常用文须知》下发，组织学生写好通讯、合同、书信、总结等应用文；组织“评报”活动，出刊《评报天地》。陈军老师注重作文“导”的改革，运用质疑式、提问式、商讨式等方式，激励学生勤于练笔。蔡澄清在《中学语文教学》杂志撰文《奋力开拓农村中学语文教改之路》予以肯定。

张化万老师为了提高学生作文水平，推行作文互评，让学生互相“当小老师”。张化万重视课堂教学活动，课堂充满童趣。“将玩进行到底”是其活动式课堂教学的标签。

赵谦翔老师在20世纪90年代初曾进行过“扩展式语文教学”改革。他补充具有时代气息的新鲜时文，把《唐诗宋词鉴赏辞典》作为语文补充教材。不但让学生们研读鉴赏专著，而且让他们尝试创作旧体诗。赵谦翔尝试加进源头活水，如周国平散文《守望的距离》、张承志的《汉家寨》、余秋雨的《文化苦旅》。

韩军老师提出：学语文本是“举三反一”。“举一反三”是一种重要的思维训练方法，韩军老师认为它存有弊端：导致重分析，轻感悟；重理解，轻积累。韩军老师认为，无“举三”则无“反一”；只“举一”则难“反三”；“举三反一”是语文教育的根本，而“举一反三”是语文教育的辅助。读书，积累，多多益善；数量在先，量变而质变。大量积累、积淀于前，才会点滴模仿、反刍于后。

李平老师倡导“语文循环大课堂”。他以“导学案”为载体，通过教师问题的前置实现学生学习的前移。“导学案”编写倡导两化：知识问题化，问题层次化。

宁夏长庆小学正高级教师陈晓秋老师进行“每日一诗”的教学尝试，利用每天语文课的前五分钟进行诵读，淡化对诗意的理解，以诵读为主，重在积累，学生尤感兴趣。这一做法之后发展为校本课程《诗文诵读与书法》。

课改的许多实践，有自发自创的，也有模仿+变革的。陈军老师在蔡澄清“点拨教学法”原理的基础上，加入自身理解，发展了蔡澄清的“点拨法”。路径图如下：点拨法原生原创理论+教师实验过程→教改个性区→发展中的点拨法理论。

孔立新老师在蔡澄清“点拨教学法”原理的基础上，加入自身理解，也发展了蔡澄清的“点拨法”。他的“点拨法”体系如下：

（1）哲学基础：一切从实际出发，具体问题具体分析。充分认识到教学过程中矛盾的相互转化，教以教师为主导，学以学生为主体，辩证地认识问题、解决问题。

（2）操作体系：“三阶六步”。

准备阶段：第一步吃透两头，摸清障碍；第二步认清方向，选择突破口。

实施阶段：第三步相机诱导，适时点拨；第四步讨论交流，理解消化；第五步双向反馈，总结提高。

发展阶段：第六步迁移训练，举一反三。

（3）基本课型。

听：感知性点拨，理解性点拨，应答性点拨，评价性点拨。

说：复述性点拨，条理性点拨，讨论性点拨，交流性点拨。

读：导入性点拨，研究性点拨，鉴赏性点拨，反馈性点拨，迁移性点拨。

写：心态性点拨，立意性点拨，构思性点拨，转换性点拨，推敲性点拨。

（4）主要方法：暗示引发，引路入镜，辐射延展，逆转爆破，抽换比较，纲要信号，激疑促思，再造想象，挑拨争鸣，举隅推导。

肖家芸老师在蔡澄清“点拨教学法”原理的基础上，结合教学最优化理论，从效率出发，也发展了蔡澄清的“点拨法”。他将独到见解归纳为："精采点，巧拨动"。"'精采点'要求教师在准备阶段吃透两头（教材和学生），既钻研教材备教法，又研究学生备学法。精心寻找教师—教材—学生三维联系的交合点作为最佳突破口，蔡先生形象地称之为'引爆点'。'引爆点'可以是'课眼''文眼'或是'诗眼'等，也可以是兴奋点（兴趣所在）和教材的关键点（文章的纲要或者重难点所在）。'引爆点'实际上是引发兴奋点和关键点的导线。拨动了'引爆点'，即可燃起兴奋点，激发学生主动学习的满腔热情，启开他们求知除惑最为敏捷的思维大门，培育最佳的学习心态和最优的课堂氛围；同时，开启了关键点，文章纲显目明，举其纲易于张其目，教者自如，学者轻松。反过来，学生兴奋了，抓住关键动起来了，又会感染教师，激发教师的教学热情和创造灵感，促成课堂教学在三向合力下趋向最优化。此之谓'巧拨动'。如此'精采''巧拨'足见其科学性与艺术性。"

汤国来老师在蔡澄清"点拨教学法"原理的基础上，结合国学阅读深研《庄子》，也发展了蔡澄清的"点拨法"。他写出了《庄子美学的教学意义》的论文，核心观点是：'有''无'辩证，走出'有'的迷谷；'以天合天'，释放审美活力；'道''技'一统，实现'技'的自由。

五、语文教改的若干主流走向

1. 学生视角的语文课改。

语文教学改革，要从辨析"以学定教"的含义做起。宁夏教育厅教研室马兰老师认为，"以学定教"中的"学"主要指学情，但不仅指学生，还包括学习内容、包括课文本身。

语文课改更加重视学生的教学参与，要改进对语文学习主体的理解：以学生为中心。当学生不能成为教学中心、课堂中心、评价中心的时候，一切课改措施都是井中之月。教师要改变“课文阐释者”的旧形象，创设学习情境，促使学生爱读书，爱思考，爱表达，让语文成为学生自己的语言实践课、语言交流课、思想的探索课。学生集体的学习效果，取决于学生对教学的参与广度和参与深度。一定要增加学生活动，巧妙设计教学活动，强化师生之间互动。学生的语文学科的学习活动，主要是阅读、讨论、探究、展示。提高教学质量必须有两个前提，可以用两个“动”字概括：一是活动，二是互动。即设计学生充分参与的教学活动，倡导学生与教师、学生与学生、学生与课本的有效互动。肖家芸老师将教学整体视为教学活动，这个见识很了不起。宁夏特级教师邓树栋著有记述宁夏六盘山高中课改的书《课改十年，我们走了多远——我亲身经历的高中课改》，书中很多细节都是写学生的课改感受。没有学生深度参与的课改，还是真实的课改吗？不受学生欢迎的课改，还是成功的课改吗？

语文课改要更加重视对学生的学法指导。宁夏教育厅教研室特级教师孙雁秋认为，语文教学不仅要研究“教什么”，更要关注“怎么学”。教师必须清楚：语文课程是实践性课程，应着重培养学生的语文实践能力，而培养这种能力的主要途径也应是语文实践。要引导学生在阅读中学习阅读，在写作中学习写作，在讲故事的过程中学会讲故事……

个体学生的学习效果，取决于学习方法、学习习惯和学习动机。教师的教学能否成功，除了知识“呈现”的水平之外，必须着眼于学生学习能力和学习习惯的培养，着眼于学习动机的形成和强化，着眼于学习兴趣的形成和扩散。叶圣陶老师很早就提出过学生的“自能”问题。魏书生老师一直在关注学生的自学、自习、自能、自得，利用学法指导和评价引领取得教学效果，是魏书生教学的制胜之策。

语文课改要更加关注学生的学习力、创造力。严华银老师对于新的学生学习方式作出过很深刻的剖析。自主学习、合作学习、探究学习等这些新的学习方式的核心是学生的自我学习。学生的学力是未来发展的动力，基础学力的发展阶段是发展性学力，托夫勒称之为“未来学力”。它主要是指以问题解决与创造性相结合的思考力。托夫勒说：“明日的技术所需要的人，是能够做出重要决策的人，能够在新情境中巧妙地应付的人。”钟启泉在《现代课程论》一书中指出；“需要有效地运用已有知识，能够适应需要获得必要信息的能力，就是创造力。”

语文课改，要帮助学生建构意义和价值。如果把语文教学与丰富学生的心灵世界联系起来，语文学习在学生眼中才是有意义的事情。人必须面对三个世界：生活世界、知识世界和心灵世界。

2. 学科视角的语文课改。

语文课改要建立在对学科本质深度认识的基础上。银川教科所特级教师芦苇认为：我对语文教学课程体系理论前提的基本假设：①语文学习的本质，建构直觉层面上的信息反应模式。②语文学习的根柢，建构意识层面上的人文知识网络。③语文学习的深化，建构理性层面上的符号转换机制。普通语言符号向人文语言符号的转变，本质是语用策略的语用，体现的是语言文化的基本特征。

语文课改一定要改进对语文目的意义的理解，要改进对语文教学价值功能的理解，特别要思考语文教学与实践的关系。于永正提出小学语文的“五重教学”，重情趣、重感悟、重积累、重迁移、重习惯等。中学语文教学除了于永正提到的“五重”，还要重思维、重审美。《高中语文课程标准（2017版）》指出：“沟通课堂内外，充分利用学校、家庭和社区等教育资源，开展综合性学习活动，拓宽学生的学习空间，增加学生语文实践的机会。”

语文课改一定要使语文基于语用策略。银川教科所特级教师芦苇认为基于语用策略的高中语文教学，应该是：①使学生学会区分原始语言符号和人文色彩符号，并建立直觉层面上的信息内化和外显的基本转化模式；②使学生理解，必须建立一个内容丰富的、开放的、有选择空间的多层次符号系统——人文知识网络，尽可能有效地帮助学生搭建一个个性化的人文知识网络；③训练学生初步具备普通语言符号和具有文化功能的语言符号之间转化的能力。

语文课改要改进对语文教学内容的良性建构。没有好篇目，何谈好阅读?

语文课改要改进对语文教学程序的理解和应用。古人采用了“背诵—理解”的基本程序，后来学习苏联采用了“讲授—理解”的基本程序。课改以来重视提问和互动，常采用“问题—回答”的基本程序；重视自主、合作和探究，常采用自学—互学—展示的基本程序，也有的采用“体验—感悟”的基本程序。

语文课改要改进对语文教学方法方式的理解和应用。从魏书生的“教学六步”（定向—自学—讨论—答疑—自测—自结）到钱梦龙的“三主”（学生为主体，教师为主导，教材为主线），教学翻开了尊重权威但变革既有模式的新篇章。要么点拨，要么讨论，要么启发，甚至将课堂变成剧院、变成创作间、变成凭学生任意涂抹的画布、变成师生间唇枪舌剑的辩论场……不论哪种方法都能“吹绉一池春水”，换得“满园春色”。

语文课改要更加重视语文活动（包括语文训练）的多样性和有效性。钱梦龙老师是语文学界提出“训练为主线”的第一人。学生的训练要有目的性：紧紧围绕教学目标，防止无效训练；学生的训练要有选择性，适合学生，防止过难、过易、过偏；学生的训练要有适度性，数量恰当，容量适当，防止过多、过少；学生的训练要有多样性，主观题加客观题，静态训练加动态训练，防止类型单一；学生的训练要有反馈性，作业批改及时，教学反馈及时，教学评价恰当，能引发学生重视，学生积极性学习体验得以强化，学习错误得到及时纠正。

语文课改，直接指向了语文学科核心素养。

语文课改要更重视回归语文学科本质。宁夏教育厅教研室马兰老师认为，课程改革，是“改革”而不是“革命”，是扬弃而不是大破大立。课改，既要吸收国外最先进的课程改革经验，又要继承中华民族传统文化的精髓，要结合我国基础教育的实际。课程改革，教学创新，并不排斥传统教学中好的方法，我们既要大胆创新，又要继承发扬多年来积累的成功经验。在课改面前我们不必战战兢兢、举步维艰，不必唯恐被人说成“穿新鞋走老路”。对照课改的新理念，我们应全方位地审视以往的教育思想和教学方法，仍然适用的，应大胆沿用。我们的语文教学，过去虽然走过一段弯路，遭到过一些指责，但绝不是一无是处，多年的语文教学中积累了许多成功的经验。烦琐分析、满堂灌、对口词、政治说教、机械训练等不利于学生发展的方法自然要摈弃，而注重基础、加强朗读、强调积累等许多好的做法仍然要继承发扬，必要的时候走些“老路”未尝不可。

课改，既要前瞻也要回望。黄玉峰老师说过：“支撑着我的教学实践的所有理念，恰恰来自对传统的继承，也来自我的教学实践。我的理念是旧的，不是新的；是保守的，不是激进的；是因循的，不是独创的。回归纯粹，回归常识，回归传统，然后有所发现，有所发展，有所创新，始终是我坚持的立场。”龚自珍在《己亥杂诗（四四）》写道：“霜毫掷罢倚天寒，任作淋漓淡墨看。何敢自矜医国手，药方只贩古时丹。”回归传统，也许就是回归本质。回归语文教育传统，不是主张语文教育的文化复古。守常守正，是为了更好地改革创新。

3. 时代视角的语文课改。

语文教师要更加重视教学情境的创设，重视形成“学科知识+生活（社会）背景”的教学情境。教学本身有生活化需求。杜威为什么提出学习即生活？陶行知为什么说“教育即生活，学校即社会”？现代分科教学的利弊有哪些？对于情境教学，李吉林老师有着深刻系统的研究。

语文课改要更加重视现代心理学成果在课堂教学中应用。教师必须具备相应心理学知识。

语文课改要更加重视互联网、大数据、信息技术手段的运用。顾德希老师在世纪之初敏锐地预感到信息化、网络化时代的教学变化，2004年就组织“虚拟课堂和现实课堂整合”的教改实验。

全球化的时代，语文课改要适度关注国际层面语言、文字、文化、文学、审美、思维等要素对中国语文的渗透和融通。

4. 教育视角的语文课改。

语文课改要改进对语文教学外延的理解。美国教育家华特指出：“语文的外延与生活的外延相等。”叶圣陶先生说：“国文教授限于教室以内，限于书本以内，弊端是明显的”“趣味的生活里，才可以找到一切的泉源。”陶行知说过：“生活与教育是一个东西，不是两个东西。”可以说，欣赏影视作品，走遍大好河山，逛街购物美食，网页搜寻浏览，处处蕴含着语文教学的内容。

语文课改要关注语言建构背后的文化建构，语言运用背后的文化熏染。宁夏教科所特级教师芦苇认为：“语言学最基本的公理是：符号是语言外壳，文化是语言内核。语言文化决定语言特性，语言文化是语言的最高形态，没有语言文化的表达就会失去语言的特性；同样，阅读不关照语言文化层面的内容，阅读就不可能深化、透彻。”

语文课改要立足于国家层面教育指导思想的变化发展。当下立德树人、核心价值观、民族优秀传统文化、劳动教育等重要观念必须融入课堂。

教学精髓：自能为贵

《孟子》一书写道："君子深造之以道，欲其自得之也。自得之则居之安，居之安则资之深，资之深则取之左右逢其源。"苏霍姆林斯基说过："只有能够激发学生进行自我教育的教育，才是真正学习的教育。"

一、语文学科：不是靠"讲"就能学好的科目

语文学习的本质，是学生在教师指导下的自读、自习、自练、自悟、自得。语文是个对教师依赖相对较弱的学科。国学大师金克木小学毕业，钱穆初中毕业，叶圣陶初中文化，都靠自我阅读而成国学大师。

学生只要对语文有兴趣，善于使用工具书，基本可以自学语文。钱梦龙就是靠查字查出来的语文英才。语文水平高超的人一般都具备自学能力。沈从文士兵出身，基本没有念过什么书，这并不妨碍他成为文苑大师。他的语文基本没有太正规的师传，如果说有，大概就是在熊希龄家里读过大量珍藏的私家藏书。

叶圣陶先生在《文心》这部著作里，借王仰之之口道出了一名语文教师首先应该认清教学目的，"语文教学的目的，一是要教会学生自己能看书读书，不断吸取精神养料；二是要教会学生把所想的东西用嘴用笔表达出来。教师的讲课就不只是讲一篇篇的课文了，而应当着眼于教会学生看书写文章"。

“我认为教师教语文，无非是引导学生练习看书作文的本领，主要一步在透彻理解课文”。宁夏特级教师尤屹峰认为语文阅读本来是学生自己的事情，提出了自能阅读，“自能阅读是一种无需老师指导、要求、强迫的，自主、自觉、自愿、自乐、自我审美建构的文化心理活动”。他将自能阅读分为快速感知性阅读、理解领悟性阅读、筛选研究性阅读、质疑批判性阅读、审美品味性阅读、吸收积累记忆性阅读、借鉴迁移性阅读、致用提高性阅读、创新再生性阅读、精神建构性阅读等十个逐渐生成提高的品级。

二、学生：语文学习的唯一主体、真正主体

拙于教者，总是过低地估计学生的学习潜力，在学生完全可以凭借自己的努力去理解、去掌握的地方还在喋喋不休。

语文强调教学里的学生主体地位，比其他学科更加迫切。蔡元培先生说过：“教育是帮助被教育的人，给他能发展的能力，完成他的人格，于人类文化上能尽一分子的责任；不是把被教育的人造成一种特别的器具给报有他种目的的人去应用的。”蔡元培先生在思考教育的功能问题和主体问题。

叶圣陶所谓的“不需要教”，是怎样的一种境界呢？就是自能读书，不待老师讲；自能作文，不待老师改。换句话说，就是学生具备了自我教育的本领。在叶圣陶看来，一个受过教育的人必须是一个具备足够的自学能力的人，能够随时随地进行自我教育的人；否则算不得是个受过教育的人。

坚信教育的原则在“自求得之”，必须充分认识任何受教育者都有“自求得之”的内在潜力。叶圣陶说：“受教育者自有发掘探讨的能力，这种能力只待培养，只待启发，教育事业并非旁的，就只是做那培

养和启发的工作。”“把倚赖性的‘受教育’转变为主动性的‘自我教育’”。“善于启发的老师都把学生看成有机的种子，本身具有萌发生长的机能，只要给以适宜的培育和护理，就能自然而然地长成佳谷、美蔬、好树、好花。”学生，即使是刚刚接受启蒙教育的孩子，也不是一无所知、一无所能的木头，他总有接受新知识、掌握新本领的某种基础。善教者无非是善于利用这种基础，通过启发诱导，让学生凭借自己原有的潜力去获取新知识，锻炼新本领。

叶圣陶说，教育“为儿童全生活着想，固当特设一种相当的境遇”“儿童既处于特设的境遇里，一切需要，都从内心发出”“不愤不启，不悱不发”“愤悱启发是一条规律”。

三、语文教学：不以讲授为主要教学方式

叶圣陶提出“阅读教学三步”：第一步预习，第二步讨论，第三步训练。魏书生提出“六步教学法”。他们都没有把“讲”当作主要教学方式。

魏书生老师的“六步教学法”的核心思想是教师主导下的学生自学，是学生以自主为流程的课堂学习，要义是培养自觉的自学和自学的自觉。学生的语文自学过程主要表现为自我定向、自我体验、自我发现和教师帮助下的自我成长。

课堂自主教学过程应该是学生体验快乐的过程。黄厚江说，应让学生“经历学习体验，享受学习的快乐，获得学习成功的过程。”

语文教学过程要以到为主，逐渐放手，把“达到不需要教”作为追求目标。引导学生学会自学，“好比扶孩子走路，能放手时坚决放手，是一条规律”。教师要启发学生，熏陶学生，“疑难能自决，是非能自辨，斗争能自奋，高精能自探”，“让他们自己衷心乐意向求真崇善爱

美的道路昂首前进”。

叶圣陶先生说：“语文教师不是只给学生讲书的。语文教师是引导学生看书的。一篇文章，学生也能粗略地看懂，可是深奥些的地方，隐藏在字面背后的意义，他们就未必能够领会。老师必须在这些场合给学生指点一下，只要三言两语，不要啰哩啰唆，能使他们开窍就行。老师经常这样做，学生看书的能力自然会提高。”

四、语文教师：更要善于发挥教学主导作用

苏霍姆林斯基说：“善于鼓舞学生，是教育中最宝贵的经验。”

语文教学要培养自学能力，教师就必须在“导”字上下功夫。也就是说善教者必须首先是个善导者。叶圣陶先生说：“教师当然须教，而尤宜致力于‘导’。导者，多方设法，使学生能逐渐自求得之，卒底于不待教师教授之谓也。”这里的关键是要随时注意“减轻学生之依赖性”。他竭力主张教育工作“如扶孩子走路，虽小心扶持，而时时不忘放手也”。叶圣陶说：“所有各级各类学校以及补习、进修机构的主要职能，全都在引导来学的人向自学方面不断进展。”

五、语文教学规律：自主为起点，自得为过程，自能为结果

自主是语文教学的起点。不仅学生要自主学习，教师也要自主教书。语文学科教学具有非标准化的特征，要给教师教学自主权。大一统模式、单一化方法的是对语文教学的伤害。

自得是语文教学的基本原则，自能是语文教学成功的标志。自得以主动学习、主动习得为特征，自能以养成良好的语文学习行为习惯为标志。叶圣陶先生将语文教学中的“贵在自得”上升为教学原则，将“教

是为了不教”上升为语文教育思想。他说：“我近来常以一语语人，凡为教，目的在达到不需要教。”

“教是为了达到不复需教”，这是叶圣陶对于语文教学理论最大的贡献之一。叶圣陶老师说过：“教师教任何功课（不限于语文），‘讲’都是为了达到用不着‘讲’；换个说法，‘教’都是为了达到用不着‘教’。教师就要朝着促使学生‘反三’这个标的精要地‘讲’，务必启发学生的能动性，引导他们尽可能自己去探索”。叶老还说：“注意减轻学生之依赖性”，“让学生能自为研索，自求解决”。

语文教学的最高境界是学生自学、自主、自练、自得、自能，“不战而屈人之兵”。

六、语文教学的“学生自能”的实现

1. 语文教学要“吃透学生”。

于永正老师认为：走入儿童心中、探索语文学习规律是搞好语文教学工作的两个基本点。我们常说教学要“吃透两头”。吃透教材虽然不容易，但只要悉心钻研，教材是可以驾驭的。惟有“吃透学生”，一直是教学中的大难题。儿童可塑性大，知识能力处在动态之中，尤其是他们丰富多彩、变化不定的内心世界更是难以揣摩。苏霍姆林斯基大声疾呼：要面向儿童的个性。于永正老师认为，在教学中教师教案应烂熟于心，应将80%的注意力集中在学生身上，要“目中有人”。于老师眼里的学生，不仅有共性，而且有鲜明的个性。就某一个学生而言，在教学活动中的每个阶段的心理特点都不尽相同，时而高兴，时而焦虑，时而困惑，时而顿悟。教师的任务是伺机诱导，巧于点拨，学生思维堵塞时疏导之，心理困惑时开导之，精神倦怠时激励之。上课时，于永正老师或注目，或颔首，或微笑，或抚摸学生的头，或给学生讲悄悄话……

总之，言语的、非言语的、明示的、暗示的，都是在准确地传达某种信息，给学生注入“兴奋剂”。正因为于永正老师对学生的心理把握得好，他的教学就格外受学生欢迎，学生学得兴趣盎然，如沐春风。学生愿意学，学得愉快，再加上教师的示范、点拨、引导、激励，怎会有学不好的道理？反之，如果教师缺乏对儿童的研究，不能满足学生的内在需要，即使老师费很大的劲去讲解、去灌输、去示范，又有多少能听进学生的耳中，扎根于学生的心里？教语文者，要探索、把握语文学习的规律。研究透了“学”，才能教到当处。

2. 语文“教不等于学”。

于漪老师以自己的切身感受告诫同行，她过去认为教师只要认真备课，上课时把知识点讲清楚了，学生自然就理解了。实践证明，这是极大的误解。教不等于学，教过不等于学会。教师的滔滔不绝，占用了课堂宝贵的时间和空间，机械重复的训练充斥课堂，学生被动接受，主动性、创造性难以发挥。于漪认为，在课堂教学中，教师要营造一种自主、合作、探究的学习方式，改变教师讲、学生听，教师问、学生答的单向型直线交流的课堂结构。教师要把所有学生组织到课堂教学中来，促使学生能自主、合作、探究的学习，提高课堂教学效率，使学生的语文能力获得发展，整体素质得到提高。于漪鼓励学生自学课文，独立阅读，发现问题，并喜欢在学生不易产生问题处设疑。这样既可以抓住课堂的重点，又能够激活学生的思维，引导学生深入思考、积极探究，生成动态的教学情景，激起学生的情感体验。

3. 语文要善于“导读导学”。

钱梦龙老师正是从自己幼时对于语文的自学经验出发而发展自己的语文教学理论和实践。学生时代在三次留级和成绩严重偏科的情况下，依然可以保持着国文成绩名列前茅。当他成为一名语文教师后，培养学生的自学能力成了他教育最重要的目的之一。钱梦龙老师认识到，中学阶段能力的培养比知识的积累更重要，所以在语文教学中，他教授给学生们自学的门径。在教学设计中，他把创设激发动机的情景，培养学生的学习兴趣作为提高自学效能的重要手段。他创立了“三主四式语文导读法”，使整个课文的阅读过程成为在教师指导下的阅读实践过程。导读就是教师指导学生读书，就是学生在教师的指导下练习读书。这个过程刚好体现了“学生为主体，教师为主导，训练为主线”。钱梦龙的基本式培养的是学生掌握语文学习规律的能力，使学生获得不需要教而会学的能力。钱梦龙在回顾自己的语文教学生涯时说：“三十多年来，我始终追求培养学生自学能力这个目标，摸索着，前进着。”他的教学设计，都是为了学生的学而设计，教师只是为了作为指导，以便学生进行自学。最终学生可以摆脱对教师的依赖，不仅在学习上能够独立，在意志上、人格上都能够独立。

4. 语文教学要设计“自学流程”。

魏书生老师一直在进行培养学生自学能力的训练。他的“六步课堂教学法”，是针对学生听课注意力不集中的情况，与学生商讨确定的教学方法。在这“六步课堂教学法”中，除了第四步答疑是教师进行必要的疑难问题解答之外，其余的都是让学生自己进行的学习活动，每堂课上教师的讲课时间从来不超过20分钟。这样的课堂教学，学生始终处于主动地位，这样的教学方法较好地反映了教与学之间的相互关系，也充分发挥了教师和学生双方的积极性和主动性。

5. 重视语文训练里的“学生体验”。

苏霍姆林斯基说过：“让学生体验到一种自己在亲身参与掌握知识的情感，乃是唤起少年特有的对知识的兴趣的重要条件。当一个人不仅在认识世界，而且在认识自我的时候，就能形成兴趣。没有这种自我肯定的体验，就不可能有对知识的真正的兴趣。”语文教学的另一要义是重视实践。余映潮老师就能立足实践对学生进行有效训练。他让学生在大量、广泛的语文实践活动中逐步掌握运用语文的规律。让学生在实践活动中获得充分的有益知识，是语文课堂教学的高层次境界。余老师认为这种境界能够表现出教师教学理念的时尚，同时又需要教师适应新的教学形式来形成熟练的教学技艺。余老师所谓的“学生活动充分”就是在教师的指导下，学生在充分占有学习时间的前提下进行学习语言、习得技巧、发展能力、训练思维的学习实践活动。如《苏州园林》的学生实践活动设计包括四项实践活动。实践活动之一：提取全文信息，“缩写”全文内容。实践活动之二：根据全文结构，阐释课文顺序。实践活动之三：选取重要片段，尝试选点精读。实践活动之四：学用段式结构，进行短文写作。通过实践活动的设计，学生对课文内容有了深入细致的理解和把握，教师对活动的设计也达到了应有的目的和教学效果。

6. 语文教学要用“语文的方法”，用语文的方法学习语文。

从《误尽苍生是语文》到《语文教育忧思录》，再到《杞人忧师》……传统的语文课程正在受到教育思潮的质疑。王旭明质疑语文教学的真假，提出“真语文”；赵谦祥质疑语文教学的雾霾，提出“绿色语文”；王崧舟、质疑语文的枯燥，提出“诗意语文”；张孝纯质疑语文的蜗居，提出“大语文”；马文科质疑语文的“过脑”而不是“走心”，提出“走心语文”……

7. 倡导语文教育中的学生“自我教育”。

魏书生把教学的管理作为教学科学化的重要部分，并形成了其独特的教学风格。他认为学生只有建立起计划、监督检查和总结反馈的学习管理系统，才能实现学生的积极主动的自我学习，才能真正提高学习效率，达到学习目的。魏书生的计划系统是教师和学生一起制定的，力求做到人人有事干，事事有人干，时时有事干，事事有时干。而要将计划落到实处，就要建立起监督检查系统。检查不仅是对学生学习情况的监督和考核，也是对教学计划的检验和考察。检验的目的是激发学生学习的动力，更高质量的完成教学计划。教学反馈也是教学必不可少的，它可以使教学更加完善，及时发现问题，减少失误，保证教学计划的顺利完成。以上步骤组合在一起，就构成了一个完整的学习管理系统，在它的引领下，推动了素质化教育的发展和实现。

8. 探索语文学习里的学生“最近发展区内”。

窦桂梅力求在学生最近发展区内“探索有‘深度’的课堂”。在了解学生的认知、心理、需要等基本情况下对文本的深度解读，通过设计适合儿童的话题吸引儿童参与进来，引导学生自己去探索、发现、挖掘文章的主题，并在这个过程中培养学生的思维，为学生提供成长的空间。学生不只要有知识，更重要的是会自己在“最近发展区内”获取知识。

9. 适度进行语文学科的“非标准化学习”。

允许学生对作品做出不同的理解。德国哲学家伽达默尔曾说过：“凡有理解，就有不同。”

10. 力倡教学反思的“学生角度”。

史金霞老师的教学反思，除了通过对自己教学的回顾、找出典型“病例”并进行分析、阅读理论文献、专家和同事来观察帮助等方式反思自己的教学之外，还高度重视学生角度的教学反思。“学”反映了“教”，从“学”的角度看问题，关注学生的需要、学生的发展状况以及学生的发展能力和素质。学生行为、思维状态、学习成绩以及学生对教师的期待都会反映出我们教学的状况。教学反思要寻找学生“创新的火花”。在课堂教学中，有时学生会提出独到的见解和有创意的问题，有时学生对问题的分析理解甚至优于教师预先设想的方案，教师都要给予充分肯定。这些难能可贵的见解将是对课堂教学的补充和完善，可以拓宽教师的教学思路，提高教学水平，因此，可以把它们记下来，作为以后丰富教学的材料养分。她通过回顾自己做学生时的经历来反思，自己过去的学习经历成为了自己教学实践的“镜子”，这样很自然地把我们的教学和现在学生的经历联系起来，考虑他们的感受、情绪、思维与行为。通过学生的眼睛来反思教师自己的教学。

11. 自得自能以培养语文学习习惯为要。

叶圣陶老师说：“从小学老师到大学教授，他们的任务就是帮助学生养成良好的习惯。”

12. 教师全方位的指导。

既指引导学生在知识、技能上“自为研索、自我历练”，又指引导学生在思想、品德上“自辨是非”“自我修养”；既要引导学生自己去读书，又要引导学生自己去实践；既包括学习方法的指导，又包括自学动机、态度、习惯、精神的培养；既引导学生在校时主动学习，又引导学生将来终生自学。这种“引导”，不仅是“言教”，而且是“身教”。

13. 努力实现语文教师的“自我转身”。

语文的学习既依赖自我学习，也受启于他人去学习。教师是学生自能自得的重要启发源，一定要发挥好“发动机”的作用。名师大家在教学指导思想上一般都看重“学法”研究。语文教师要想使学生真正成为主体，需要以下几个条件：教学内容或教学思路有新鲜感，能引起学生思考、探索的欲望；营造一定的“问题情境”，使学生带着疑问或悬念进入教学过程；指点学习的门径，使学生觉得入门不难，而且确能学有所得；为学生铺设知识、能力的台阶，使学生不断受到成功之乐的鼓舞。语文教师要激发学生的“求知欲”和“审美欲”。

14. 倡导学生自得自能，倡导学生“尊重教师，超越教师”。

窦桂梅提出“尊重教师，超越教师”的观点。尊重教师，主要是承认教师在教学中的地位；超越教师，体现在让学生“学会学习，学会思考、学会质疑、学会批判”，“有超越之胆，敢于超越教师的精神；有超越之识，能够超越的能力；有超越之智，实现超越的成功”，最终使学生成为学习的主人。让学生超越教师，要培养学生的自信，使学生能够无拘无束、真诚平等的与教师对话；让学生超越教师，还要培养学生的权利意识，教师要把思考、发现和批评的权利交给学生，鼓励学生独立思考和辨别批判。

叶圣陶说：“把学生培育成在各个方面都超过他们的前辈的新的一代。”受教育者对于现成的知识决不可“光知守而不知变”，一定要在接受前人经验的基础上通过自己的独立思考，有所发现，有所改革，有所创新才是。这种发现、改革、创新，是别人不能代庖的，必须在自学过程中逐步到达这样的境地。

总之，语文学习的终极目的是使学生个个成为真知真能的人，真知真能又必须以自知自能为前提。语文教育应该把学生培养成具有自主意识、自学能力和自学习惯的人，会听、会说、会读、会写。语文名师都是叶圣陶“贵在自能”思想的践行者。

语文特色：教文育人

“要记住，你不仅是教课的教师，也是学生的教育者，生活的导师和道德的引路人。”苏霍姆林斯基提醒我们，教师不仅是授课教师，还是育人教师。

语文作为人文学科具有对学生进行人文熏陶的学科功能。我国优秀的语文教师，毫无例外都有“教文育人”的学科思想。于漪老师坚持“教文育人”，把思想教育渗透于语言文字的教学之中，把情操熏陶、知识传授、能力培养和智力开发融为一体，教课感情饱满，语言生动，逻辑性强，富有吸引力，语文课充分地体现着“文道统一”的精神。其“教文育人”体现在以下几个方面。

一、语文教学里的素质教育

素质是教育对象适应自身发展和社会发展需要而逐步成熟的生命个性。素质这个词包含了人的自然属性和社会属性。于漪、钱梦龙等语文名师无一例外地遵循着素质教育的基本原则。于漪老师在《素质·能力·智力——我的语文育人观》一文指出：“语文教学根据学科的特点，须引导学生在素质、能力、智力等方面扎下深根。”

钱梦龙老师曾在回答记者问时这样说：“学生是什么？学生在教学过程中处在什么地位？教育应该把学生培养成怎样的人？学生当然是人，是正在长身体、长知识的青少年。这似乎不是个问题。但一旦进入了教育或教学领域，这个不成问题的问题恰恰成了问题。学生实际上完全丧失了作为人的能动性，一变而成了‘知识的容器’，成了‘被’填的鸭子，成了只会按老师为他编好的程序去操练和应考的机器人！正确的学生观必须明确学生是具有独立人格、思想感情、主观能动性和认知潜能的活生生的人。这是作为教师在教学过程中把‘主体’的地位和权利‘还’给学生的前提。”

素质教育成为每一位语文名师的追求。

二、语文教学的思想教育

叶圣陶说：“（学习语文）还有培养品德的好处，如培养严肃认真、一丝不苟的态度。这样看来，学习语文的意义更大了，对于从事工作和培养品德都有好处。”

叶圣陶说：“受教育的意义和目的是做人，做社会的够格的成员，做国家的够格的公民。”

于漪老师说：“语文教育就是‘教文育人’。语言文字是文化的载体与结晶，教学生学语文，伴随着语言文字的读写听说训练，须行认知教育、情感教育和人格教育。”

魏书生老师倡导“民主、科学”的教育思想，体现了对学生进行社会意识教育的特征。

程红兵提出语文的人格教育。以语文老师为原点，以学生为中心，在教育教学活动中有意识地、有计划性地将语文知识传授给学生的同时，对学生人格、价值观进行正确引导，以期学生树立正确的价值观和人格观念。程红兵老师提出：“学语文不是只学雕虫小技，而是学语文学做人，语文教育就是教文育人。”语文教育要求真、求善、求美，实现“语文人格教育追求的‘以能力为核心、以发展为主线、以人格为目标’的完人教育。”

“立人”是王栋生语文教育的核心理念。王栋生老师认为，这站立的“人”拥有独立的精神，自由的思想，高贵的气质，平等的意识。拥有这四个特征的人才能称之为“站立的人”。王栋生说：“育理想的人，才能从事教育。正因为我有理想，我的人生才有目标，我才能为之奋斗。”钱理群教授多次肯定王栋生老师“语文立人”的教学风格。

三、语文教学里的未来教育

于漪提出“教在今天，想到明天”。于漪老师认为：“培养学生就得精心研究学生，研究今日的学生，研究明日建设者的形象。”她认为语文教学必须树立育人的远大目标，树立能力为本的观念。“教育效果往往是相对滞后的，因此教育必须克服浮躁，要有前瞻和远见，要用明天建设者的要求指导今天的教育”。

四、语文教学里的科学教育

张志公先生在《汉语教学的过去、现在和未来》一文指出：“文学教育是一种精神教育、思想教育、美学教育，同时又是一种非常有利于智力开发的教育。学文学有助于发展联想能力、想象能力、创造思维能力。文学和科学绝非没有关系。”语文是可以肩负一定的直接或者间接的科学教育的功能的。《三体》等科幻小说、《南州六月荔枝丹》等科普说明文即是一例。

五、语文教学里的习惯教育

习惯是一种持久而稳定的行为方式，语文是一个高度关乎习惯的学科。

叶圣陶先生指出："语言文字的学习，就理解方面说，是得到一种知识；就运用方面说，是养成一种习惯。"（《叶圣陶语文教育论集》）

叶圣陶先生说："任何知识，第一要正确，第二要能够随时随地地应用，这哪里是讲一讲、听一听的事？要正确，就得认真学习，成为习惯。要应用，就得切合实际，成为习惯。好的态度才能随时随地表现，好的方法才能随时随地应用，好像出于本能，一辈子受用不尽。""直到'习惯成自然'，不待强制与警觉，也能行所无事地去做去，这些就是终身受用的习惯了。"

叶圣陶先生说："学习语文是养成习惯的事，必须锲而不舍，乃克有效。"

叶圣陶先生说："吸收的好习惯还得在继续不断的阅读中养成，发表的好习惯还得在继续不断的写作中养成。废书不观，搁笔不写，尽在那里问些什么阅读方法、写作方法，以为一朝听到了方法，事情就解决了，好习惯就养成了，那是绝无之理。"

养成学语文的好习惯，是叶圣陶培养习惯说中重要的组成部分。他认为就语文学科而言，教师一定要鼓励和引导广大青少年学生尽早养成两种好习惯：一种是凭语言文字吸收（听和读）的好习惯，一种是凭语言文字表达（说和写）的好习惯。"能不能从小学高年级起，就使学生养成写日记的习惯呢？或者不写日记，能不能养成写笔记的习惯呢？凡是干的，玩的，想的，觉得有意思就记。一句两句也可以，几百个字也可以，不勉强拉长，也不硬要缩短。总之实事求是，说老实话，对自己负责……这样的习惯假如能够养成，命题作文的方法似乎就可以废止，教师只要随时抽看学生的日记本或笔记本，给他们一些必要的指点就可以了。"

叶圣陶先生说：“理解是必要的，但是理解之后必须能够运用；知识是必要的，但是这种知识必须成为习惯。”

叶圣陶先生说：“无论哪一种能力，要达到了习惯成自然的地步，才算我们有了那种能力。不达到习惯成自然的地步，勉勉强强的做一做，那就算不得我们有了那种能力。”

叶圣陶先生说：“习惯养成得越多，那个人的能力越强。我们做人做事，需要种种的能力，所以最要紧的是养成种种的习惯。”

叶圣陶还说：“不尽的众多习惯中，有两种习惯万万不可养成：一是不养成什么习惯的习惯，二是妨害他人的习惯。”

叶圣陶说：“养成习惯，换个说法，就是教育。”在叶圣陶心目中，养成习惯和接受教育，是二而一的事。叶圣陶确信，教育的本旨就在于养成良好的习惯，并且终身以之。

《吕叔湘论语文教学》一书指出：“从某种意义来说，语言及其他一切技能，都是一种习惯。凡是习惯都是通过多次反复的实践养成。”

语言文字的学习，就认知说，是得到一种知识；就运用说，是养成一种习惯。这两方面必须联成一贯。理解是必要的，但是理解之后必须能够运用；知识是必要的，但是这种知识必须成为习惯。语言文字的学习，出发点在“知”，而终极点在“行”。

总之，语文教学要“教文育人”。“教文育人”对于教师素质提出更高要求。正如于漪老师所说，“教师首先要自我教育，完善人格。教师心里要装国运、装教育、装学生、装责任、装追求。教师身上挑着千钧重担，一头挑的是学生的现在，一头挑的是祖国的未来，这就是教师工作的整个世界。语文教师要永远把学生放在第一位”。

知识教学：关注智能

一、名师都善于把握语文学科知识的特点

1. 语文学科知识的分类特点。

南京师范大学黄伟教授在《语文知识刍论及吁求》指出：“语文知识可分成三种类型：语文学科知识、语文课程知识、语文教学知识。三类知识各有其价值功能、形态特征和呈现方式。对这三类知识进行分类考察、研究和建构，对认清当前语文知识状况、解决语文教学问题、推进语文教学的有效性和科学化，具有理论和实践价值。”书中进一步指出：“学校教育课程中的语文学科知识，是由文字、语言、文学、文章等多门学科知识综合而成的。”

早在1978年版《中学语文教学大纲》对语文知识就有这样的表述：“语文知识包括语法、修辞、逻辑、写作知识和文学常识等。这些知识力求精要、好懂、有用。”

语文知识的结构存在着组合性，呈现存在着序列性。吴红耘、皮连生在《语文教学科学化路在何方？——评章熊先生的〈我的语文教学思想历程〉》一文指出：“从三条线索考虑语文教学任务排序。一是按照学生的生活经验和课文内容知识排序；二是以语文基本技能结构中的句法与词法为中心，由易到难、由简单到复杂排序；三是按语文学习高级技能的难易程度排序。”此文谈到了语文知识如何排序，从而合理科学地呈现的问题。

2. 语文学科知识具有多学科知识错综的特点。

王力先生在《龙虫并雕斋琐语·增补拾遗·卷二十五》写道："语言，特别是汉语，和音乐的关系是很密切的。为什么？因为汉语是声调语言。从前我在法国，有人问我：'听说你们汉语是声调语言，那说汉语不就等于唱歌了吗？'我说：'那也差不多'。""语言，在脑子里没有说出来的时候，叫语象，这是心理学问题。发出语音，气从肺部经声门、声带，到口腔、鼻腔、舌头牙齿，这是生理学问题。声音发出来以后在空气中传播，这是物理学问题。这三个学科，和语言学的关系实在太密切了。""语言学和自然科学的关系也十分密切，特别是现代，产生了语言学和许多自然科学的边缘科学。""1961年我主编一部《古代汉语》。《古代汉语·通论》中有《古代文化常识》，头一篇就要讲中国古代的天文。我急来抱佛脚，只好去学天文。学天文要懂三角，我又去学三角。"这些例子说明，无论语言还是文学，都是和其他学科高度交叉、高度融合的复合性知识。任何一种语言文字的知识都比较复杂。西塞罗说连他自己也不熟悉拉丁文的一切细节。我国语文因丰富而复杂，甚至要比拉丁文复杂得多。

3. 语文学科知识具有致用的特点。

顾振彪在《关于中学语言知识教教材的反思与设想》一文指出："叶圣陶先生呼吁语言学家编写不用语法术语的语法书籍，张志公倡导建立实际应用语言的知识系统，都旨在解决中学语文知识的致用问题。"

4. 语文学科知识具有专业学习难度大的特点。

汉字难识。汉语是世界上最难学习的语言，汉字是世界上最难学习的文字。世界其他语言的文字都是表音的符号，只有汉字是表意的符号。汉字最初是形象文字，逐渐发展为包括了象形、指事、会意、形声、假借、转注等六种造字方式，合称"六书"。因为多音字的广泛存在，汉字的拼音也很难掌握。

汉字难写。虽然世界各地几乎所有的文字都有书写要求，但汉字更讲究书写基本功，对笔画、笔顺和间架结构都有具体要求，讲究横平竖直、结构匀称。汉字很不容易做到书写工整。小学多开设“写字”课，就是为了训练学生的书写能力。汉字书写的艺术化也叫书法。

词语难用。相当一部分词语，都是多义词。往往一个字有多重含义，一个词有多重含义。判定该字、该词当下的含义，需要借助复杂的语境。学语文必须增长语境下的语义判断能力。

语法难以完全类化。汉语语法有自己的特点。汉语语法体系的建设虽然受到了西方语法理论的启发，但自身特点非常鲜明。比如形态变化少；虚词和语序等语法手段发挥着重要作用；词类与句法成分之间不存在简单的一一对应的关系；词的结构、短语的结构跟句子的结构基本一致；有大量的量词存在并发挥作用，等等。

语感难以捕捉。汉语虽有语法，却更重视语感。叶圣陶说：（语感就是）“对于语言文字的灵敏的感觉”，“是对语言文字的正确丰富的了解力”。对于训练语感的重要意义，叶圣陶指出：“文字语言的训练，我以为最重要的是训练语感，就是对于语文的锐敏的感觉。”

许多语文知识难以精准言说。许多知识可以领会，无法言传。语文知识主要是语言知识、文字知识和文学知识，大多存在着非理性、非客观、难以准确描述、甚至知识处于被个性化理解状态等等特征。语文的无意识知识比例很高，难以用显性明确的方式去表达，只能通过意会去学习。许多语文知识类似糨糊，它不像理科那样条理化，几条定理、几种学说、几种假设，条块特别规整，概念特别清晰。

语文知识的弱系统性，许多知识难以归类。我们语文有着丰富庞大的学科知识，却没有清晰的学科知识系统。语文知识的呈现方式多样，具有非系统化特征。单个知识具有难以精准描述的特点，多个知识具有难以结构化的特点。

中华语文知识极其丰富，特别是文学浩如烟海。许多国家的文学形式都比较单一，中国文学的种类则相当齐全。诗歌、戏剧、小说、散文等大类自不必说，各种地方文学、民族文学同样琳琅满目。文学作品中的审美情趣也别具特色。由于历史十分悠久，我国语文不仅博大，而且精深，堪称世界之最。穷其一生也难尽览，穷其一生也难透悟。一个中文专业的博士研究生，读不懂中国最早的政论散文著作《尚书》、读不懂最早的哲学专著《周易》，这很正常；一名中文专业硕士研究生读不懂最早的历史散文著作《春秋》，读不懂最早的字典《说文解字》，读不懂辞书《尔雅》，读不懂《文心雕龙》，读不懂最早的诗歌著作《诗经》，读不懂《人间词话》，这都很正常；一名中文专业本科生读不懂《玉台新咏》，读不懂《沧浪诗话》，读不懂《古诗十九首》，读不懂《剑南诗稿》，读不懂《西厢记》，甚至读不懂《红楼梦》等四大名著，这也很正常。唐代韩偓有《赠易卜崔江处士（袁州）》诗："白首穷经通秘义，青山养老度危时。门传组绶身能退，家学渔樵迹更奇。四海尽闻龟策妙，九霄堪叹鹤书迟。壶中日月将何用，借与闲人试一窥。"这首诗写出中国古代语文知识学习的难度。

二、名师都善于进行语文知识教学

龚鹏程老师有一部学术著作《有知识的文学课》。语文教学不全是知识教学，但语文教学不能没有知识教学。

语文学科相对不够重视原理性知识和概念知识，大部分知识是现象知识，零散而不成体系；语文学科的现象知识比例很高，难以归类和系统；语文知识难以系统梳理，语文知识常常处于凌乱状态。有些学生不适应语文的学科特点，学不好；有些语文教师虽然毕业于专业院校，但并不得语文学科知识精髓，教不好。研究知识教学，成为提高语文教学质量的关键。

语文教学不可忽视语文知识教学，不要撇弃知识根基去谈素养、素质。钱梦龙老师曾写过《去知识去传统去训练，语文教学的三大弊端》一文，指出："去知识——这是有明显的后果的。满街的错别字，我们的语文知识在哪里？去传统——盲目反传统，就可以凭空建立一个全新的世界？去训练——我们常说熟则生巧。反过来说，不巧是因为不熟，不熟是因为不练，不练自然就不可能掌握。语文毕竟是一门语言文字科目，要能识字断句，集字成文，解其三味，领略内涵。语文课需要去掉花哨，回归传统。"

黄厚江老师认为："语文课程迫切需要建立一个学科知识系统。"我们理应从语文知识本身的维度、学生是否实用、教师是否便于操作三个方面入手，寻找一个比较理想的契合点，逐步完善语文学科知识体系。

三、语文知识教学的未来趋势：从知识到智能

20世纪初，语文从古代综合性的教育中独立出来，中小学语文课堂开始出现包括注音字母、标点符号、文字的笔画、修辞、语法等内容的语言知识教学。20世纪三四十年代，中小学语文教材中开始大量出现"发音""读法""书法""作法""缀法"等语文知识，教材代表是夏丏尊、叶绍钧合编的《国文百八课》。该教材以文章学知识为经，以选文为纬，是中国现代语文教育史上第一部系统的在知识理论指导下构建的比较成熟的语文教科书。20世纪50年代，课程知识的讨论主要集中基本知识和基本能力上，1956年《小学语文教学大纲（草案）》把汉语教学和文学分科，1963年《全日制小学语文教学大纲（草案）》，明确提出语文学科的工具性，强调加强语文基础知识的教学和基本技能的训

练，强调多读多练，但是汉语不再单独分科。1978年《全日制十年学校小学语文教学大纲（试行草案）》增添了基础训练的内容。20世纪80年代语文教材以语文知识、选文、练习三大板块组合的形式出现。新课改以来，语文知识教学有所弱化，语法等知识不再以专题出现；但能力、过程与方法、情感态度价值观等得到加强。

在已经到来的互联网时代和即将到来的人工智能时代，学生获取语文知识非常容易。教材不是学生获取知识的唯一通道，教室不是学生获取知识的唯一物理空间，教师不是掌握知识的绝对权威。语文知识已经不是稀缺资源，语文知识稀缺的时代一去不返。不少名师已经敏锐意识到了语文教育的划时代变革。比如孙双金老师倡导语文“情智教育”，显然已经超越了语文知识的层面。

时代要求我们重新认识语文知识教学的地位。语文教师必须意识到语文知识在语文学科教学格局中的重要变化。语文知识很重要，但语文智力更重要。语文智力和语文知识是不同的概念，一定要重视学生的现代语文智力的形成，不仅包括知识，还包括获取知识、运用知识、跨文化理解知识、跨文本分析知识、创生新的知识的各种心智素养。换个说法，就是高度关注语文学科核心素养。从“教会知识”转向“教会学习”，从关注语文知识生成转向关注语文素养生成，已经成为必然选择。

时代要求我们重新认识语文知识教学的途径。除了传统课堂，线上线下学习、双师课堂、翻转课堂、微课……语文知识教学正在接受着前所未有的方法创新和理念重构。各种学习App如雨后春笋。

时代对语文教师提高信息素养提出新的要求。信息技术、人工智能、互联网，正在重构教育生态和教学范式运用信息化手段获取语文资源、整合语文资源、呈现语文资源，运用现代教育技术手段和大数据进行师生互动和及时评价，成为语文课堂教学的潮流。

古诗文教学：诗文在斯

歌德写过：“不是我在写诗，是诗在我心中歌唱。”鲁迅在《摩罗诗力说》写道：“凡人之心，无不有诗。”

一、诗词教学

1. 浅论诗词教学在语文学科里的地位。

（1）诗词是语文课文里最优美的部分。《诗经》“昔我往矣，杨柳依依。今我来思，雨雪霏霏”，这些诗句是不是至柔至美呢?

（2）诗词往往是语文课文里最关乎人心、人性、人情的部分。尼采在《苏鲁支语录》写道：“凡一切已经写下的，我只爱其人用血写下的书。用血写书，然后你将体会到，血便是精义。”尼采所谓的血写下的书，就是用真心真性写下的书。请看唐张籍《节妇吟》“妾家高楼连苑起，良人执戟明光里。知君用心如日月，事夫誓拟同生死”，这诗句包涵的感情有多真挚和细腻!

王国维《人间词话》第一百二十三则：“‘昔为倡家女，今为荡子妇。荡子行不归，空床难独守’；‘何不策高足，先局要津路。无为守贫贱，坎坷长辛苦’，可谓淫鄙之尤。然无视为淫词、鄙词，以其真也。”王国维举例的两首诗，出自《古诗十九首》。一首写妇人空床之淫，一首写贪图权贵之鄙。然而诗歌评论并没有把它们列入淫词、鄙词，而是作为文学作品里的珍品，恰恰是因为这些作品是用尼采所说的

“血”写成的。

王国维《人间词话》第一百二十二则：“纳兰容若以自然之眼观物，以自然之舌言情，此由初入中原，未染汉人风气，故能真切如此。北宋以来，一人而已。”王国维称赞纳兰性德为“北宋以来，一人而已”，主要是因为纳兰性德的诗里，有大性情、真性情、纯性情。

请看纳兰性德《菩萨蛮》的真性情：“催花未歇花奴鼓，酒醒已见残红舞。不忍覆余觞，临风泪数行。粉香看又别，空剩当时月。月也异当时，凄清照鬓丝。”（引自苏缨《纳兰词典评》）

（3）诗词往往是语文课文里最耐人品味的部分。温庭筠《菩萨蛮》：“无言匀睡脸，枕上屏山掩。时节欲黄昏，无憀独倚门。”这是以美人迟暮，来比兴报国无门的志士渴望获得赏识重用的千古佳句。

（4）幼儿最早的语文教育往往是从五言绝句开始的。“床前明月光，疑是地上霜”，几乎是全国人民学习语文的共同启蒙。

（5）古典诗词水平是一个人古典文化修养高低的主要标志。严羽《沧浪诗话》指出：“学诗先除五俗：一曰俗体，二曰俗意，三曰俗句，四曰俗字，五曰俗韵。”诗词评论大家叶嘉莹因其文学修养精深，而成高贵化身。

（6）古典诗词犹如战争的制高点。以古典诗词为底色去学习散文、创作散文、鉴赏散文，如临高而下，马踏平川。朱自清就是典范。

2. 诗词学习的难度在哪里？

（1）鉴赏诗词需要感悟作品的意境乃至境界。诗歌有其独有的气质、神韵，王国维总称之为“境界”。王国维《人间词话》第四十五则：“言气质，言神韵，不如言境界。境界为本也，气质、格律、神韵，末也。有境界，而三者随之矣。”《人间词话》第三十一则：“词以境界为最上。有境界则自成高格，自有名句。五代北宋之词所以独绝者在此。”

（2）鉴赏诗词需要揣摩诗词里含义深奥的意象。诗歌忌讳直白，抒情言志要借助于物。作者是将内在情感寄托于外在事物之中的。王国维在《王静安先生遗书·卷十五文学小言》写道：“文学中有二元质焉：曰景曰情。前者以描写自然及人生之事实为主；后者则吾人对此种事实之精神态度也。故前者客观的，后者主观的也；前者知识的，后者感情的也。”“文学者，不外知识与感情交代之结果而已。苟无敏锐之知识与深邃之感情，不足与于文学之事。”艾青在《诗论》指出：“人的思维活动所产生的联想、想象，无非是生活经验的复合。在这种复合的过程中产生了比喻。比喻的目的是经验与经验的交相印证。”

（3）鉴赏诗词需要捕捉作者蕴含于作品中的情感。艾青在《诗论》指出：“并不是每首诗都在写自己。但是，每首诗都由自己去写——就是通过自己的心去写。”

（4）鉴赏诗词甚至需要感悟作者创作的灵感。艾青在《诗论》指出：“所谓‘灵感’，无非是诗人对事物发生新的激动，突然感到的激动，瞬即消失的心灵的闪耀。所谓的‘灵感’，是诗人的主观世界与客观世界最愉快的邂逅。‘灵感’是诗人的朋友，为什么要把它放逐到唯心主义的沙漠里去呢？”诗人创作的灵感，往往也是诗歌立意所在、精髓所在。

（5）鉴赏诗歌需要品味诗词高度凝练、非语法排列、非逻辑呈现的语言。诗歌语言和散文语言有着很大区别，绝不是按行排列、注意押韵这么简单。“枯藤老树昏鸦，西风古道瘦马”，这样的语言不合乎语法，甚至不合乎逻辑，但这就是诗歌语言。古典诗歌的语言，是高度韵律化的。现代诗歌不刻意强调诗歌韵律，但语言的凝练性特征仍然存有。艾青在《诗论》指出：“用最精炼的语言，表达最丰富的思想感情；用最浅显的语言，表达最深刻的思想感情；即使用隐晦的语言，也无非要暗示哲理。”

（6）鉴赏诗词需要文化积累。古典诗歌鉴赏离不开诗词典故和诗词故事。宁夏特级教师仇千记主编《小学生必背古诗词75首》，全面呈现每首诗的诗词原文（注音）、诗句注释、诗人简介、诗文翻译、拓展阅读等方面，拓展阅读搜集和选编了与诗人或诗词有关的历史记载、趣味故事、民间传说等文章，帮助学生鉴赏诗词。

3. 诗词教学注意些什么？

（1）要依据诗词的文体知识进行教学，不可只知其文句，更要知其规则，知其根本。一要熟悉诗歌的体例。严羽《沧浪诗话》指出：“诗之法有五，曰体制，曰格力，曰气象，曰兴趣，曰音节。”要基本熟悉诗歌流变。严羽《沧浪诗话》指出：“《风》《雅》《颂》既亡，一变而为《离骚》，再变而为西汉五言，三变而为歌行杂体，四变而为沈宋律诗。”对于关键节点的关键作者的关键作品，一定要高度关注。这也就抓住了诗歌发展的脉络。二要熟悉诗歌的风格。严羽《沧浪诗话》指出：“诗之品有九，曰高，曰古，曰深，曰远，曰长，曰雄浑，曰飘逸，曰悲壮，曰凄婉。”三要熟悉诗歌的常用技巧。艾青在《诗论》指出：“不要为玩弄技巧而写诗，写诗又必须有技巧。”严羽《沧浪诗话》指出：“其用工有三：曰起结，曰句法，曰字眼。”

（2）要立足诗词的形象思维特征进行教学。艾青在《诗论》指出：“形象思维的方法，是抽象与具体之间的‘互相补充’的方法。”“写诗的人常常为表达一个观念而寻找形象。”艾青在《诗论》指出：“形象思维的方法，是诗，也是一切文学创作的基本方法。”诗歌常用托物言志、借物抒情等手法，不可不知。

（3）要抓住诗人的思想感情进行教学。艾青在《诗论》指出：

“真正的诗人们，让我们摸一摸人民的脉搏吧！让我们更深刻地了解人民在渴望些什么？人民在要求什么？让我们从人民的身上感受一点体温吧！”艾青在《诗论》指出：“诗人所要反映的真实，是更深刻的真实。或者说，是属于最广大的人民群众的、更持久的真实。”艾青在《诗论》指出：“诗人要忠于自己的感受。所谓感受，就是对客观世界的反映。”艾青在《诗论》指出：“外面的世界是瞬息万变的：有时刮风，有时下雨；人的感情也有时高兴，有时悲哀。”

（4）要抓住诗人的风格进行教学。艾青在《诗论》指出：“我所爱的诗，是最具有个性的诗，由各人不同的风格、不同的手法、不同的构思方式所写的诗。”

（5）要抓住关键字眼、诗词常见意象进行教学。

（6）要立足吟诵进行诗词教学。宁夏长庆小学正高级教师陈晓秋认为：“古诗有‘只可意会，不可言传’的意境美，这种意境美最好的表现方式，是通过激发学生的想象力，使诗情画意尽在学生脑海中。如何去展现，诵读是最好的方式。只有饱含感情地诵读，才能体会出诗的真味。学生吟诵诗文，抑扬顿挫，韵味无穷，不仅可以感受到汉语言的音律之美，诗文意境之美，形象之美，还可以积累语言，受到熏陶感染。”

二、文言教学

1. 文言包括哪些内容。

单就文言而言，包括韵文和散文。

（1）先秦散文包括诸子散文和历史散文。

诸子散文分为几个阶段：《论语》阶段，《庄子》阶段，《孟子》阶段。

历史散文包括记载人物言论为主的如《尚书》《国语》《战国策》；记载事件为主的如《春秋》《左传》。

（2）两汉魏晋南北朝：韵文为主。先秦散文之后、古文运动之前流行韵文。韵文是带有骈体文性质的文章。班固、司马相如、扬雄的文章，多为赋。和汉赋同时，历史散文以记人为主，如《史记》的列传、世家、本纪部分。汉代一些策论、散文也很有名。比如贾谊的策论《过秦论》、董仲舒的策论《天人三策》、扬雄的学术论文《法言》。

（3）唐宋古文运动实则是散文的一次革命。韩愈是真正意义的散文大家，柳宗元的山水游记别有特色。宋代散文大家当属欧阳修。在欧阳修影响下，三苏、王安石、曾巩等千古留名。

（4）明清散文有公安派、性灵派、桐城派、竟陵派若干流派，抓住其代表作家一二人即可。

（5）以高考而论，古文教学的重点是史传，尤其是《史记》《汉书》。

2. 古文为什么难学？

古文教学相对来说具有难度。学生们开玩笑说，学习语文有“三怕”：一怕写作文，二怕背古文，三怕周树人。学古文就是其中一项。

古文之所以难学，是因为古文是古人的书面语言。古文是古代的书面语，而不是古代的口语。所以即使是古人，也必须专门从事书面语言学习，才可以掌握古文。古人和今人，也有着时间间隔和文化间隔。时间跨度加上文化差异，致使我们学习古文更不容易。

其实，按照理解难度划分，古文也有区别。最难阅读的：生僻字使用率高，或者文句过于简单，或者纯哲学著作，或者纯术语著作，这些文章很不好理解。比如《尚书》，因文句过于佶屈聱牙难以理解；《离骚》，因为生僻字过多，难以理解；《墨子》的本论部分，因为思想深奥而难以理解。

次难阅读的：哲理类的散文，往往情、景、思、哲熔为一炉。文句字面意义看起来并不深奥，但由于含有哲学思辨，深层的思想意义不是很好理解。比如王羲之《兰亭集序》、苏轼《赤壁赋》；策论之类，政治色彩浓，需要一定的社会经验作为阅读基础，理解难度仍然较大。

相对较为容易的，比如史传类作品，因为人物故事前后连贯，故事性强，贴近生活，术语少，生僻字少，相对来说阅读难度小。

古人的半白话作品相对来说难度较小。古人中早就有人意识到古文与生活语言的脱节问题，因而表现出尝试用浅近的白话文表达的倾向。大家读朱熹的《近思录》、王阳明的《传习录》，都可以感受到丝丝半白话文的气息。《三国演义》《水浒传》《三言》作为古人写的小说，俨然已经是古人的白话了，不妨称之为“半文言”。这类作品相对来说，阅读难度小多了。

3. 经典文言文必须适度强化。

文明古国不亡，全靠文脉未断。适当学习古文很有必要。20世纪初，钱玄同曾经提出：“汉字不亡，中国必亡”。对于中国古代语言文字持怀疑态度的甚至有鲁迅和胡适等大师。据周勇先生《大师的教书生涯》记载，鲁迅在厦门大学任教时，明确让学生“少读那些古董书”。与之相反，吴宓、梅光迪因为老同学胡适倡导白话文运动，匆匆从哥伦比亚大学回国，立足东南大学创办《学衡》刊物，创作古体诗，维护国语的文言传统。吴宓这么做的理由很简单，国文如果全盘白话，则民族文化基因遗失殆尽。

也有一些学者，虽然不去进行语言文字论战，却在学术活动中体现了自己的语言文字立场。比如被称作“三无学者”的陈寅恪，又如被称作“大清皇帝老师”的王国维。他们不和白话文开战，却在精心研究古文里的国学。即使用近似于白话文写出《少年中国说》《中国人的文化启蒙》的被称作“南海圣人弟子”的梁启超，也时刻关注着国学。

语文课本如果全是古文当然有问题——因为语文是面向大众、面向实践、面向时代的，它是表达和交流的工具，全面复古意味着无法面对现实和面向未来；语文课本如果全然没有古文当然也有问题，因为中华语文的精髓，比如《论语》，比如《诗经》，比如《史记》，全是古文写就。不学习古文的中国念书人就是连祖宗都丢了的无根之草。

4. 教材里的古文比例。

古文学习占语文学习的多大比例？这涉及古诗文和白话文的结构问题。2017年国家统编“三科”（语文、历史、道德与法治）教材颁布，古文比例有所增长，古文与白话文之结构更加合理。“去古文化”思潮在“文革”达到峰值后至2017年恢复到应有的分寸。我们认为，中学教材古文占三分之一比较恰切；相比较课本比例，中高考里古诗文阅读占分比例略低，四分之一比较恰切。

5. 探索高效的文言文教学。

（1）尝试削减古文学习难度。

古文今赏——缩短时空距离。学习韩愈的《师说》，我们想到了当今学生的厌学风潮了吗？学习曹操《短歌行》，我们想到人才市场了吗？文字是古代汉语，思想是古人思想，但古人与今人有着千丝万缕的联系，甚至历史在重复着惊人的相似。学会古文今赏，我们忽然觉得烛之武并不遥远，很像某国东奔西走缓解战争危险的外交部部长；赵太后也不神秘，很像心疼儿子舍不得他去参军的老母亲。古文今赏的真正目的，是让孩子们思接千古，彻底喜欢上古文。现代的孩子大多喜欢可乐，不喜欢茶茗；喜欢文化快餐，不喜欢古典文章。古文真的不好学吗？其实换换思路，我们会发现学习古文不仅不是畏途，倒更情趣横生。

立足长远——增强学习动机。我们为什么要学习古文呢？不学古文不也照样可以用白话文说话、写作吗？这两个问题不搞清楚，我们很难对古文产生深刻的兴趣。古典文章正如武侠小说里的正道功夫，学起来见效慢，读起来乏味道，但它浓缩了中华民族千百年的人文智慧。学懂“之乎者也”肯定会大大增加我们人文素养的砝码。一个人如果只是浅陋地活着，当然不需要学习古文；但如果要建设典雅的精神殿堂，要有大的人生境界产生，则最好多学学古文。随着时日推移，人生阅历丰富，少时阅读古文的好处在成年之后将不断涌现。昔日视如沙砾的古文变成了今朝颗颗人文精神饱满的珍珠，使人后半生受用不尽。

整体感知——削减理解难度。每篇古文都有不好懂的地方，这很正常。如果一开始就硬啃骨头，许多地方可能啃不动。但如果我们学会整体把握，首先扼要概括主旨，我们就从全局上占据了阅读的先机，就可以居高临下，势如破竹。在具体的语段阅读时，先感知轻车熟路的，并从已知部分出发去用心感悟未知部分，最后会“蒙”出许多原先不懂的地方。阳光扩散的过程，不就是黑暗后退的过程吗？

融会贯通——实现事半功倍。古文是汉语的历史状态，古今可以参照学习。比如，在现代汉语句式的基础上去理解古文中的倒装句式——什么成分的位置向前或者向后发生变化了，就可以判断作什么成分前置或者后置，而绝不需要死背硬记。甚至不同的语种之间也是可以相互启发的。比如，英语的从句，和古文的取消独立性，有一定相同之处；英语的介词短语，大多有古文的“后置”现象。

削减古文学习难度的办法还有：重点字词含义比较，归类记忆；善于使用课后注解；善于使用背景知识；善于使用文化知识，等等。真希望怕学古文的同学，都能爱上古文——将古文学习的过程，当作喝咖啡一样的享受。

（2）善于总结古文教学方法。

参考南京小学语文名家孙双金古诗文背诵教学等教学经验，笔者总结古文教学方法如下：第一是“随读随解”，提倡老师适度的讲解。虽然说“书读百遍，其义自见”，但对那些深奥的内容，那些你不讲，他再怎么也读不懂的内容，老师就应该讲解启发，让学生在适度理解的基础上背诵。这样的学习才是有意义有价值的学习。“先生教学功夫，必以讲解为第一义也”；“字字句句，自要说得通透，乃止”；“与之逐字讲，逐句讲，如俗语一般，使知书如说话”（《程氏家塾读书分年日程》）。第二是创设情境。提倡在情境中学习。创设情境，让学生身临其境，学生兴趣盎然，乐此不疲。第三是学思结合，提倡在对话中学习。因为对话是平等的，对话是开放的，对话是思考的，对话能碰撞出思想的火花。第四是交流学习。提倡在合作中学习，合作就有探讨，合作就有交流，合作就有分享。

三、古诗文教学经典案例

文言诗文更有对学生精神和语感熏陶感染的作用。屈原、司马迁、李白、苏轼等先贤，以文言构筑的诗文，是辉煌灿烂的“精神灯塔”，照彻千万年，沐浴古今人。语文教学大师无不青睐古诗文教学。

黄厚江老师提出“三文融合”文言文教学。针对文言文教学中“字字落实，句句清楚”的教学方式，黄厚江主张力避串讲，并从文言教学整体性的角度，提出了“三文”融合的文言文教学观，即文言文教学的内容包含文言、文章和文化三个方面，教学过程中应努力追求三者的自然融合。他的文言教学十分重视文言知识的积累，但不是孤立的字词训练，更不是古汉语知识的系统学习，而是在整体阅读中的积累。比如，在教《阿房宫赋》时指出“可怜焦土”中“焦土”的名词作动词的特殊用法；在教《黔之驴》讨论“驴不胜怒”中“胜”的读音变化等，他一直在不折不扣地落实文言基础知识的教学，但又善于化整为零，区别对待。在文言、文章、文化融合的整体中提高学生的语文综合素养，是他文言文教学的根本追求。如在《阿房宫赋》教学的最后，黄老师向学生展示了自己改写的结尾：“观古今之成败，成，人也，非天也；败，亦人也，非天也。成败得失，皆由人也，非关天也。得失之故，归之于天，亦惑矣！”并让学生对照课文进行大胆地评说。黄老师的这个改写并不是“续貂”，而是经过对文章主旨的深入思考，紧密结合学生的实际而进行的人生观、价值观的教育。这一设计体现了“三文”融合的文言教学整体思想。

韩军老师“文言教学主张”如下：没有文言，我们找不到回家的路。是文言教育造就了白话大师，文言学习形成纯粹、典雅的汉语语感，文言是白话的根基。人们在孩童的“语言敏感期”，从“根源处”学习语言，阅读和背诵一定数量的古诗、古文。打好了文言根基，再运用白话来表达，那么，写出的文字就比较简洁、干净、纯粹、典雅、形象、传神；相反，通过白话来学习运用白话，写出文字，就难以达到以上的境界，反而可能拖沓、冗长、烦琐、欧化、啰唆、抽象。文言诗文中，肯定有糟粕，但是也肯定有精华，正像白话中有语言垃圾也有语言珠玉一样。对于中小学课本来说，宜古今兼选，不可偏执一端，或偏古失古，关键是编写教材者选择、取舍得当。

银川教科所姜俐冰老师认为，古诗词教学要“在教与不教中寻路，在解与不解中求解，在同与不同中溯源。”她认为，古诗词教学特别是小学语文教学中，教师应用智慧和才情为孩子保留那份古诗词独有的“真”与和谐的“美”，而不是以“教”的名义去“拆解”“破坏”。

宁夏银川实验小学刘燕、遇旻等老师编写的《晨读晚诵小古文》系列分低段、中段、高段三册，每册又分为“小古文大世界”“小故事大道理”“小经典大智慧”和“选读”四个篇章，彰显了学段性、科学性、传承性和启发性等特点，能使学生获得纯正的“母语”教育启蒙。

林语堂说：“古者则幽深淡远之旨，今者则得亲切逼真之妙。两者须看时并用，方得文字机趣。”“国语要雅健，也必有白话、文言二源。”

语文积累：诵读感悟

孔子说："温故而知新，可以为师矣。""温故"的行为里蕴含着习得、巩固、积累的思想。

一、积累在语文教学中的意义

1. 语文学科强调博闻强记。

大量语文知识都需要记忆、品味、涵咏、内化，学生必须记忆并逐渐消化汉字、词汇、诗句、名言、文学常识等语文知识。语文是一个高度关乎积累的学科，也是个"蜗牛"学科，日积月累，终成大果。

叶圣陶先生高度重视积累。他说："从前书塾里读书，既要知新，又要温故。在学习的过程中，匀出一段时间来温理以前读过的，这是个很好的办法。现在教学国文，应该采取它。"叶圣陶认为通过温故，"回味那已有的了解与体会，更寻求那新生的了解与体会，效益决不会比上一篇新的来得少。"

于永正老师倡导的小学语文"五重教学"，其一就是"重积累"。

2. 什么是语文积累？

词典对积累的定义是：为了将来发展的需要，逐渐聚集起有用的东西，使之慢慢增长完善。语文是一个高度依赖积累的学科。在儿童的记忆仓库中，丰富的语言材料的储备，是理解和运用语言的必要条件，也是提高思维能力和智能活动水平的基础。语文积累，语文教学必须重视

“三积”：知识积累、文化积淀、体验积累。程翔老师主张，语文教学应在继承传统的“双基”教学的前提下，着力加强学生的“语文基础积累”和“语文基本习惯”的培养。

3. 我国的语文教学自古就有积累的传统。

以诵读为基本形式的积累，为学子成长和发展奠定了坚实的学识基础，也成为我国语文教学的传统优势。宋代大儒张载说得好：“记得便说得，说得便行得”“不记则思不起”。美学家朱光潜说过：“过去我国学习诗文的人大半都从精选精读一些模范作品入手，用的是‘集中全力打歼灭战’的方法，把数量不多的好诗文熟读成诵，反复吟诵，仔细揣摩，不但要弄懂每字每句的确切意义，还要推敲出全篇的气势脉络和声音节奏，使它沉浸在自己的心胸和筋肉里，等到自己动笔行文时，于无意中支配着自己的思路和气势。”

我国古代先哲极为推崇积累。圣贤们对于积累的重视无以复加，将积累上升到方法论的至高程度。《老子》第64章写道：“合抱之木，生于毫末；九层之台，起于累土；千里之行，始于足下。”苏轼在《稼说送张琥》中写道：“博观而约取，厚积而薄发。”李斯《谏逐客书》写道：“泰山不让土壤，故能成其大；河海不择细流，故能就其深。”王肃《孔子家语·观周》写道：“涓涓不壅，终为江河。”《庄子·则阳》写道：“丘山积卑而为高，江河合水而为大。”刘勰则说：“积学以储宝，酌理以富才。”

4. 眼下语文教学最大的弊端。

教师重讲解而学生轻积累。学生主体地位虚假。有人认为教师不讲周到就是没水平，不讲透彻就是对不住学生。教师过分依赖讲解和分析，占用了学生大量的体验、练习、积累、思考的时间。学生体验肤浅，没有夯实基础。寒窗苦学多年，仍旧腹中空空。这和传统语文教育培养出的学生动辄出口成章形成鲜明对照。

俗话说“巧妇难为无米之炊”。学生语文素养下降的关键，便是缺少积累“米”。虽然教师反复传授做饭的方法，学生也铭记于心，并且能对蒸饭、煮饭、炒饭说长道短，但他们仍然无法做出饭来。看来，语文教学的基础环节便是先帮学生找“米”，通过积累，让学生的米缸里装满米。

二、语文积累的教学策略

一重经典，二重诵读，三重涵泳。

1. 经典阅读。

经典阅读，意味着要进行阅读品味的选择。让世俗远离学生，让学生远离世俗；让经典走近学生，让学生走近经典。经典阅读意味着要进行理性的思考。让崇高走近学生，也让学生走进崇高。

2. 熟读成诵。

（1）朗读。

我们一般比较注重文本语言的意义层面，有时忽视了语言的语音层面。其实语言表情达意的很大魅力还在语音。古人之所以强调诵读，大概就是出于对语音意义的深刻认识。朗诵，尤其是入情朗诵，确实是引学生进入文本的最佳方式。教师如能加强诵读示范、做好诵读指导，定会取得意想不到的进入文本的效果。

叶圣陶老师说过：“从前的人学作文章都注重诵读，往往说，只要把几十篇文章读得烂熟，自然而然就能够下笔成文了。这话好像含有神秘性，说穿了道理也很平常，原来这就是锻炼语言习惯的意思。”

叶圣陶说：“语文学科，不该只用心与眼来学习；须在心与眼之外，加用口与耳才好。吟诵就是心、眼、口、耳并用的一种学习方法。”

韩军老师的“新语文教育”视诵读为基本教学法，认为诵到极致是“说话”。提出“九个诵读教学法”：正己意，准其音，放其声，理其层，揣其意，摹其情，想其景，演其形，熟其文。

朗读首先要明确标准。小学生朗读标准要求是：正确、流利、有感情。

每次朗读教学前，老师要对学生朗读提出明确具体的要求，比如字音方面、速度方面、节奏方面、语气方面、语调方面、感情方面，等等。每次朗读教学时，老师都要思考恰切的朗读形式。范读、自由读、个别读、分角色读、配音读、轮读、齐读、合读，加动作读、加表情读、加表演读，等等。形式多样，激发兴趣。每次朗读教学前后，都要进行文句理解和文意体味。设计以朗读为中心的多样化的学生语文学习活动。包括：读一读、议一议、写一写、划一划、比一比、改一改、想一想，等等。

（2）背诵。

朱自清先生说过：“中国人学诗向来注重背诵。俗话说得好，‘熟读唐诗三百首，不会作诗也会吟’。熟读不但能领略声调的好处，并且能熟悉诗的用字、句法、章法。诗是精粹的语言，有它独特的表现方式。学习这些方式最有效的方法就是综合，背诵便是这种综合的方法。”

孙双金提出小学语文的“三块大石头”：一块为国学经典，一块为诗歌经典，一块为儿童文学经典。他的学生在背诵中受益很大。“只要方法得当，就会乐在其中……六年下来，我们的学生能背诵三百五十首（篇）诗文，背诵量可达十万字左右。最多的学生可背诵五百篇古诗文。”

孙双金老师对于背诵的好处总结了四条：“背诵有利于提高学生记

忆能力，因为记忆力是智力的基础。背诵有利于培养学生的语文核心素养——语感，一个有丰富经典诗文积淀的人，一定有良好的语感。背诵有利于发展学生的形象思维、抽象思维和顿悟思维。钱学森就认为是从小背诵唐诗宋词，发展了他的三种思维能力。“背诵有利于传承中华文脉，涵养人的浩然正气。中华五千年文明史中流传千古的经典诗人，涵养了多少英雄豪杰，人间骄子。”

孙双金让学生背诵的方法有：第一、熟读成诵。古人说“书读百遍，其义自见。”熟读有利于理解，熟读更利于记诵。一般文章读5~10遍就能背诵下来。第二、滚瓜烂熟。我们今天的语文老师不重视背诵，即便抓了背诵，学生背得磕磕巴巴，只要背下来，老师也就过去了。其实这样的背诵是记不住，更记不久的。要想学生记得牢，开始就应让学生背得滚瓜烂熟，像竹筒倒豆子一样，哗哗流淌，绝不磕巴。唯有做到滚瓜烂熟，才能记得好，记得牢，成为自己的东西。第三、击节诵读。为了增加朗读和背诵的趣味性，可引导学生边吟诵，边打拍。节拍能调动学生的情绪，增加诵读的情趣。节拍使诵读更有韵律，并能逐步加快学生诵读的语速，提高诵读的效率。第四、学而时习。人有遗忘规律，一周内遗忘得快，三周之后遗忘就慢了。根据这个规律，在第一周要抓好“时习”这一环节。怎么时习？就是今天背诵的东西，明天就复习，后天再背诵，一周之后再巩固，这样就记得比较长久。第五、定期展示。我们一般一个月在班级内举行背诵展示活动。展示能树立榜样，那些背诵好的同学既受到鼓舞，又受到激励。展示能形成比学赶帮超的氛围，好的更好，中等的要追赶，暂时落后的要努力超越。展示对待进生是一种鞭策，让他们看到差距，看到追赶的方向。

（3）背诵+默写。

梁实秋先生在《岂有文章惊海内》写道：“我在学校上国文课，老师要我们读古文，大部分选自《古文观止》《古文释义》，讲解后要我们背诵默写。这教学法好像很笨，但无形中使我们认识了中文文法的要义，体会摅词练句的奥妙。”

茅盾背诵过《红楼梦》，杨振宁背诵过《孟子》，鲁迅背诵过《纲鉴》，辜鸿铭背诵过莎士比亚原著37部……国学大师、经学大师、文学大师，哪个没有经典背诵的成长经历？

（4）吟诵教学。

自从1925年赵元任先生在《新诗歌集序》里用“吟”这个字代替“读”来指称汉诗文的传统读法，与“吟”有关的研究就层出不穷了。叶圣陶和夏丏尊合写的《文心》一书第十四章《书声》写道：“读，原是很重要的。从前的人读书大都不习文法，不重解释，只知在读上用死功。他们朝夕诵读，读到后来，文字也自然通顺了，文义也自然了解了。一个人的通与不通，往往不必去看它所作的文字，只须听他读文字的腔调就可知道。”

徐健顺先生在《语文与吟诵的渊源》一文指出：“吟诵，古称‘读’，是汉诗文传统读法的统称，是古人学习经典、蒙学、诗词、文赋的基本方法。”徐先生将吕叔湘、朱自清、叶圣陶三位大师编辑的《开明文言读本》的诵读，归结为“入声读短、文读语音、重视虚字、读准平仄格律、注重押韵的语音”等六条原则。

酷爱吟诵的台湾爱国诗人余光中先生走了，但他挚爱一生的吟诵传统不会走。

（5）美读：不要忽略字正腔圆的美读。

美的一切就该用美的语言来表达。苏联教育家斯米尔诺夫曾说：“作品的朗读占着我们工作的大部分。假如我们认为朗读的材料是第一流的作品，那么这种作品的艺术方面：色彩、形象、语言的生动必须用这样的方式来教。那是保证学生对美的理解，作品读得越好，学生就越能懂得和受它感染。”

美读把教材的无声文字变为有声的语言，把文中静止的感情变为真情实感，把学生带进课文的情境中去，毫无障碍地接受课文内容的感染熏陶。

余映潮老师倡导诗意朗读。设计思路之一是小步轻迈——层次细腻。运用这种设计思路，可以将朗读技能训练的某项内容进行切分，一步一步地向前推进；也可以从不同角度让学生对课文进行细腻的情感感受。请看苏教版七年级的一篇课文《七颗钻石》的教学案例。余老师在教学中请同学们这样来朗读：第一次读：“请大家用童声来读，语速要舒缓，语调要清新。”第二次读：“请同学们带着表情朗读，语音要甜美。”第三次读：“同学们，朗读的时候要有给孩子们讲故事的韵味呢。”第四次读：“请用突出重音的方式，用上扬的语调，读好故事中的几次‘变’。”第五次读：“可爱的小姑娘感动着我们，让我们进行表演式朗读，来表达这种感动。”这样的朗读指导准确把握了初一学生的年龄特点、课文的文体特点，利用诗意朗读使阅读教学渐入佳境。

诗意朗读的设计思路之二是：角度精细——过程生动。要求在步骤细腻的朗读之中让学生从不同的角度来理解课文中的情与景、课文中的人与事、课文中的理与趣、课文中的叙与议，等等。

诗意朗读的设计思路之三是：有引有读——重点突出。所谓“引”，就是教师以“主持人”的身份出现，有意地“引导”着学生朗读课文中最精彩或者最重要的内容，同时略去对课文中其他内容的朗读，形成一种连贯地“跳读”的课中情境。其优点是能够艺术地处理比较长的课文，同时形成课堂上波澜起伏的朗读场景，师生都很专注。

诗意朗读的设计思路之四是：读中有析——动脑动口。这种教学设计的思路不仅强调朗读，而且巧妙地在朗读之中增加学生感悟分析活动，表现出一种立体的美感，一种错综的美感。在朗读中带出分析，在朗读中让同学动口，更要动脑，在朗读中让学生揣摩体味，这就是教学设计艺术所带来的艺术氛围。

诗意朗读的设计思路之五：听读结合，形式活泼。既优化了教学节奏，又丰富了学习内容。

3. 反复涵泳。

叶圣陶注意到了传统吟诵法在运用上的缺陷："多数不注重内容与理法的讨究，单在吟诵上用工夫"，"强记的办法是要不得的。不久连字句都忘记了，还哪里说得上体会？"叶圣陶认为，光注重内容与理法的讨究而忽视吟诵，是一种偏向；光注重吟诵而忽视内容与理法的讨究，也是一种偏向。"惟有不忽略讨究，也不忽略吟诵，那才全而不偏。"

三、加强诵读积累教学的几点思考

一是经典性背诵——"经典"的含义有"经""典"两个方面，就是历史留传下来的具有权威性、典范性的作品。如《论语》《孟子》《礼记》《诗经》《千家诗》《弟子规》《增广贤文》《人间词话》，等等。

二是选择性背诵——要熟读成诵，前提是选择精品。不要期望孩子们背会所有的古文，必须走选择性背诵的道路。

三是熟练性背诵——在精简背诵内容的同时，要求提高背诵的熟悉程度。反复背诵，默写无误。

四是技巧性背诵——注意方法。《父师善诱法》认为，每日清晨学生要背的书是今日、昨日、前日、前一日、前二日所背之书共五首。

“一首书，读过五日，又背带背五日，然后歇。是在学生口中习熟十日，可以永久不忘矣。”（《程董学则》），背书要记遍数。认为“遍数已足，而未成诵，必须成诵。遍数未足，虽已成诵，必满遍数”。《程氏家塾读书分年日程》，“每细段，看读一百遍，背读一百遍”，“须用数珠，或记数板子记数。每细段两百遍足，即以墨销朱点”。

五是在识字教学中加强背诵。张志公先生在《传统语文教育》一文指出：“传统语文教育非常重视字的教学，采取的办法是集中识字。儿童入学后用一年左右的时间集中认两千多字。以后集中识字课本逐渐形成‘三、百、千’那么一套，即《三字经》《百家姓》《千字文》（三本合起来正好是两千多常用字）……‘三、百、千’音节整齐、押韵，也不太艰涩，便于学童记诵。这个办法不失为一个好的经验。”

六是反对过度的死记硬背，因为死记硬背显然违背了儿童学习的规律，缺乏情趣，缺乏思考，缺乏理解，缺乏效果。

七是连续积累。陆继椿老师认为，语文教学要“一课一得、得得相连，终成大得”，这里面就包含着重要的连续积累的思想。

传统语文几乎没有什么阅读教学，也就是“随文解字”。古人高度重视诵读教学，但目前诵读这个好传统已经遗失殆尽。笔者认为，诵读是阅读的开始，诵读是阅读的前奏。阅读教学要诵读为先。

北京师范大学博士生导师郭齐家指出：中国教育大体走过三个阶段。第一阶段从远古至清末，重视道德教育、人文教育，缺点是重道轻艺。第二阶段近一百年，引进西方教育，特别是科学技术教育，缺点是重艺轻道，或者是学艺忘道。第三阶段，应把前两阶段的缺失加以整合，把前两阶段的优点加以集中，形成一个科学加人文整合的新教育阶段。站在宏观教育史的角度审视当下的语文教学，我们是否应该重新捡起老祖宗诵读教学的宝贵经验呢？

教学新视角：学习任务群

一、对高中课标“学习任务群”理解

笔者依据《普通高中语文课程标准（2017）》，对“学习任务群”理解如下：

（1）“学习任务群”特色：追求语言、知识、技能和思想情感、文化修养等多方面、多层次目标发展的综合效应，而不是学科知识逐“点”解析、学科技能逐项训练的简单线性排列和连接。

（2）“学习任务群”目标：引领高中语文教学改革，力求改变教师大量讲解分析的教学模式。

（3）“学习任务群”分布：必修课程和选修课程均由若干学习任务群构成。不同学习任务群具体的学习内容有所区别，体现不同的学习要求。

普通高中语文课程由必修、选择性必修、选修三类课程构成。必修的学习任务群构成普通高中语文课程目标、内容的基本框架，体现高中阶段对每个学生基本、共同的语文素养要求；选修的学习任务群则是在此基础上的逐步延伸、拓展、提高和深化，以满足学生对不同发展方向、不同发展水平语文素养的要求。

三类课程分别安排7~9个学习任务群。中华优秀传统文化、革命文化和社会主义先进文化方面的内容贯穿必修、选择性必修、选修。

必修课程7个任务群："整本书阅读与研讨""当代文化参与""跨媒介阅读与交流""语言积累、梳理与探究""文学阅读与写作""思辨性阅读与表达""实用性阅读与交流"。

选择性必修课程9个任务群："整本书阅读与研讨""当代文化参与""跨媒介阅读与交流""语言积累、梳理与探究""中华传统文化经典研习""中国革命传统作品研习""中国现当代作家作品研习""外国作家作品研习""科学与文化论著研习"。

选修课程9个任务群："整本书阅读与研讨""当代文化参与""跨媒介阅读与交流""汉字汉语专题研讨""中华传统文化专题研讨""中国革命传统作品专题研讨""中国现当代作家作品专题研讨""跨文化专题研讨""学术论著专题研讨"。

下面以"整本书阅读与研讨""思辨性阅读与表达"为例谈谈认识。

二、"整本书阅读与研讨"的教学思考

整本书阅读是当前中学语文教学改革的一个亮点，但不属于阅读教学新的模式或类型。整本书阅读只是针对语文教学长期存在的问题而提出的一种具体要求，是对语文阅读教学的拨乱反正。

中华民族有着悠久的历史和灿烂的文明，这些历史与文明主要是以完整的典籍的形式保留下来的。完整的典籍指的是整本书或者整套书。我们古代教育方式主要就是整本书、整套书的教学，从启蒙阶段的《三字经》《百家姓》《千字文》等整本书阅读，到"四书五经""经史子集"整套书阅读，都是以整本、整套书的形式进行教学。

20世纪前期就有学者提出要读整部书，甚至用整部书做教材。叶圣陶、朱自清曾写过一本《略读指导举隅》（1943年出版）。所谓略读，

主要指的就是整本书阅读。就教学而言，课内精读是主体，课外略读是补充。但就效果而言，精读是准备，略读是应用。全书指导了六部书的阅读，分别是《孟子》《史记菁华录》《唐诗三百首》《蔡孑民先生言行录》《胡适文存》《呐喊》《爱的教育》。此书“前言”专门概述略读指导方法，适用于一切整部书阅读，对指导学生是再恰当不过。2011年颁布的《义务教育语文课程标准》也提倡“少做题，多读书，好读书，读好书，读整本的书”；而当前正在修订的《普通高中语文课程标准》更是把“整本书阅读与研讨”作为必修课程7项学习任务群中的一项。

1. 对教学目的的理解。

钱梦龙老师说：“语文课要实实在在地教会学生读书。”语文教学无论如何改革，教会学生读书总是不变的根本。引导学生通过阅读整本书，建构阅读整本书的经验，形成适合自己的读书方法。为今后完整阅读、系统阅读、深度阅读奠定经验性基础。

2. 对教学安排的理解。

（1）在必修阶段安排1学分18课时，完成一部长篇小说和一部学术著作的阅读，重在引导学生建构整本书的阅读经验与方法。

（2）在选择性必修和选修阶段要运用这些经验与方法自行阅读相关作品。

3. 对教学要求的理解。

（1）选择阅读一部长篇小说。通读全书，整体把握其思想内容和艺术特点。从最使自己感动的故事、人物、场景、语言等方面入手，反复阅读品味，深入探究，欣赏语言表达的精彩之处，梳理小说的感人场景乃至整体的艺术架构，理清人物关系，感受、欣赏人物形象，探究人物的精神世界，体会小说的主旨，研究小说的艺术价值。

（2）阅读一部学术著作。通读全书，勾画圈点，争取读懂；梳理全书大纲小目及其关联，做出全书内容提要；把握书中的重要观点和作者的价值取向。阅读与本书相关的资料，了解本书的学术思想及学术价值，通过反复阅读和思考，探究本书的语言特点和论述逻辑。

（3）指定阅读的作品，应语言典范，内涵丰富，具有较高的思想水平和文化价值。

4. 对教学策略的理解。

（1）指导学生选择适当的精品书籍。韩军老师认为，整本书阅读要注意“整本书”的选择。一是经典性，文学经典是人类自我认识自我想象自我认可的思想和文化的结晶，百读不厌，常读常新，我们想绕也绕不过去。二是趣味性，为孩子选择读物要适合孩子年龄特点、兴趣爱好、认知水平。三是开放性，我们是个动态的文化体系，新的优秀作品把它吸纳进来，通过阅读实践，不适合的我们把它淘汰出去，绝对不是一潭死水，这样就形成了我们的书目。

（2）指导学生了解整本书的体例。目录具有提要的性质，须养成先看目录的习惯；序文的性质，有的是全书的提要或批评，有的是阅读本文的准备知识，有的说明本书的作意、取材、组织等项。先看目录、序文，是一种好习惯。参考书目为原作者为撰写本书而阅读学习、参考取材的书目，可以借此了解本书的学术范围。了解作者信息。陈寅恪先生说：“所谓真了解者，必神游冥想，与立说之古人处于同一境界，而对于其持论所以不得不如是之苦心孤诣，表一种之同情，始能批评其学说之是非得失，而无隔阂肤廓之论。”

（3）提出阅读要求，进行阅读方法指导。

（4）设计整本书阅读中的语文活动。如读《水浒传》，就设计“我为林冲写赞”的写作活动。

（5）形成读书笔记。读书笔记大概有两大类：一类是摘录，一类是心得。

（6）指导“整本书阅读后的研讨交流”。分组研究，令每组解答一个问题或研究题目，可将研究报告供大家分享，共同评论。应善于发现、保护和支持学生阅读中的独到见解。教师应以自己的阅读经验，平等地参与交流谈论，解答学生的疑惑。

5. 对教学要求的理解。

（1）重视学习前人的阅读经验。

（2）根据不同的阅读目的，综合运用精读、略读与浏览的方法阅读整本书。

（3）面对全体学生，不能把整本书阅读作为拓展性课程而只让部分学生去选择，更不能把整本书阅读等同于纯粹课外阅读或兴趣爱好而放任自流。

（4）实现“整本书阅读和研讨”教学的生本化，顺应每个学生自身的阅读习惯。叶圣陶说：“阅读要靠自己的力，自己能办到几分务必办到几分。”

（5）落实“整本书阅读与研讨”的课程评价。

6. 余党绪对“整本书阅读”的独到见解。

余党绪曾在《书册阅读教学现场》，和叶开先生讲过这么一段话：今天的话题是“整本书阅读”，这是我和叶开先生关于阅读的一个共识。讨论之前，我们先要给“整本书阅读”做一个界定。这里所谓的“书”，显然不是一般意义上的印刷品。如果将“满分作文大全”“高分作文秘籍”之类的出版物都算作“书”的话，那么讨论“整本书阅读”其实是没有意义的。因为学生几乎每天都在做这样的阅读。显然，这里的“书”指的是与作者的生命联系在一起的、有独特的灵魂与气质的著作，可以是一部完整的文学作品如《悲惨世界》，或者是一部哲学著作如《理想国》。如此说来，“整本书”其实是针对“节选”“片段”讲的，这本书，本身就是一个生命体。当然，像《论语》《老子》这样的“言论集”，虽然看似一堆碎片，但都有自己的话语体系、思想体系和逻辑体系，也算一部完整的书。

关于阅读，当然不应该有门槛之别，有门户之见，尤其是成长中的青少年，理想的阅读状态应该是多而杂，越多越好，越杂越好。但人的精力与时间毕竟有限，眼界也有难以企及的地方。现实的考虑，我主张多读几本经典，精读几本名著。于是，讨论“整本书阅读”也就有了现实的意义。现行教材大都是三两千字的文章，涉及经典名著的，也多是节选，是片段。比如《边城》，有的教材选了第三章至第六章；《阿Q正传》，有的教材选了“优胜记略”“续优胜记略”。当然，教材有教材的难处，限于篇幅难以承载更多的内容，但带来的后果却很严重。不能不承认，教材在学生的学习中依然居于主要的地位，所谓阅读，很多人其实就是阅读教材。上海“二期课改”希望改变所谓的“教材中心”，遗憾的是，“教材中心”不仅没有改观，相反似乎更严重了。因此，若教材将“整本书阅读”拒之门外，等于让很多学生失去了“整本书阅读”的机会。

读片段，当然不失为一种走近经典名作的捷径。但经典的价值，离不开作品的全息性和生命整体性。读片段，或许就破坏了这种完整性，就像欣赏一个美人，你只看到她美丽的眼睛或脖子，而忽略了她曼妙的身姿和通体脱俗的气质，岂不可惜？其实，窥一斑而知全豹，见一叶而知秋，又要短平快，又要高效益，至少阅读上难以做到两全其美。比如《阿Q正传》，若只读“优胜记略”“续优胜记略”两节，你得到的阿Q形象，差不多是个精神失常的人。我一直有个不太成熟的念头，觉得鲁迅先生当年写《阿Q正传》，其实是想找一个病态而不自知的人，把他放在辛亥革命这场非同寻常的社会变革中做一个社会试验，看他有什么反应，有什么遭际，有什么命运，再看他周遭的人对这一切有什么反应。鲁迅先生写这篇小说，就像做一个虚拟的社会试验。阿Q的日常生活与阿Q的革命生涯，对于小说来说都是不可或缺的。但若局限于教材，学生接触的仅仅是阿Q的“优胜”；其他章节，我相信多数教师会说，回家自己读吧。其实大部分学生也就不读了。我们是不是可以推测，很多学生心中的阿Q就是个神经兮兮的家伙。这算不算焚琴煮鹤呢?

余党绪：“读片段，如果不加以整本书的阅读引导，很难给孩子们以完整的生命感。一本书，就是一个完整的体系，如同我们的人生，要学会完整地来看。今天很多人看问题很片面，抓住一点不及其余，这与语文教学‘片段式阅读’有没有因果关系，值得好好研究。”

余党绪：“我也反对改写版的“四大名著”等出版物，文学作品的生命是很脆弱的，一旦离开原有的语言和结构，优等品就可能变成次等品或残次品了。”

余党绪：“‘整本书阅读’怎么读呢？我有三句话与大家分享。第一句话叫‘连滚带爬地读’。这是温儒敏先生的用语，我借用一下。人在童年时代，开心的时候是不是手舞足蹈，是不是连滚带爬？连滚带爬有两层含义：一是读得开心，二是不必苛求字字落实，句句较真，借用陶渊明的话，那就是‘好读书，不求甚解’。第二句话叫‘绞尽脑汁地想’。这个表达有点青面獠牙的感觉，但我的本意是要强调思考的价值。如果是泛读，‘连滚带爬’当然就够了；但若要让一本书进入我们的精神世界，那就需要深度的思考。没有思考的阅读，其效益是值得怀疑的。这就需要批判性阅读。第三句话，我称之为‘挖空心思地用’。温儒敏先生曾说过，‘处处扣着写作来阅读是很累的’，对于泛读而言，确乎如此；但若是精读，尝试着将阅读转化为自己的表达资源，

‘读以致用’还是非常必要的。‘用’可以反作用于‘读’，阅读可由此走向深入。‘用’不局限于写作，日常说话、交际和生活中都可以有意识地、创造性地使用。‘挖空心思’所强调的就是有意识地、主动地、尝试性地‘转化’”。

7. 王健稳老师“整本书阅读与研讨”的教学实践。

王健稳老师的课外阅读导读课。一是通过开设校本选修课《名著导读》，引领学生了解十几部名著的基本内容，通过对作者或主人公的介绍引发学生课外阅读的兴趣，最后以作业方式展示阅读成果。二是通过布置系列假期作业，要求学生每个假期读完两本名著，开学以年级读书报告会的方式交流读书笔记和心得，每个班推荐出1~2个最佳“读书报告人”；三是要求学生从列出的书单中，每个学期购买一本喜欢的名著，将自己的阅读心得和感受批注在书页上，每学期组织1~2次个人图书交流展示，评选出“最佳读者”。

三、“思辨性阅读与表达”的教学思考

课堂是知识的载体，也是思想的载体、思维的载体。如果说语文知识是个瓶子，思想和思维就是瓶子里的液体。没有思想和思维的语文教学，是苍白的教学，是没有灵魂的教学，是没有深度的教学，是没有高度的教学，是没有底色的教学，是对民族未来不负责任的教学。

1. 对教学目的的理解。

引导学生学习思辨性阅读和表达，发展实证、推理、批判与发现的能力，增强思维的逻辑性和深刻性，认清事物的本质，辨别是非、善恶、美丑，提高理性思维水平。

2. 对教学内容和目标的理解。

（1）课内阅读篇目中中国古代优秀作品不少于1/2。

（2）阅读古今中外论说名篇，把握作者的观点、态度和语言特点，理解作者阐述观点的方法和逻辑。

（3）阅读近期重要的时事评论，学习作者评说国内外大事或社会热点问题的立场、观点、方法。在阅读各类文本时，分析质疑，多元解读，培养思辨能力。

（4）学习表达和阐发自己的观点，力求立论正确，语言准确，论据恰当，讲究逻辑。学习多角度思考问题，学习反驳，能够做到有理有据，以理服人。

（5）围绕感兴趣的话题开展讨论和辩论，能理性、有条理地表达自己的观点，平等商讨，有针对性、有风度、有礼貌地进行辩驳。

3. 对教学策略的理解。

（1）以专题性阅读为主要方式。选择日常生活和学习中、历史或当今社会中学生共同关心的话题，要求学生通过阅读与鉴赏、表达与交流、梳理与探究等语文学习活动，阅读古今中外典型的思辨性文本。

（2）学习并梳理论证方法，学习运用口头与书面语言阐述和论证自己的观点，驳斥错误的观点。

（3）教学过程要注重对学生思维过程和思维方法的引导，注意发展学生的辩证思维和批判性思维，注重培养学生思维的逻辑性。

（4）结合学生阅读和表达中遇到的实际问题，适时适度地引导学生学习必要的逻辑知识。相关逻辑知识的教学要简明、实用，能有效地帮助学生解决概念、判断、推理等方面遇到的问题。

（5）组织辩论等语文活动。

（6）引导学生课外关注思辨类电视节目和杂志刊物。

（7）加强社会主义核心价值观、民族优秀传统文化教育。

（8）提高教师对理性阅读和对思辨性阅读表达的指导能力。

4. 余党绪倡导“思辨性阅读”的教学实践。

（1）阅读内容。余党绪在选文上有三个标准：一是思想理念上，要略高于学生；二是文化视野上，要略宽于学生；三是在写作艺术上，既要优于学生，能给予学生可吸收的营养，同时又要具有一定的可读性。在内容选择上余党绪老师偏向于理性化阅读。他认为杂文独立自由的精神状态以及批判性的思维方式的特点符合他理性化阅读的观念。他的杂文阅读教学立足于态度与观点的冲击，多以主题为单元展开。他选择万字时文，是因为万字时文在长度、容量和难度上对学生有挑战性，同时也暗示了内容建构上的理性化与思辨性。

（2）阅读态度：强调批判性阅读，不跪着读书。他认为所谓批判性阅读，不过就是边阅读边评断，边接受边质疑，边沉浸边反省。批判性阅读，强调的就是阅读者独立的姿态、批判的眼光和思辨的流程。

（3）阅读过程。余党绪老师很注重阅读过程的反馈与指导。他对阅读过程的反馈体现在他让学生写“万字时文”摘要；体现在写读书感，写自己的感想与感悟，写自己的理解与思考；体现在鼓励有想法的学生就文章展开争鸣或商榷，或就某个问题开展切入角度较小的体验式研究。他对阅读过程的指导，体现在他的“为了读的写”和“为了写的读”的观念。“为了读的写”说的是学生阅读的好坏通过写作体现出来，“为了写的读”说的是阅读为写作提供资源和阅读让学生获得自己的感悟，从而使作文有内容有创新点。

（4）敢吃螃蟹。余党绪认为教学内容不能只选健康的，不能只让学生在“温室”中阅读，要敢于“拿来”。只有“拿来”才能培养出能明辨是非的学生。也就是说先“拿来”，再选择，辨别，分清哪些是善的，哪些是恶的。比如《水浒传》，它里边充满暴力，但不能不选，因为《水浒传》有着现实的影响。在他看来，读经典是为了它所提供的文化信息与生命信息能够让我们展开有价值的、有结构的对话，并从中得到多元的借鉴和启发，而不是为了因为它都是“正能量”，都是成人成己的真理，都是救国救民的良方。

（5）课堂注重思辨，教学风格鲜明。在注重语文基础知识与基本技能的同时，积极探索语文人文性的落实，注重学生的人格构建和文化构建。主张扩大学生的文化视野，提升学生的文化层次，从整体上提高学生的文化精神修养。他强调语文教学要体现“语言的魅力、文学的韵味、文化的视野”，在课堂教学中善于挖掘教学材料的文化背景与文化内涵，让学生既得到语文知识与能力，又得到精神上的滋养与情感上的熏陶。他引导学生读书，介绍经典，引导学生观察社会，关注文化热点。

（6）教师本人经常进行经典阅读。余党绪老师已经著有《古典诗歌的生命情怀》（理念：古典诗歌比代圣人言的文章更纯洁）；《经典名著的人生智慧》（理念：交人要交伟大的人，读书要读伟大的书，而把两者结合起来的捷径，便是读经典名著）；《现代杂文的思想批判》（杂文写作具有独立的写作姿态和批判性的思维方式两个要件）；《当代时文的文化思辨》（理念：“万字时文”与一般课文的不同——主题是复杂的，甚至是多元的；宽广的文化视野；自由的思路与开阔的结构）等思辨性学术著作多部。

5. 程翔老师课堂教学善于发散思维培养。

程翔老师选择一些有个性特点的文章，让学生在接触主流思想的同时，也接触非主流的思想。比如李贽的《童心说》，充满了叛逆性。程翔认为，如果能培养出具有批判性眼光的学生的话，那么这个民族真正是有“钙”的。

王栋生、黄厚江、程少堂、程红兵、刘祥、韩军等老师的教学，都有重视思辨阅读和思辨表达的特点。

发展潮流：学科素养

语文学科不是典型的知识学科。它是工具学科、实践学科、综合学科，以能力和应用为价值取向。于漪老师提出，“语文教学应以语言和思维训练为核心”，把语文能力的培养分成了三个层次：一是学习和应用能力，这是语文能力培养的基础；二是具体的语言能力，会读、会写、会听、会交际，这是语文能力培养的核心部分；三是对生活的认识能力，思考和感受力等，这是语文能力培养的延伸和拓展部分。

语文学科经历了知识立意、双基立意、三维目标立意、四基立意等多个阶段，正在走向素养立意阶段。我们在强调素养的背景下，依然要对语文的“四基四能”存有一定认识。

一、语文学科的“四基四能”

传统“四基”是语文基础知识、语文基本能力、语文基本思想、语文基本活动经验；“四能”是发现问题的能力、提出问题的能力、分析问题的能力、解决问题的能力。

1. 语文基础知识。

语文基础知识的教学变化很大。1956 年前，进行零星而非系统的语文知识教学；1956 年文学和汉语分科教学，汉语独立设课，内容有语音、词汇、语法、修辞、文字、标点等；2011年《义务教育语文课程标准》课程目标从知识与能力、过程与方法、情感态度与价值观三个方面设计。《标准》指出："'学段目标与内容'中涉及语音、文字、词汇、语法、修辞、文体、文学等丰富的知识内容。在教学中应根据语文运用的实际需要，从所遇到的具体语言实例出发进行指导和点拨。指导与点拨的目的是为了帮助学生更好地识字、写字、阅读与表达，形成一定的语言应用能力和良好的语感，而不在于对知识系统的记忆。因此，要避免脱离实际运用，围绕相关知识的概念、定义进行'系统、完整'的讲授与操练。"

2. 语文基本能力。

可以用"读说听写"去概括。听话能力，包括辨识语音的能力，理解语义的能力，品评话语的能力。说话能力，说话能力不单是说话的技能、技巧，而是一种综合性的能力。它是一个人的思维能力、知识水平、口头表达和其他智力因素的综合反映。从口语表达的过程看，说话能力包括：组织内部语言的能力，快速的语言编码能力，运用语言表情达意的能力。阅读能力，它是一个多层次、多侧面的结构，包括认读能力（对阅读材料中文字符号的感知能力）、理解能力（把感知的材料联系起来，运用原有的知识储备与体验，经过分析与综合等一系列思维活动，了解文章或文本含义的能力）、鉴赏能力（对阅读材料的思想内容、表现形式、风格特点以及价值意义等进行鉴赏与评价的能力）、活用能力（指把经过认读、理解、评价而贮存的各种知识，能根据需要灵活提取运用的能力，阅读学习的迁移能力）。写作能力，根据不同的理解，其构成要素有不同的划分。一般认为由两部分组成：一是由智力因素构成的写作认识能力，包括观察力、思维力、联想力、想象力、言语力等；二是写作表达能力，包括审题立意、布局谋篇、选用表达方式、运用书面语言与修改文章等。

程翔老师主张语文教学应在继承传统的"双基"教学的前提下，着力加强学生的“语文基础积累”和“语文基本习惯”的培养。

3. 语文基本思想。

以语言文字为学习重点，因为“词语”是人脑进行思维活动和语文活动的物质前提；以典范的古今书面语言作品为教学媒介，这是教育科学、心理科学给语文学科的原则要求；以启迪并发展学生智力为根本，这是语文学科的宗旨；以同化书面语言交际规范和同化民族共同人文心理为任务。

4. 语文基本经验。

培养学生语文兴趣、语文习惯、语文思考、语文审美、语文积累、语文应用等，均为重要的经验。

培养语文兴趣。孔子说：“知之者不如好之者，好之者不如乐之者”。爱因斯坦说：“在学校里和生活中，工作的最重要的动机是工作中的乐趣，是工作获得结果时的乐趣，以及对这种结果社会价值的认识。”

培养语文习惯。叶圣陶老师说：“从小学老师到大学教授，他们的任务就是帮助学生养成良好的习惯。”

培养语文思考能力。《礼记》说“博学之，审问之，慎思之，明辨之，笃行之。”

培养语文审美情趣。接受文章的情感陶冶，借鉴前人的审美经验，把握语文美的规律、美的表现方法，形成美的心灵、美的人性。

培养语文积累能力。语句积累，包括成语、谚语、歇后语、箴言、警句、座右铭、诗句、对联、歌词、戏文、广告语等；阅读文化论著，增强文化意识，吸收文化营养，重视文化积累；文学常识积累；优秀篇章语段积累；语文知识积累，包括标点符号的运用、修辞手法的运用、诗词格律知识，等等；生活积累，观察生活，关注社会、参与实践，体验和感悟人生，丰富思想和感情；作文素材积累，包括记叙文素材、说明文素材、议论文素材等；学习方法积累，学习方法、阅读鉴赏各种不同体裁文章的方法、写作各种体裁文章的方法等。

培养语文应用能力。注重语文的应用性特征，加强语文与社会发展、与科技进步、与学生实际的联系，重视语用。

素养不是空穴来风，素养的前提是知识+能力+经验+方法+应用+创新。

二、语文学科的素养问题

《普通高中课程标准（2017）》指出："普通高中语文课程，应使全体学生在义务教育的基础上，进一步提高语文素养语文课程应致力于学生语文素养的形成与发展。"

什么是语文素养呢？钱梦龙老师在《导读艺术》指出：语文素养是什么？所谓"语文素养"就是"语文的素养"（"素养"就是"平素的修养"，这不必解释）。"语文的素养"是一个偏正词组，中心词是"素养"，"语文的"是限制语，表明这个"素养"不是一般的素养，而是"语文方面"的素养。语文素养包括：必要的语文知识；较强的语文能力（阅读、写作、口语交际等能力）；对祖国语言的深厚感情和正确态度；较高的文学审美趣味和能力；较宽的文化视野。语文素养要提高什么？语文素养的核心是听说读写能力，特别是阅读能力。钱梦龙对语文学科教学目的做出了认真的思考，即人在语文学习过程中主要学习什么？学习之后可以获得什么？

周正逵老师在《语文教育改革纵横谈》第一讲提出："语文素养具有很丰富的内涵，其主要内容至少应该包括语文知识、语文能力、生活体验、文化教养、思想品德、思维品质和审美情趣等七个方面。""但这七个方面并不是孤立的，也不是并列的，而是存在着一定的内在联系。语文素养以语文知识、生活体验和文化教养为基础，以思想品德、思维品质和审美情趣为导向，以语文能力为核心，形成一个完整的统一体。”

语文素养是学生学好本门课程的基础，也是学生全面发展和终身发展的基础。

三、语文学科的核心素养

1. 为什么要研究核心素养。

研究学生发展核心素养是落实“立德树人”根本任务的一项重要举措，也是提升我国教育国际竞争力的迫切需要。

2. 核心素养的基本观点。

学科核心素养是学科育人价值的集中体现，是学生通过学科学习而逐步形成的正确价值观、必备品格和关键能力。林崇德老师提出的中国学生发展核心素养，以科学性、时代性和民族性为基本原则，以培养“全面发展的人”为核心，将中国学生发展核心素养定义为学生应具备的、能够适应终身发展和社会发展需要的必备品格和关键能力，将其分为文化基础、自主发展、社会参与三个方面六个维度十八个子项。

3. 语文核心素养的基本理解。

语文学科核心素养是学生在积极的语言实践活动中积累与构建起来，并在真实的语言运用情境中表现出来的语言能力及其品质；是学生在语文学习中获得的语言知识与语言能力，思维方法与思维品质，情感、态度与价值观的综合体现。

4. 语文核心素养的四个基本层面。

《高中语文课程标准（2017）》将语文核心素养确立为四个方面：

语言建构与运用，思维发展与品质，文化传承与理解，审美鉴赏与创造。四个关键词：语言、思维、文化、审美。

（1）语言建构与运用。语言建构与运用是指学生在丰富的语言实践中，通过主动的积累、梳理和整合，逐步掌握祖国语言文字特点及其运用规律，形成个体言语经验，发展在具体语言情境中共正确有效地运用祖国语言文字进行交流沟通的能力。

（2）思维发展与提升。思维发展与提升是指学生在语文学习过程中，通过语言运用，获得直觉思维、形象思维、逻辑思维、辩证思维和创造思维的发展，以及深刻性、敏捷性、灵活性、批判性和独创性等思维品质的提升。

（3）审美鉴赏与创造。审美鉴赏与创造是指学生在语文学习中，通过审美体验、评价等活动形成正确的审美意识、健康向上的审美情趣与鉴赏品位，并在此过程中逐步掌握表现美、创造美的方法。

（4）文化传承与理解。文化传承与理解是指学生在语文学习中，继承和弘扬中华优秀传统文化、革命文化、社会主义先进文化，理解与借鉴不同民族和地区的文化，拓展文化视野，增强文化自觉，提升中国特色社会主义文化自信，热爱祖国语言文字，热爱中华文化，防止文化上的民族虚无主义。

四个关键词的核心是“语言建构与运用”。“语言建构与运用”是语文核心素养的重要组成部分，也是语文素养整体结构的基础层面。学生语文运用能力的形成、思维品质与审美品质的发展、文化的传承与理解，都是以语言的建构与运用为基础，并在学生个体言语经验的建构过程中得以实现的。语言建构与运用，是语文教学的最基本活动形式。“思维”不是一般意义上的思维，而是语言活动、语言作品所体现的思维；“文化”是由语言和言语所承载、体现的文化；“审美”是语言艺术的审美，不同于音乐、美术、雕塑等艺术审美。语言建构与运用是语文学科核心素养的基础。在语文课程中，学生的思维发展与提升、审美鉴赏与创造、文化传承与理解，都是以语言的建构与运用为基础，并在学生个体言语经验发展过程中得以实现的。基于核心素养的语文教学，要牢牢守住“语言建构与运用”这一根基。

语文学科核心素养的四个方面是一个整体。语言是重要的交际工具，也是重要的思维工具；语言的发展与思维的发展相互依存，相辅相成。语言文字是文化的载体，又是文化的重要组成部分；学习语言文字的过程也是文化获得的过程。语言文字作品是人类重要的审美对象，语文学习也是学生审美能力和审美品质发展的重要途径。

《高中语文课程标准（2017）》明确指出：“学生通过阅读与鉴赏、表达与交流、梳理与探究等语文学习活动，在语言建构与运用、思维发展与提升、审美鉴赏与创造、文化传承与理解等几个方面都获得进一步的发展。”培养核心素养的途径是学生的阅读与鉴赏、表达与交流、梳理与探究等语文学习活动。

课堂境界：心向往之

宁夏教育厅教研室教研员生物金慧老师和笔者辨析过课堂教学的四个境界问题：浅入浅出，深入深出，深入浅出，浅入深出。四个境界，哪个更好呢？

笔者浅见是，依照学情而定。学前教育最佳境界是“浅入浅出”，学前教育是无学业标准的游戏教学，不存在“深”的问题；小学和中学低段以“深入浅出”为最好，学生处于感性学习阶段，特别需要强调教学方法对学生的适应性，力求形象、生动、直观；中学高段以“浅入深出”为最佳，学生已经适应理性学习和研究性学习；大学以上教育以“深入深出、浅入深出”为最佳，大学教育需要知识深度和思维难度，要重视学理本质而淡化教学方法。

学段不同，学情不同，对教学的要求不同。低段更重教学艺术，高段更重学术含量。低端要化深奥为浅显，化抽象为形象，削减学习难度，减少学习困难，落脚点自然是“浅”；高段要从现象描述到本质概括，从局部思考到整体发现，要引导思维激发探索，落脚点自然是“深”。

一、语文课堂的不同境界

钱梦龙老师有语文教学四境界说：“不言春作苦，常恐负所怀。却顾所来径，苍苍横翠微。欲穷千里目，更上一层楼。行到水穷处，坐看云起时。”我们看看语文教师的境界如何划分。

王崧舟老师谈课堂三境界：人在课中，课在人中；人如其课，课如其人；人即是课，课即是人。①“人在课中，课在人中”。这层境界的关键在于“在”字。这个“在”涉及三个方面的含义。身在。即“身”在课堂而“思”缺席。②意在。教师全身心地投入课中，一心一意，专心致志。思在。课能上出自己的思考，上出自己的思想，独立思考、独立批判。“人如其课，课如其人”。“如”者，不仅是“好像”，而且是“适合”的意思。课的风格即人的风格。课与人最好的风格即“本色”，本色的课拒绝机械模仿，拒绝削足适履。而要想实现这层境界，关键在于找到适合自己的语文教课模式。③“人即是课，课即是人”。即：当下，实现。人在当下，课也在当下。在进入课堂中的每一个当下，与课程、与学生情景交融。即我就是课，课就是我，和学生一起全然进入一种人课合一的境界。“即”的境界，也就是“从心所欲不逾矩”，这样的课，即诗意的课。

程少堂谈语文教学三境界。语文教学有三层境界：一是无我之境，就是客观地讲课；二是有我之境，就是把自己的情感注入文本；第三是文中有我，我中有文。第三种境界是借文中酒杯，浇自己胸中块垒，进而和文本合二为一。以这种境界看来，老师不变成庄子、屈原，就讲不好《庄子》《离骚》。“我讲语文”是低境界，“语文讲我”是高境界。

二、“课堂境界”三有

文有道。文中有道，道在文中，文道有别，文道一体。语文教学要么由文及道，要么由道及文，要么文道并行，要么文道融合。要把握好“教文”与“育人”的关系，注意“知识传授、智力开发、思想陶冶”

多要素齐下。只有各要素相互融合共同发挥作用，语文教学才能收到文道兼美的教学效果。

知有行。先知后行，先行后知，边知边行，边行便知，知中有行，行中有知，知行合一，知行不二。“知”的落脚点是重视语文习惯养成和语文实践体验。

课有人。既有成年人，也有未成年人；既有集体的人，也有个体的人；既有自主的人，也有合作的人……

对好课堂的追求，建立在教师远大的职业追求上。王国维认为，成功有共同的内在逻辑，而这种逻辑正在晏殊的、欧阳修的、辛稼轩的三首词的三句话中——“昨夜西风凋碧树。独上高楼，望尽天涯路”，“衣带渐宽终不悔，为伊消得人憔悴”，“众里寻他千百度，回头蓦见，那人正在，灯火阑珊处”。这段话出自《人间词话》。这是王国维对历史上无数大事业家、大学问家成功经验的凝练概括。第一境界是追求，遥远的天涯路在眼中，无尽的迷惘在心底。第二境界是执着，执着地在既定的道路上追求目标，为之“不悔”，为之“憔悴”。不仅有躯体上之苦乏，亦有心志之锤炼，既可以为追求和理想而“牺牲其一生之福祉”，也有宁愿下“炼狱”的决心。第三境界是感悟，发现真理，豁然开朗，求得“真”与“是”。

名师艺术

语文名师的教学个性

教学个性即专长，教学风格即特色。教师的教学魅力主要形成于教学个性、教学风格。教学个性、教学风格依次递升，就构成了教师的教学魅力。“一个无任何特色的教师，他教育的学生不会有任何特色。”苏霍姆林斯基的这句名言提醒我们，名师一定是有个性特色的教师。

一、教学个性

教学个性就是教学风格的个别性存在，是教师个人在多年的教育教学实践活动与探索中，逐渐形成的具有个人特色的教育教学个性化特征，是教师个人气质、性格、阅历、兴趣、知识结构等在教学活动中的综合反映和集中表现。

教学就是把门指给学生，把钥匙交给学生。不同的教师，指门的方法不同，开锁的方法不同。有一个读者，就有一千个哈姆雷特；有一千个教师，也就有一千种教学个性。语文教师的教学个性有好有坏，所谓好的教学个性，不仅仅是指和别人不一样，而是和别人不一样的更有道理。

有的语文教师善于知识呈现。他们总是让知识变得更直观、更生动。夸美纽斯说：“一切知识都不应该根据书上的权威去给予，而应该实际指正给感官与心智，得到它们的认可。”

有的语文教师善于沟通。沟通的主要情境是教师在说、学生在听，要做到教师说得清楚、学生听得明白并不容易；沟通的另一个重要情境是学生在说、老师在听，教师要做到耐心倾听、悉心指导也不容易。教师首先要具备听的意识和听的能力，还要具备说的能力和说的技巧。有时候教学语言是无声的语言，教学沟通是无声的沟通。

有的语文教师善于激励。德国教育家斯普朗哥说过："教育的最终目的不是传授已有的东西，而是要把人的创造力量诱导出来，将生命感、价值感唤醒。"

有的语文教师善于启发。洪宗礼在《语文哲思录》写道："讲，也是一种教学艺术。这种讲，是启迪，是必要的'告诉'。从某种意义上说，'讲'即'启'，讲即'引'"。此亦所谓的以心育心，以智启智，以火把点燃更亮更多的火把，以生命培育更年轻、更优秀的生命。

有的语文教师善于设计，有的语文教师善于互动，有的语文教师善于使用教学工具，有的语文教师善于利用教学环境，等等。教学个性与教师的个人特征息息相关，可能是同质性的，也可能是异质性的。

教学个性表现最多的是教师的语言个性。教学的语言个性可谓多种多样——有的准确，有的简明，有的有条理，有的生动，有的留白，有的幽默。有的教师教学语言高度准确。语言准确，知识精准，百步穿杨。教学的简明概括，离不开"讲"的浓缩能力，能用一句话说清楚的，绝不用一句半。抓住要害、抓住关键而没有废话的老师，肯定是孩子们喜欢的好老师。善于准确表述，说明教师能正确到位的理解知识，善于抓住知识的本质。这个教师在"知识论、认识论"方面具有特长。有的教师教学语言简明。简明就是说话一个字不多，一个字也不少，字字如珠。宋玉在《登徒子好色赋》写道："天下之佳人莫若楚国，楚国之丽者莫若臣里，臣里之美者莫若臣东家之子。东家之子，增之一分则太长，减之一分则太短；著粉则太白，施朱则太赤。"善于简明表述，可以看出一个教师对知识的概括能力和对教学的严谨态度。夸美纽斯认为，教学论就是把一切事物教给一切人的最重要的手段，也是使教学“迅捷”“简明”“愉快”和“彻底”的有效途径。一个教师语言简明，教学论是他的特长之处。有的教师教学语言富有条理，表达富有逻辑，注意顺序，先言什么，再言什么，有条不紊；富有条理，显示了教师具有高度的知识理性，说明表达者具有很好的逻辑修养。有的教师教学语言生动，教学如一江春水向东流，奔流到海不复回，富有气势；也如浪花朵朵，形象生动，富有美感。教学语言生动活泼，让孩子们喜欢听、快乐学，这里面包含着教师对兴趣理论的理解，也说明其具有善于表演的特长。有的教师教学语言善于留白，深刻含蓄，给学生预留无限的思考空间。有的教师教学语言幽默，课堂上得体的幽默一定是一种高级的语言笑话，这个笑话不俗不难不牵强。

于永正、程少堂都是课堂教学的幽默大师，幽默的背后有着深厚的思想功力。于永正每节课中都有幽默，每次这些幽默都会使听者大笑，每次幽默都和教学内容、学生回答、课堂气氛有着紧密的联系，每次幽默都像事先彩排了一样那么顺理成章地发生。

教学个性往往是因为教师具有相应的特长。听过于永正课的人都说于永正举手投足都是戏，身上有一股子灵气。因为从上小学起于永正就喜欢上了京剧，这对他日后的教学生涯产生了深远影响。

二、教学风格

教师良性的教学个性发挥到一定程度，就会风格化。教学风格是指教学活动的特色，是教师的教育思想、个性特点、教育技巧在教育过程中独特的、和谐的结合和经常性的表现。语文教学风格则是指语文教师在长期的教学实践中，逐步形成的、富有成效的一贯的教学观点、教学技巧和教学作风的综合表现。教学风格是一个教师的教学个性高度成熟和日渐完善的标志。

教学风格具有以下特征：一是教学的实效性，指对学生知识的掌握、智能、技能的训练和思想品德的发展是行之有效的。二是教学的艺术性，指教学过程中技能技巧的运用恰到好处，体现着一种艺术效果，给人一种和谐、流畅的感觉，充满着一种艺术感染力。三是教学的创造性，指教师对教学内容的处理、教学方法的选择和教学过程的组织上具有独特性，教师个人的创造性思维在课堂教学中得到充分发挥和运用。四是教师心理品质的稳定性，指某一教师在长期的教学实践中所一贯坚持和追求的，体现着教师个人良好的心理素质、鲜明的个性以及建立此种教学风格的高度自信心。

银川教科所姜俐冰老师对教学风格做如下定义："所谓教学风格，是指教师在长期教学实践中逐步形成的、富有成效的一贯的教学观点、教学技巧和教学作风的独特结合和表现，是教学艺术个性化的稳定状态之标志。教学风格具有发展性、独特性和稳定性……有学者将名师的教学风格分为：理智型和情感型、严谨型和潇洒型、雄健型和秀婉型、蕴味型和明畅型、表演型和导演型、庄雅型和谐趣型。"当然，有些名师的教学风格并不是单一的，形成了融合型的风格。

三、语文名师的教学风格举例

语文名师大家极其看重自己的教学风格。他们在长期的教学实践过程中，在一定的教学理念的指导下，创造性地运用各种方法和技巧，逐步形成并表现出稳定的个性化的教学格调。

于漪老师的教学风格可以用"多元组合"概括。于漪在教学中主张多种教学方法穿插运用，相得益彰，浑然一体。她说：教课犹如画画，有笔有墨，各种画法穿插运用，根据题意布局，用墨深深浅浅，用笔粗粗细细，曲曲折折，主题突出，陪衬得当，满纸气韵，浑然一体。上课也要如此，要善于采用各种各样的方法提高课堂教学质量。于漪善于在教学中采用多种方法，并将其进行优化组合，形成了自己独特的教学风格。为了让学生读书时抓住文章的主要情节，把目光停留在那些牵动全局，却又容易被忽略的语句上，对此于漪常采用轻点的方法，轻轻点拨，抓住时机，使学生豁然开朗，激发兴趣。课文中的某些句子，似乎一读就明白，但学生却往往不能理解其中蕴含的深厚道理。这时于漪就采用重敲的方法，在这类问题上着重指出，说明解释。于漪认为，教师在教学中除了要抓住重点和难点，非重点的部分也不能完全忽视，应当适当处理好。如果只注重重难点，课文难免脱节，所以教师要善于穿针引线，将课文内容串联起来。最后，还应当注重课堂提问的密集训练。首先要对某个问题进行密集的提问，促使学生积极动脑，随后连续追问，带领学生进行深入思考。于漪的教学风格看似是“教无定法”，实际上这种“教无定法”是由具体学情、不同课文和课堂情景三个方面来决定的。“教无定法”实际上是多种教学方法的优化组合，是她不断思考和实践的产物。

钱梦龙的教学风格可以用“优化协调”概括。钱梦龙注重教学中各要素之间的优化协调和配合，使教学的整体功能大于部分功能之和。他强调以学生为主体，就是在教学过程中，善于让学生体会到自己主体般的存在，从而激发学生学习语文的兴趣，使他们真正成为课堂的主人。钱梦龙特别注重师生和生生之间的关系是否和谐融洽，为了实现这种融洽，他善于采用多种方式在教学中与学生进行交谈，交谈之中进行点拨。蔡澄清老师也提过“点拨法”，他强调点要害，拔疑难。但钱梦龙与他不同，钱梦龙的点拨在于引导，启发和激发兴趣，使学生主动学习。钱梦龙每教一文都潜心研究，精于设计，灵活施教，因此教学过程常常富有情趣，引人入胜，使学生真正享受到学习的快乐，成为学习真正的主人。教师为主导，就是教师课前确定教学目标，并设法找到一条通向目标的捷径，尽可能带领学生少走弯路，最后再达成这个教学目标。钱梦龙认为，往常的教师主讲和主问，都是满堂灌和满堂问，而他较为主张主导。把学生导入一个主动求知的情境中，教师的作用仅仅在于指点。提问的问题深入浅出，激发也满足了学生的求知欲望。他强调的主导，便完全改变了传统的课堂教学模式，教师和学生的角色也就发生了深刻的改变。在此过程中，使得训练穿插其中，连成一线，从而达到理想的教学效果。

于永正老师的风格可以用“亲切近人”概括。虽然他留下的一个个案例只是微小得不能再微小的教学片段，一桩桩故事只是真实得不能再真实的教育瞬间，但就是在这些平凡中于永正的不平凡给我们留下了深刻的印象。他对学生的爱，对语文的爱，对教学的爱，对教育事业的爱，无处不在。他新颖的教学环节来自对教学内容的深入研究，他亲切的教育语言来自于对学生无限的爱；他幽默的教学风格来自于诙谐敏锐的智慧；他艺术化的教育手段来自于对教学对象的绝对尊重。于永正的教学魅力充分体现了他的人格魅力，魅力源于他对这份事业的执着追求和无限的热爱。于永正是在用心做学问，他怀着一颗善心、爱心、良心，诠释了一位人师的标准。

余映潮老师的教学风格可以用“新颖独特”概括，处处是智慧，点点皆用心。他把教学细节的创新设计体现在实用性、精巧性、活动性、训练性和设计性上。结合具体的语境教学，他细心揣摩，反复斟酌，从有利于学生学习的角度思考，设计出雅致的课堂教学细节。余映潮老师在教学《假如生活欺骗了你》中就是以联读贯穿：假如生活欺骗了你—

假如你欺骗了生活—假如生活重新开始。学生的诵读分别是自由朗诵、自由背诵、朗读作家的诗、朗读自己的诗，组成整个课堂的教学。

贾志敏老师的教学风格可以用“简单而深刻”概括。他说：“其实我们教语文的做好两件事足矣：第一，实实在在教学生阅读、写作、听话和说话；第二，让学生在阅读过程中受语言文字所蕴含的思想、文化、人文内容的熏陶感染，使语文教学真正发挥润物无声、潜移默化的教育功能。人们总以为，要变得优秀就必须学会复杂；其实不然，做好最简单、最本质的，往往就是成功的。”追求教学简单，简单只是外形，内涵则是对教学本质、教学要素的精准把握。斐斯塔罗奇运用心理学知识，提出了要素教学理论。他认为任何知识都存在最简单因素，掌握它就能认识周边世界。他认为体育最简单要素是各关节的活动，德育最简单要素是母爱；智育是数、形、词。人的这些最简单的要素实际就是人的天赋中最基本、最简单的萌芽。教学的任务，首先是发现这些要素，其次是把这些要素发展起来。利用最简单要素进行教学，教师就可以提高教学效率，实现人的和谐发展。教学要从最简单要素开始，逐渐扩大、加深。

王栋生教学风格可以用“实在实用”概括。王栋生的授课语言与他的写作风格相似，不追求华丽的辞藻，不拐弯抹角，力求直白、简练、准确地提问、讲解。他用质朴的语言简练而准确地进行表达。王栋生认为，质朴实在的语言能够使学生明确教师的意图，教师的要求和学生的活动不是一个指向的原因往往是教师的表达出了问题。实实在在告诉学生你想说什么，你想让他们做什么，对语文教师而言很重要。

张祖庆老师逐渐形成了“简约而丰满、扎实而灵动”的教学风格。从繁复走向简约：精简目标，让每一个环节慧意玲珑；精简问题，给学生以探究的广袤天空；精简环节，让每一次预设都绽放无限精彩；精简手段，让语文因朴素而优雅。在简约中追求丰满：冲突与融合让课堂充满思维的张力；留白与补白让课堂充满想象的张力；拓展与反哺，让课堂充满文化的张力。

四、名师教学风格的形成

名师的教学风格在长期的教学实践中表现出来。格调和品性以教师的教育理想和信念、知识与修养、个性与作风为基础，以教态、语言风格、习惯化的教学方式方法为呈现形式，是一种内在与外在的统一。

名优教师都善于优化自己的教学风格。什么样的教师，就有什么样的教学个性。高品位的教学个性形成的过程，也即教师个性从低端迈向高端的过程。名师大家都是以语文学科教学为基点，通过长期卓越有效的探索，走出了一条教学个性化的道路。

教学风格是影响教师教学水平和教学质量的重要因素。名师大家追求最好的教学，必然看重风格的凝练。名优教师一定会利用自身优势，在教学方法的选择与优化上下足功夫，在对教学方法最优化的过程中，逐渐形成教学风格。

五、教学流派

教师个性化的教学风格特征一旦被教师群体接受并模仿，形成群体风格，就形成了“教学流派”。

教学流派一般基于某种教学风格但比风格深刻，往往还有一定的理论、追求、模式等倾向性因素涵盖其中。流派意味着广泛认可、广泛参与、持续挖掘。

语文名师的教学共性

美国教育家哈明在《学习的革命》一书写道：好的课堂，应该是鼓舞人心的。他在“鼓舞人心”的课堂看到了五种品质：①学生清晰的尊严感；②轻松的活力；③自主性；④集体感；⑤观察。学生知道周遭的发生，驾驭自己的思想和感情，适应人群。中国语文教师能不能创造“鼓舞人心”的语文课堂呢？

一、语文学科教学的基础性

语文学科在整个课程体系里具有基础性地位。温家宝同志指出：“不要把语文看作是一般课程，它是整个学习的基础，是学好各门课的基础。同时它又是教会学生与社会、与家庭、与朋友、与老师交流的工具，它是架设国与国之间的桥梁，更重要的它是了解我们祖国历史文化不可缺少的一把钥匙。”

数学是理科的基础学科，语文是一切学科的基础学科。1963年教育部制定的《全日制中学语文教学大纲（草案）》指出：“语文是学生学习各门学科必须首先掌握的最基本的工具。语文学得好，就有利于学习数学、物理、化学、生物、历史、地理等学科；语文学不好，不能读，不能写，就会影响其他学科的学习，就会妨碍思想的开展和知识的增广。影响所及，对国家整个科学文化水平的提高，对社会主义建设的进展，都是十分不利的。”这一表述符合语文学科与其他学科之间的关系，即语文学科是一门更基础的学科，它并不是与其他学科并列的，而是其他学科的基础与依托。

周正逵老师在专著《语文教育改革纵横谈》第一讲提出：“语文学科是‘基础工具性学科’。”周先生分析，“基础教育的文化课程，大体上说可分为三类：第一类是以培养某种学习能力为主要目标的，叫‘文化工具性课程’，如语文、数学、外语等学科；第二类是以掌握某种知识为主要目标的，叫‘文化知识性课程’，如历史、地理、物理、化学、生物等学科；第三类是以学会某种活动技能为主要目标的，叫‘文化活动性课程’，如音乐、美术、体育、劳动、卫生等学科。在上述三类课程中，语文、数学、外语这三门学科是学好其他各门学科知识和活动技能的基础，也可以把这三门课叫‘基础工具性学科’。在这三门‘基础工具性学科’中，语文不单是学好各门学科知识和技能的基础，也是学好数学和外语的基础。换句话说，‘语文是基础的基础’。”

二、普通意义的语文课堂教学的特征

从内容看，具有非单一质的特征。语文学科的专业容量巨大，语言、文字、文章、文言、文学、文化、文明等等均包含其中。

从容量看，具有无限的特征。深度、宽度、跨度因人而异。

从过程看，具有非程序化的特征。语文教学也有步骤，但不可能有精准的步骤、划一的顺序、大家都高度认同的程式。语文教学的程序意识不强，一千个语文教师一定有一千个语文教学的路数。

从评价看，具有难以标准化的特征。语文学科知识点的评价不适用“对不对”，而更适用“好不好”“美不美”“妙不妙”。语文教学永远没有对不对，只有好不好。

从成绩看，具有区分度不明显的特征。学生的语文学科的考试分数相对拉不开，成绩与其学习程度并不完全匹配。

三、优秀语文教师的教学共性特征

《河南程氏遗书》卷五有言："论学便要明理，论治便要识体。"此话也见于朱熹和吕祖谦编著的《近思录》卷二。做什么事情，都需要思考"理"。我们需要研究优秀语文教师的教学之"理"、治学之"理"。在研读名师教学理论专著和经典案例的过程中，笔者逐步感悟出了语文名师的如下特征：

1. 从（教什么）教学内容看，有七个关键词。

重道——语文是一个高度关乎"道"和"志"的学科。周作人1934年在辅仁大学讲学时，把文学归为"载道"和"言志"两大系列。可见，语文关乎人心、情感、道理、道德。

语文名师都能从语文教育的民族特征和时代特征出发，看待语文教学内容取舍，为语文教学内容的优化找到理性的依据。他们认识到了中国语文是中国的语文，认识到了中国语文与世界语文、各国语文的融通问题，认识到了中国语文教学传统的充分继承和合理扬弃问题。他们从语文教育的人文承载出发，看待语文。语文承载着文化，语文影响着文明。语文名师都能从语文学科的核心素养出发，重视语文教育与思维、与人文的关系，看到语文与核心价值观、与社会、与道德、与科技进步的高度关联。从关注语文的人文承载出发，力争促成语文的博大精深。

朱永新编著的《中国著名特级教学思想录》记载了黄玉峰老师的话："语文与一般的学科不是同一概念。语文是底色，是人生，是生命本身。思想的深度取决于学习母语的深度。母语学到什么程度，整个文化底蕴及思想的深度就到什么程度。母语学习对一个人的发展有着不可替代的作用。”

尚美——语文承载着审美。语文的艺术魅力体现在对作品的审美之中。

李吉林老师倡导语文教育要以“周围世界”为源泉，渐次认识大自然，潜心启迪智慧，与道德、审美教育结合。

高贵——解读作品充满正能量。以自己高贵的人格理解作品，帮助学生完成更加高贵的人格建构。

洪宗礼老师曾指出：“语文训练不仅是语言文字的训练，也是人格、人品、人性的训练。”

新颖——优秀语文教师普遍知识渊博，具有超一流的文本解读能力，能新颖独特而且富有深度地审视教材，给予教材更新、更深的理解。

本色——语文名师都能从语文教育的最基本特征出发，看待语文教学的中心，不使重心偏移。在兼顾人文性的同时，突出语言文字教学。他们认识到了语文学科在整个课程体系里的基础性地位，认识到了语文的工具属性，语文的思维属性，语文的信息属性，认识到了语文的表达交流功能。

生活——优秀语文教师一般都是“大语文观”的拥有者，知道生活是语文之源。陶行知先生说过：“生活与教育是一个东西，不是两个东西。”

如何在语文教学中体现生活性呢？张孝纯老师建立大语文教学观，走语文教学生活化的正确道路，就是最好的答案。

2. 从（对谁教）教学对象而言，有三个关键词。

主角——语文名师更善于处理自己与学生的关系，把学生当作主动的、生动的学习主体。一般意义的课堂，学生是主体；语文的课堂，学生是课堂的主角。

体验——优秀语文教师都能从人本主义的角度出发，理性看待学生的语文学习。学生既是主体，也是主动者。语文学习的基本行为，必须是学生主动学习的行为。优秀的语文教师绝不会从自我角度出发孤立地解读作品，自我陶醉而忽略学生的感受。语文教师对作品的解读，实质上是帮助学生解读。语文教学的过程，充满实践和体验。没有学生的语文体验，就没有真正的语文教学。

实践——学生的语文学习活动，是语文的实践活动，能从人本主义的角度出发，看待教师对于语文的教学、学生对于语文的学习。从师生两个维度理解教学关系的建构。

3. 从（怎么教）教学方法看，有四个关键词。

守正——语文是个古老的学科，具有厚重的学科传统。语文名师都能从语文教学的学科本质入手，思考语文教学方法和规律。优秀语文教师都认识到了对于中国语文教学传统的充分继承和合理扬弃问题。

创造——语文教学的规律性并不很强，但富有教学艺术的创造性。优秀的语文教师，都是魔术大师。

于漪老师提出如下阅读教学观：赏析、积累、创造。在赏析中陶冶情操，开发智力，学习语言；在重复阅读中加深理解，加强记忆，增长积累；在写作实践中借鉴创造。

余映潮老师对“教学创意”的定义：就是充满新意的、有个性的、带有一定创造性的教学构想，就是准备实施教学的新点子、新角度、新思路、新方案、新策划。

趣味——语文是与艺术高度关联的学科。没有趣味，就没有语文。语文兴趣是学生学好语文唯一的秘密。夸美纽斯《大教学论》指出：“孩子的智力和语文应当在引起他们兴趣的事物上优先得到练习，使成人感兴趣的事物应当留待以后。”

陶行知先生指出：“学生有了兴趣，就会用全副精神去做事，学与乐不可分。”对于语文和数学教学都很内行的霍懋征老师认为，教师要十分注意培养学生学习的兴趣，变“要他学”为“他要学”。张化万老师提出自己的语文教学理念：“把玩进行到底，以学生为中心”。

应用——教有用的知识，学有用的学问。叶圣陶先生指出，“学语文为的是用，就是所谓学以致用”，“经过学习，读书比以前读得透彻，写文章比以前写的通顺，从而有利于自己所从事的工作，这才算达到学语文的目的”。

4. 从（谁来教）教学队伍看，有六个关键词。

博学——语文名师都能认识到语文知识的丰富性和无限性，更加重视自身的学习，特别重视经典阅读和理论学习。

多才——从实践特点出发，语文名师多数善于写作，善于表达，善于语文实践。优秀语文教师一般个人多有才艺。

统筹——从语文学科的复合型承载出发，语文名师都很重视语文教学的综合性，都能够形成阅读与写作相结合、课内与课外相结合、阅读与思维相结合等许多具有综合倾向的显著教学特征。

反思——教学是伴生着遗憾的艺术，语文教学是伴生着严重缺憾的艺术。语文学科教学的实践效果是一个不断达成的过程。语文名师都能积极对待语文教学的方式方法改进。语文教学是问题最多的教学，也是最需要教学反思的教学。

人文——优秀语文教师都具有丰富深刻的人文情怀，他们具有教育情感的深厚性。语文教师出任校长的大多也积极倡导学校管理的人文性。

灵魂在场——灵魂缺失的课堂，即魅力丧失的课堂；灵魂在场的课堂，才是可以魅力恒生的课堂。

四、优秀语文教师的代表作品

1. 好课。

文学界、艺术界都讲究代表作。一位名小说家一定有他写出的名小说，比如陈忠实和他的《白鹿原》；一位名导演一定有他导演的名戏剧或名电影，比如张艺谋和他的《老井》；一位名歌唱家一定有他唱出名的代表歌曲，比如腾格尔和他的《蒙古人》。教师一定要有其好课，好课就是一个教师的教学代表作品。比如郭锋老师的代表作是《从宜宾到重庆》，程少堂老师的代表作是《荷花淀》，窦桂梅老师的代表作是《王二小》，于永正老师的代表作是《草》，等等。

2. 好学生。

古人所谓“名师出高徒”。没有“好学生”的教师很难说是好老师。古今中外的名师都培养出了很有名的学生。举几个例子：孔子培养出曾子，曾子培养出子思，王通培养了房玄龄和杜如晦，韩愈培养了李翱，周敦颐培养了程颐和程颢，程颢培养了杨时，杨时的弟子李侗又培养了朱熹，戴震培养了段玉裁，杜威培养了胡适，胡适培养了傅斯年，吕思勉培养了钱穆，钱穆培养了严耕望和龚鹏程，金岳霖培养了王浩，赵元任培养了王力，罗振玉培养了王国维，苏格拉底培养了柏拉图，亚里士多德培养了亚历山大，等等。

3. 好文章。

名师必有名言甚至名文、名著。老师是世界上不多见的靠嘴吃饭的职业，教师靠嘴吃饭，说的是真知和真学。孔子在《论语·卫灵公》里说：“言之无文，行之不远。”

有着“穿着西服的孔子”美誉的魏书生，就能做到出口成华章，名言满天下。名言，既可以说出来，也可以写出来，写出来的名言就是名文、名著。名师可以通过培训会、论坛、推进会、报告会等各种平台去广泛宣讲自己的教学心得和理论主张，去用学理引发共鸣，用学术产生共振，以开山辟路，以指引发展。这些讲座的PPT转化成为WORD，其实就是论文。

名师之所以成为名师，一个原因是勤于反思、勤于学习、勤于借鉴、勤于思考、勤于总结、勤于研究，其重要标志往往是写出了在行业有影响力的文章或者论著。清华大学国学研究所导师梁启超文章名满天下，一生著述1400万字；香港东亚大学教授钱穆著述等身，一生著作1700万字。如果宋代张载没有《东铭》《西铭》，如果朱熹没有《白鹿洞书院规则》，如果王阳明没有《龙场四训》，如果蔡元培没有《何为大学》，如果叶圣陶没有《文心》，如果朱自清没有《语文教育常谈》，如果钱梦龙没有《导读教学》，谁又能确定他们深刻的教育内蕴呢?

有人认为，教育是个实践性很强的学科，固然需要理论指导和理论探索，但教育的核心行为是教学实践。只要课好、业绩好，那就是好教师。笔者的浅见：课上得好的老师就是好老师，这话貌似有理，实则浅薄。因为优秀教师的业绩里除了教学业绩，还应该有教研业绩、科研业绩。名师的教学成绩固然重要，学术深度也不可以忽视。我们完全可以从他的所写所述来判断他的学术修养。其次，任何时代的真正有影响的名师也是都有名文的。只有勤于写作、勤于学习、勤于钻研、勤于总结、勤于提炼，才有好文章问世。再次，写出好文章的过程，也是名师向更高学术水平、更高教育境界攀升的过程；发表文章的过程也是名师扩大影响、扩大知名度、引领同行专业发展的过程。如果自己是真名师而不是假名师，那就可以倾注心血去写出有重要影响的文章或者专著。

语文名师的教学艺术

魏书生在《教学工作漫谈》一书写道："教育本身是一门艺术。而作为艺术，显然它就不能定为一。凡是定为一的东西恐怕它就不能叫艺术。"

一、何为语文教学艺术

教学艺术，就是教师在课堂上遵照教学法则、美学尺度的要求，灵活运用语言、表情、动作、活动、图象、课件、白板、自然资源、教具等手段，善于设计流程，善于调控过程，善于形成互动，善于随机生成，灵活变通，不定于一，不拘套路，充分发挥教学情感的功能，进行独具风格的创造性的教学活动及其呈现出的效果。

教学既是一门科学，也是一门艺术。教学的本质是科学，教学的表现是艺术。科学为神，符合客观的真；艺术为魂，体现情趣的美。仅有科学的教学是枯燥的，仅有艺术的教学是浮躁的，科学与艺术结合的教学才是完美的。

教学的科学性需要依靠标准去完成，包括课程标准、知识标准、技术标准、评价标准等，现在常说学业标准。教学的艺术需要依靠灵动和创造去完成，教学艺术必须建立在教学标准、教学技术的基石之上。

语文教学艺术具有实践性，属于教学实践活动的范畴，是一种高度综合的艺术；语文教学艺术具有情感性，师生双方的教学活动是情感交流、心灵碰撞的过程；语文教学艺术具有形象性，运用生动、鲜明、具体的形象来达到教学目的；语文教学艺术具有一定的表演性，机智幽默的语言、惟妙惟肖的表演和恰如其分的笑话等表演手段，使教育教学寓于愉悦之中；语文教学艺术具有高度的审美性，教学设计美、教师仪态美、教学语言美、教学过程美、教学意境美、教学机智美、教学风格美、教师人格美等既是以提高教学质量为最终目的，又使教学具有了审美价值；语文教学艺术具有很高的创造性，教学的新颖性、创意性、灵活性能解决教学中出现的各种复杂问题；语文教学艺术具有个性，教师独特的教学风格使教师具有吸引学生的独特魅力；语文教学艺术具有无限性。于漪老师说：教学艺术是带着遗憾的艺术，语文教学艺术具有难以言说性，可以感知却很难精准描述。

二、语文名师呈现出的教学艺术

语文教学艺术在教学过程中表现出情趣性、生动性、创造性、灵活性、审美性、综合性等多种特点，并以整合的方式发挥其潜移默化的教育功能。

于漪老师的教学艺术可以概括为："趣、新、情、活"。在教学中，于漪老师既激发一个"趣"字，不忘一个"新"字，又能牢牢揪住一个"情"字，铸就一个"活"字。"左手有情，右手有趣"，注重学习兴趣，突出情感教育，是于老师教学的艺术特质。她满怀激情的一句话就是"丹心一片是关键"。她培养学生兴趣有四点经验：一是课要有新鲜感；二是课要有趣味性，使学生迷恋；三是要重视教学中的情感因素；四是增强教学过程中的智力因素，用学生的智力活动激发他们的学习兴趣。于漪老师提出了许多情感熏陶的方法。如教师在备课时，首先要"披文入情"，即通过认真研读教材，发现作者的思想感情所在，做到“文脉、情脉双理清”。发现作者的思想感情之后，教师自己必须进入角色，深入理解语言文字所传递地情和意。教学时，教师要带着感情教，要选准动情点，满怀感情地启发、提问、讲述、剖析、朗诵，以情激情。“寓教于情，声情并茂，教出趣味，活而有致”是张定远先生对于漪老师的教学艺术所做的高度概括。

钱梦龙老师非常重视教学问答艺术：“曲问”。钱梦龙说：“课堂教学艺术从某种角度讲，也正是提问的艺术。提问方式巧妙与否，直接关系着课堂教学的成败。”这个巧，表现在问的时机恰到好处、难易程度把握准确、有较强的启发性等方面。“曲问”作为“巧问”的一种表现形式，很受钱梦龙推崇。“曲问”是钱梦龙相对于“直问”创建的一个提问术语。“直问”，就是直来直去，有时造成“启而不发”的僵局。钱梦龙主张提问宜“曲”，所谓“曲问”，即为了解决一个问题，折绕地提出另一个或另几个问题的提问。通过采用“迂回战术”，变换提问的角度，让思路“拐一个弯”，从问题侧翼寻找思维的切入口，多见巧思，易于激发学生求知的欲望。钱梦龙执教《愚公移山》有三个典型的范例：一是“愚公年且九十”的“且”字，钱先生没有直解其意，而是问：“愚公九十几岁？”学生稍感疑惑之余，顿悟“且”为“将近”意，愚公还没到九十岁，只是将近九十。二是“邻人京城氏之孀妻有遗男”的“孀”字与“遗”字，钱先生也没有直解其意，而是问：“邻居小孩去帮助愚公挖山，他爸爸同意吗？”这样就使“孀”“遗”二字之义迎刃而解。三是在学生明白篇章意思后，钱老师提了这样一个问题：“有人说，既然最后还是靠神仙的力量把两座山搬走了，看来愚公还是无能的。你们同意这个观点吗？”“曲问”提出的问题，不仅角度较新，而且都有一定的难度，对提高学生的思维能力，改变学生“直线式”的思维方式很有好处。

如果说学生掌握知识的最佳动力是兴趣，那么曲问便是巧妙撩拨学生兴趣的艺术魔棒。通过曲问，产生了“错综见意，曲折生姿”的功效。“今天早餐我吃了一个烧饼、两根油条，喝了一杯凉水，后来又吃了一个鸡蛋和一个苹果。谁能告诉我，我吃的都是食物吗？无论说是或不是，都要讲出理由来。”一上课钱梦龙就提出了这么个怪问题。前一天同学们已经按要求自读了说明文《食物从何处来》，已经记住了食物的定义。如果直问“什么叫食物？”，学生就能不假思索地回答出“食物是一种能够构成躯体和供应能量的物质”，但钱老师的问题“拐了个弯”，让学生运用食物的定义对具体事物作出判断，因此不仅要求记住食物定义，而且要求真正理解食物。钱梦龙善于结合教材信息宕开去提问，拓展学生的思维空间，使思考进一步深化。

余映潮老师的教学艺术包括：研读材料的艺术，即从科学的、艺术的角度多样地研读教材的艺术；简化课堂提问的艺术，也就是“主问题设计”的艺术；善于进行教材处理的艺术，也就是“选点精读”的教学艺术；对学生进行有效训练的艺术，也就是“学生活动设计”的艺术，等等。

宁夏特级教师李元功老师在他所著《语文教学艺术与思想》一书中精炼地概括了教师的行为艺术，包括：“德为师之源”，也就是高尚的师德是教师产生教育力量的源泉，是教师的教育获得成功的基础；“教以生为本”，其要义在于教师的全部工作和一言一行都必须以学生的健康成长和终身发展为出发点；“研为教之用”，教研的本质是服务，为教师提高教学水平和专业发展服务，为教育改革和教学创新服务。

三、追求教学艺术

教学艺术持续增强，逐渐稳定和深刻，就构成了教学风采。

1. 回归学科本位，纯正学科底色，以学科的务本守正为教学艺术化的背景。

陈日亮老师提出“我即语文”，此观点得到北大钱理群教授、福建师大孙绍振等名家的充分肯定。

于漪在《往事依依》写道：“年华似流水。几十年过去，不少事情已经模糊，有的搜索枯肠而不可得，但有几件事仍历历在目，至今记忆犹新。小时候，我住的小屋里挂着一幅山水画。这只是一幅极普通的画，清晨看到，晚上看到，一天少说看到三四次，竟百看不厌。有时凝视久了，自己也仿佛进入画中‘徜徉于山水之间’，甚得其乐。入了神，自然乐在其中。

“家里有一部《评注图像水浒传》，一打开，就被一幅幅插图吸引住了。梁山雄伟险峻，水泊烟波浩淼，水面有无边无际的芦苇，山上有一排排大房子……这一切，在我幼小的心灵里好像就是家乡长江边焦山一带。那时读《水浒传》，会不知不觉把焦山一带风景当做梁山泊背景，我似乎目睹何涛、黄安率领的官军在茫茫荡荡的焦山下，在芦苇水港中走投无路、狼狈逃窜的情景，犹如身历其境，真是津津有味。以后年龄增长，也曾重读《水浒传》，虽然理解比小时候深入，但是形象却不如那时鲜明。后来才懂得，这就是形象思维的作用，生动的形象可以形成深刻的记忆。

“学生时代的生活乐趣，很大程度来自读书。书，给我以广阔的天地，而其中编织我童年美丽的生活花环的，竟是一本让人看不上眼的石印本《千家诗》。祖国的大地山川气象万千，家乡的山山水水也美丽非凡。一年之中，风光流转，阴晴雨晦，丽日蓝天，风云变幻，真是美不胜收。《千家诗》中很大部分诗歌歌咏祖国风物，按春夏秋冬时序编排，打开书往下念，四季风光就活生生地展现在眼前：‘万紫千红总是春’‘春城无处不飞花’‘绿树阴浓夏日长’‘五月榴花照眼明’‘青女素娥俱耐冷，月中霜里斗婵娟’‘梅雪争春未肯降，骚人搁笔费评章’……吟诵这些诗句，春花秋月，夏云冬雪，一年四季都沉醉在诗的意境之中。诗句中丰富的颜色给生活涂上了绚丽的色彩‘红紫芳菲’‘橙黄橘绿’‘黄鹂鸣翠柳’‘白鹭上青天’，令人眼花缭乱，心旷神怡。脑海里常常浮现五彩纷呈的世界，沉浸在美的享受中，生活情趣浓浓郁郁。”于漪深厚的语文教学功力，源于从小打下的纯正的语文底色。

2. 坚持知识标准，坚持技术标准，学习信息技术，运用现代技术，以知识过硬、技术过硬作为教学艺术化的前提。

夸美纽斯说过：“教师的嘴就是一个源泉，从那里发出知识的溪流。”

韩军老师在《21世纪语文对话》一文指出：“语文教育越来越推崇技术。教师上课凭技术。刊物书籍发表的许多论文，不少是在传播这样的技术。我们语文教师俨然成了一批批纯粹的技术师傅。”教学一味技术化是低品质的，但技术不过关是无品质的。

3. 明确主导身份，提高导学能力，以善导善引为教学艺术化的主旨。

要明确教师的教学主导者的真实身份。教师为主导的思想是钱梦龙老师提出的。他在《导读艺术》一书指出：“教师为主导，就是在确认学生的主体地位的同时，规定教师在教学过程中的作用和活动方式主要是‘导’。‘导’，指引导、指导、辅导、因势利导；也就是根据学生的认识规律、思维流程、学习心理，正确地引导学生由未知达到已知的彼岸。导之有方，学生才能成为名副其实的主体。”教师主导在“三主”里的位置如何呢？钱梦龙老师指出：“学生为主体”是教学的前提，着眼于使学生“善学”；教师为主导，是强化学生主体地位的条件，着眼于“善导”；而学生的“善学”与教师的“善导”都必须通过“善练”的科学序列才能实现，所以说“训练为主线”是“主体”与“主导”相互作用的必然归宿。教师教学素养，主要体现在“主导”能力上。

学生，既是语文教学的初心，也是语文教育的归宿。教师要将自我的教育教学艺术，建立在学生的自主发展的基础上，应以“使学生的个性获得充分发展”作为基本价值取向。如果教师“目中无人”，没有学生这个“人”的真正发展，那么教学个性特点再突出，也有悖教育的根本宗旨。

4. 重视教学方法多样化，重视教学手段多样化。

技术、手段、方法三个概念“剪不断，理还乱”，都和教学的操作有关。手段侧重于工具，技术侧重于标准，方法侧重于经验和思路。

一个拥有良好教学方法的教师才有可能产生教学艺术，好的教学方法是教学艺术产生的基础。

每个教师的方法都是不一样的。叶圣陶先生认为，教育的方式方法可以多种多样，但实施教育的原则应该是确定的。他说：“方法问题，我以为总不宜定于一。”

从教育发生学的角度看，教学艺术的产生轨迹是由“教学技术成熟”到“教学方法多样”再到“教学艺术化样态”。

5. 博学而约取，杂学而专注，以广泛学习但专注于一点作为教学艺术化的途径。

经营自己的教育教学魅力，首先要兼容并蓄。以海纳百川的胸怀，以质疑发现的胆识，以扬长补短的机灵，以大融通、大手笔的气度，拜一家之师，取百家之经，像蜜蜂那样采天下之花。兼容并蓄不是替代自我，泯灭个性，而是充实自我，酿造自我的芬芳。要想教出教学个性，要先学会有容乃大。

6. 吸引学生眼球，抓住学生心理，以师生互动的深刻生动作为教学艺术的终极追求。

能够使学生喜欢上语文，语文教学已经成功了一大半。让学生喜欢语文，意味着教师将使客观的语文课程变成有磁性的语文活动。课程是死的，教师是活的。与其说学生喜欢上了语文，不如说学生喜欢上了语文教师本人。语文教师，一定要有趣味、有魅力。

7. 多要素融合。

研究教材，研究学生，研究教师自我，研究教学流程，研究教学环境，研究教学情景，研究教学资源，将多要素整合融通作为教学艺术化的着力点。

8. 深刻分析自己教学特点，捕捉自我特长。

时刻思考如何扬己所长，将教学艺术自我化、个性化、特色化、不断优化作为教学艺术化的标志产品。纵观语文大家的教学可知，教师要将自我的教育教学魅力建立在教师自我个性的优化上。

真正有内涵的教学个性是在共性积淀的基础上结合个人特质，是学习名家而不丧失自我。唯名家为范为尊的价值取向，并不一定真正有利于教师教学魅力的形成。

9. 教学艺术化。

语文教师很容易重复自己的劳动，而惯性和懒惰是教学艺术泯灭的杀手。着眼于教育思想和专业学习，这是教学艺术化富有深度的唯一途径。

于漪老师有一句名言：“一辈子做教师，一辈子学做教师”。“学做教师”学什么呢？一学教育思想和理论，二学专业知识和技能。

10. 本质而言，教师的劳动是个体劳动，名师的劳动是艺术化的个体劳动。

坚决反对以僵死的规范取代多样的个性，以单调的模式取代丰富的艺术。要做教学个性存在的推动者。千课一律，百人一课，固定流程，固化操作，目前有些地方带有“一刀切”特征的所谓“课改”，因为泯灭了教师的个性，也就扼杀了教学艺术的出现。

11. 教学艺术之美，源于教学细节之实。

宁夏教育厅教研室马兰老师认为，课堂教学是由一个个的教学细节组成的，细节虽小，但对于整个课堂教学来说是“基石”，所以细节无“小节”。课堂教学的细节，体现了教学的功力和实力。某些小细节可以成就促进学生感悟理解、发展学生能力、掀起教学高潮等大作为。

12. 本质而言，教学艺术是为了提高教学质量。

提倡提高教学效果的艺术，反对教学艺术的形式主义，反对为教学艺术而艺术。

教学是一门艺术，是一门教会学生打开知识的门锁、走进智慧的殿堂的艺术。教师一旦掌握了这门艺术，也就拥有了相应的教育教学魅力。教学艺术不是天生的，教师将教学个性、教学风格依次递升，就构成了教师的教学艺术、教学风采。

教学风采即才华，教学艺术即创造。

语文名师管理育人的艺术

管理育人伴随着语文教师职业生涯的始终。作为科任教师，语文教师有课堂管理和育人的职责；如果担任班主任，就有班级管理和育人的职责；如果担任学校干部，就有学校管理和育人的职责。魏书生、李希贵等人担任教育局局长后，甚至还要进行区域内教育行业管理和育人。本文主要研究课堂管理、班级管理、学校管理的育人艺术。

一、课堂管理：规则管行为，激励铸灵魂

1. 名师善于运用课堂规则。

简明科学的课堂规则，能够帮助教师很好地组织教学，确保教学顺利推进。

2. 名师善于使用激励策略。

激励包括正向肯定和负向纠正。夸美纽斯指出："用语言、事物表扬，用警告、训斥、惩罚及对特殊的个别的过错采用体罚，以有教益的惩罚制度，即'持以坦白的态度，出以诚恳的目的'，使儿童理解这样做是对他有好处的，正如吃苦药治病一样。"名师都善于使用激励手段，引导学生深度思考成什么人、成什么才。

苏霍姆林斯基指出："如果你想成为一个真正的教育能手，那么你就不要企图用某些断然的、闪电式的、异乎寻常的措施，一下子就把孩子心里结成的冰块融化掉。离开自我教育，心灵的完美是不可能实现

的。谁想闯进儿童的心灵，一下子就清除掉里面的邪恶，谁就会遭到儿童的反抗。……真正的教育就在于，要让孩子心里的冰块逐渐融化，让孩子的心自己发出热来。”

3. 名师善于培养学科兴趣。

于漪老师说过：“在课堂教学中，要培养学生的兴趣，首先要抓住导入课文读的环节。一开课就要把学生牢牢地把学生吸引住。课的开始好比提琴家上弦、歌唱家定调。第一个音定准了，就为演奏和演唱奠定了基础。上课也是一样，第一锤就应敲在学生的心灵上，像磁石一样把学生牢牢地吸引住。”

二、班级管理：秩序为基石，凝聚是关键

1. 名师善于意识聚合，凝聚各种各样的学生形成集体思想。

陶行知先生说：“集体生活是儿童之自我向社会化道路发展的重要推动力，为儿童心理正常发展的必需。一个不能获得这种正常发展的儿童，可能终其身只是一个悲剧。”

苏霍姆林斯基指出：“每个人都是一个完整的世界，一个思想、感情和感受的世界。个人怎样影响集体，集体又怎样影响个人，对此我们是无权视而不见的。让学生感到孤独，感到对他的痛苦和欢乐无人作出反应，这是教师的道德所不容的。思想好比火星：一颗火星会点燃另一颗火星。一个深思熟虑的教师和班主任，总是力求在集体中创造一种共同热爱科学和渴求知识的气氛，使智力兴趣成为：一些线索，以其真挚的、复杂的关系——即思维的相互关系把一个个终生连接在一起。”

2. 名师善于班务统筹，做好班级任务安排，以目标驱动学生发展。

夸美纽斯指出：“合理安排儿童每天的生活，使之总是忙于有益的事情避免无事生非或虚度时光。”

3. 名师善于培养良好习惯。苏霍姆林斯基在《帕夫雷什中学》写道："我们认为，使学生养成良好习惯和预防不良习惯，是一项重要的教育任务。"

魏书生总结出班主任要抓的"十二个良好的学习习惯"：（1）记忆的习惯，一分钟记忆，把记忆和时间联系起来。时间明确的时候，注意力一定好。学生的智力，注意力是最关键的；（2）演讲的习惯，让学生会整理、表达自己的思想；（3）读的习惯，读中外名著或伟人传记，与高层次的思想对话，每天读一、两分钟。学生与大师、与伟人为伍的时候，教育尽在不言中；（4）写的习惯，写日记，有话则长，无话则短；（5）定计划的习惯，凡事预则立、不预则废。优秀学生的长处就在于明白自己想要干什么；（6）预习的习惯，让学生自己学进去，感受学习的快乐、探索的快乐、增长能力的快乐；（7）适应老师的习惯，老师适应学生，学生适应老师；（8）大事做不来，那就小事赶快做的习惯。大的目标够不到，赶快定小的目标。难题做不了，挑适合你的容易做的题去做。人生最可怕的就是大事做不来，小事不肯做，高不能成，低不肯就；（9）自己给自己留作业的习惯；（10）整理错题集的习惯，整理错题集是学生公认的好习惯，找到可以接受的类型题、同等程度的知识点，研究一下提高的办法；（11）出考试题的习惯，学生应该觉得考试不神秘；（12）筛选资料、总结的习惯，学生要会根据自己实际选择学习资料。

4. 名师善于引导班级舆论。

马卡连柯：儿童集体里的舆论力量，完全是一种物质的实际可以感触到的教育力量。

三、学校管理：管理可能优秀，引领才会杰出

管理学校，关键是抓好人财物事，善于要素统筹；

领导学校，关键是引领价值和发展方向。苏霍姆林斯基指出："领导学校，首先是教育思想上的领导，其次才是行政上的领导。"

魏书生老师提出：人的内心有五个境界——无心无意的境界，三心二意的境界，半心半意的境界，一心一意的境界，舍身忘我的境界。处在前三种境界中的人对工作毫无乐趣，灵魂在无目标的疲惫地流浪、奔波；处在后两种境界中的人在工作中尽职尽责，享受这其中的快乐。魏书生用人生境界思想引领教师队伍，倡导"多改变自己，少埋怨环境""多琢磨事，少琢磨人"，其民主管理、人本管理的思想根深叶茂。

冯恩洪老师非常重视教育的"适合"个性和"未来"未来。他说：在一所学校，低水平的重复，尤其是失去目标的低水平重复，很容易让这所学校的每一个人都产生职业倦怠，唯有发展，包括学校和个人的发展，才能够拉动智慧和激情。他把自己成长中的三个关键词定义为：目标、读书、反思。"当老师就一定要当中国最好的老师"，说的是目标；"感觉只能解决现象问题，理论才能解决本质问题"，说的是学习；"衡量一名教师是有生长性的，还是涨停板的，有一个鲜明的标志——涨停板的教师喜欢津津乐道，宣扬自己曾经上过的课是多么地卓越；而有生长性的教师，他会永远觉得上过的课是一门遗憾的艺术，一定还存在需要改善的地方"，说的是反思。

李希贵老师认为：一所好学校会注重学校中的"关系"，特别是"同伴关系"和"师生关系"。他的教育理念新颖而丰厚，如专著《学生第一》《学生第二》《为了自由的呼吸教育》《面向个体的教育》

《新学校十讲》等。他重视为学生建立适宜的育人环境，对学校进行科学管理，对课程进行大胆创设和改革。他主持了新学校行动研究。李希贵提出了他办好学校的三条经验：第一，寻找制高点。干一行，就要知道这个行当最高的地方在哪里。只要知道哪个地方有经验，哪个地方在某一个领域有改革，我就去学习。第二，善于把其他行业好的经验模式嫁接到学校。他特别喜欢看企业管理的书，因为在他看来，最好的管理不在教育，不在学校，而在竞争激烈的企业。第三，听不同的声音。愿意汇聚一些在不同领域有特点、有建树、有个性的朋友，来共同切磋，研究事业发展的方向，听各种声音，使各种观点得以碰撞，最后形成自己的想法。

孙双金老师认为，教师是教育事业兴衰的关键。他撰写《发现教师：揭开学校发展的密码》，主张要积极找到每一位教师的起跳点、自信点和兴奋点。他以情智教育作为自己办学的核心主张和追求，建构“12岁以前”的学校课程体系。

参考书目

[1]马文科. 走心语文的说法与做法 [M]. 银川：宁夏人民教育出版社，2016.

[2]尤屹峰. 诗意语文教育观[M]. 银川：宁夏人民教育出版社，2015.

[3]谢光穆. 中学生阅读理论与技能[M]. 银川：宁夏人民出版社，2005.

[4]谢保国. 教学艺术研究[M]. 银川：宁夏人民出版社，2002.

[5]于漪. 我和语文教学[M]. 北京：人民教育出版社，2003.

[6]于漪. 于漪语文教育论集[M]. 北京：人民教育出版社，1996.

[7]刘彩霞. 语文教育实习课程论[M]. 北京：人民教育出版社，2002.

[8]李元功. 中国特级教师文库·语文教学艺术与思想[M]. 北京：人民教育出版社，2004.

[9]钱梦龙. 导读的艺术[M]. 北京：人民教育出版社，1994.

[10]朱自清. 论雅俗共赏[M]. 北京：中华书局，2012.

[11]朱自清. 文艺常谈[M]. 北京：中华书局，2014.

[12]叶圣陶. 语文随笔[M]. 北京：中华书局，2013.

[13]王力. 龙虫并雕斋琐语[M]. 北京：中华书局，2013.

[14]龚鹏程. 有知识的文学课[M]. 北京：中华书局，2015.

[15]张中行. 怎样作文[M]. 北京：中华书局，2017.

[16]张中行. 诗词读写丛话[M]. 北京：中华书局，2012.

[17]张中行. 文言和白话[M]. 北京：中华书局，2012.

[18]张中行. 负暄续话[M]. 北京：中华书局，2012.

[19]张中行.作文杂谈[M]. 北京：中华书局，2012.

[20]钱理群. 情系教育[M]. 北京：生活·读书·新知三联书店，2015.

[21]蒋勋. 艺术概论[M]. 北京：生活·读书·新知三联书店，2000.

[22]吕叔湘. 语文常谈[M]. 北京：生活·读书·新知三联书店，2012.

[23]夏丏尊，叶圣陶. 文心[M]. 北京：生活·读书·新知三联书店，2016.

[24]朱自清. 经典常谈[M]. 北京：商务印书馆，2017.

[25]叶龙. 钱穆讲中国文学史[M]. 北京：商务印书馆，2015.

[26]顾德希. 归元返本，面向未来[M]. 北京：商务印书馆，2017.

[27]蒋勋. 蒋勋说唐诗[M]. 北京：中信出版社，2014.

[28]蒋勋. 蒋勋说宋词[M]. 北京：中信出版社，2014.

[29]蒋勋. 从诗经到陶渊明[M]. 北京：中信出版社，2014.

附录

部分名家名师语文教育语录（言论）集锦

鲁迅先生

（写作）“是由于多看和练习，此外并无心得或方法的。”

叶圣陶先生

1. 写文章不是生活的一种点缀，一种装饰，而是生活的本身。

2. 作文不是无所作为的玩意，不是无中生有的把戏，是生活中间的一个项目，同吃饭、谈话、做工一样，是生活中间缺少不了的事情。

3. 学生只有把写作当成生活的一种需要，才会爱写、勤写、乐写。生活也是作文的源泉。

4. 写作材料的来源普遍于整个生活里，整个生活时时在那里向上发展，写作材料自会滔滔汩汩地、无穷尽地流注出来。

5. 写作的根源是发表的欲望；正如同说话一样，胸中有所积蓄，不吐不快。最好的修改是互改和自改。

6. 教师修改不如学生自己修改。自己修改不限于课内作文，要养成习惯，无论写什么都要修改，把修改作文看作一种思维过程，养成自己改的能力，这是终生受益的。

张志公先生

作文教学要“本末分清，主次分清。清楚活泼的思想和结结实实的基本功，是主要的；方法技巧之类是末，是次要的，本末倒置是不行的。”

于漪老师

1. 我当了一辈子教师，教了一辈子语文，上了一辈子深感遗憾的课。我深深地体会到“永不满足”是必须遵循的信条。正如《浮士德》诗剧中主人公浮士德所说：“要是有那么一刹那，对我说：停住吧，你是多么美好！那时也就敲响了我的丧钟。”浮士德上天下地求索，经历了爱情的悲剧、事业的悲剧，什么都一场空，但是他没有灰心。最后，他在一块荒芜不毛的海滩上建立起人间的乐园，心里一片光明，情不自禁脱口而出：“停住吧，你是多么美好！”这一刹那，浮士德倒地死去。满足意味着生命的结束。

2. 教学参考书毕竟是别人的劳动，只有自己的劳动所得才是带着生活露水的鲜花，是你自己的心得，学生才容易和你交融。教出自己个性的时候，才是学生收获最大的时候。因为，教育事业是创造性的事业。

3. 你既然选择了当教师，你就选择了高尚，你就必须用高尚的标准来要求自己，用一个人民教师的良知来告诫自己，自己是教师，和市侩不一样，不能把教书当生意做，从学生身上揩油；把知识当商品贩卖，捞取高额回报。如果那样的话，一名教师的道德行为底线就崩溃了。

4. 一辈子做教师，一辈子学做教师。

5. 我有两把“尺”，一把是量别人长处，一把是量自己不足，只有看到自己的不足或缺点，自身才有驱动力。因为，“累累创伤，是生命给你最好的东西”。

6. 一个人一旦选择了教师这个职业，就同时选择了高尚。首先要“知如泉涌”，而且要有伟大的人格力量。

7. 教育工作中，一切以教师人格为依据：智如泉涌，行可为表仪者人师也。

8. 我的理想是做一名合格的教师。所谓合格，就是不负祖国的期望、人民的嘱托。

9. 今天的教育就是明天的国民素质。

10. 教育，一个肩膀挑着学生的现在，一个肩膀挑着祖国的未来。

11. 奉献是教师的天。

12. 你对孩子是全心全意，还是半心半意、三心二意，孩子心中清清楚楚，只有把爱播撒到孩子心中，他们心中才有你的位置。

朱永新教授

1. 先生首先是学生。

2. 教育与理想是一对孪生兄妹。教育是培养人的事业，人是物质与精神的统一体。人不同于其他动物的重要特点是人的精神性。

3. 对于一个优秀教师而言，教育的每一天都是新的。

4. 凡能发光的人，必定在内心燃烧了自己。

5. 不要以为教师在三尺讲台上没有什么作为，他影响着几十个生命。一个教师，如果能够真正地影响几个学生的生命，真正地走进他们的心灵，真正地成为学生生命中的“贵人”，他的生命就是非常有价值的了。

6. 许多教育家只不过是把别人的精神财富应用到自己的教育实践中，在此基础上提出许多理论共鸣而已。你要自己去摸索，找到理论上的支持与共鸣。

7. 时间抓起来就是黄金，抓不起来就是流水。

韩雪屏、张春林、鲁宝元教授

1. 阅读是一种复杂的、社会的、心理的活动。阅读能力是一项重要的、独立的能力。阅读能力培养是语文教学的一个重要任务。

2. 一个有独立阅读能力的读者，应该能够根据实际需要，独立地寻找读物，确定阅读目的，选择阅读方法。全面有效的阅读能力由认读、理解、记忆、速度、技巧等要素构成。

——摘自《应当建立一门阅读学》

王旭明老师

1. 身教胜于言教，多言不如一行。

2. 专业是教师的立身之本，事业是教师的终身追求。

3. 教育给予学生的不是现成的知识宝殿，而是引导学生去做砌砖的工作，教他们如何建筑。

4. 一个有品位的教师，除了站稳讲台外，还要有自己的学术阵地。

5. 不要轻视阅读。它可以使你成为一个思想者，一个精神贵族。

6. 我之所以能够每天站在讲台上“吐丝”，缘于我此前吃进了大量的“桑叶”。

7. 文字不等于文学。“文学”比“文字”多了两笔：一是深刻的思想，二是高超的艺术。

8. 让阅读与写作携手，让语文与生活联姻。

9. 写作，一旦成为学生的一种爱好，一种行为自觉，那么，我们的作文教学才会变得高效而有意义。

10. 写作需要技法，可是，如果没有文化积累和生活积淀的支撑，大都会显得苍白无力。

11. 作为教师，不但要勤读书，还要会写作。这两个方面是教师专业成长的两翼，缺一不可。

12. 一个好的语文教师应该有两个法宝：一个好笔头，一个好舌头。

13. 对语文教师来说，读和写应是他所从事职业的一种生活方式，应是他生命的一种自然延伸和提升，其中蕴含着最鲜活的生命形态，充满着本色的活力与生机。

14. 一个合格的语文教师应具备四种能力：读（积累）、写（总结）、思（加工）、做（实践）。

贾志敏老师

1. 当年，我为了生活走上这三尺讲台；今天，我离开这三尺讲台则一刻也无法生活。

2. 语文教师的看家本领：语文教师眼睛要“毒”，语文教师目光要“准”，语文教师心地要“善”，语文教师嘴巴要“甜”。

3. 工人感谢机器，农民感谢土地，厂商感谢顾客，演员感谢观众，大夫感谢病员。同样，我们做教师的，要由衷地感谢不同的学生。

4. 教师不经意的一句话，会创造奇迹；教师不经意的一个眼神，会扼杀人才。

5. 理想的课堂教学应该是让学生安安静静地读书，认认真真地思考。学生只有读通课文，读懂课文，继而才有可能得以感悟，得以启迪。频繁的提问不能让学生安静下来，学生在这样的课堂上得不到沉思默想和实践练习应有的时间……大量的课堂“碎问”削弱了课堂训练。

6. 让学生养成良好的读书习惯，事关阅读教学的全局，事关阅读教学的效率和质量。因此，我们要大声疾呼：必须防止“教学碎片化”。

7. 大部分教师只是“教过”，而非“教会”学生。

8. 语文是一门学科，语文教学则是一门科学。科学，需要严谨和规范，需要按照事物发展规律行事，来不得半点虚假和浮夸。

9. 课改以来成绩有目共睹，但问题也伴随而生：课堂上太多资料补充，太多媒体演示，太多“泛语文”活动，以及太多形同虚设的小组讨论等，都或多或少削损了语文的学习功能。

10. 教师首先爱学生，其次爱读书。爱学生是立业之本，读书是立身之本。

11. 教课，既要生动——引领学生走进文本，热爱文本；更要严谨——教给学生准确无误的知识。

12. 教师有不懂或不会的地方，是正常的，不用回避。可怕的是滥竽充数，敷衍了事，教给学生不正确的，甚至是错误的东西。

13. 对于优秀教师来说，精彩的课，永远是“下一课”。

14. 课堂教学应做到“三实”：真实、朴实、扎实。真实是教学的本色，朴实体现教师的教风，扎实能让目标落到实处。

15. “用一生的时间备课”，我也是这样实践着的。

16. 课堂教学应该体现“一本两主”精神，即“以学生为本，以训练为主，以激励为主”。

——摘自贾志敏著《与讲台同在》

李希贵老师

1. 我深切地感受到，教育学其实就是（教育）关系学……师生关系的主导方在教师，教师应该主动承担起建立良好师生关系的责任……尽管师生关系建构的主导方在教师，但同时我们也必须承认，判定师生关系质量的权利却在学生手上。

2. 校园不比森林，我们没有权力通过竞争淘汰那些生而平等的孩子。

3. 真正的教育需要面对真实的学生。

4. 把汤匙交到喝汤人的手上。

5. 在成为优秀者的道路上，许多人十分顺畅。但在从优秀攀登卓越的过程中，大多数人却败下阵来。

6. 师德就是喜欢学生——学生也喜欢他。

7. 绝大部分优秀教师将关键事件、关键人物和关键书籍列为自己成长的三要素。

8. 在原始森林中穿行，我们很容易被大自然的造化震撼。可是，当我们走出森林，让我们描述其中每一棵树的样子，却常常语焉不详。因为我们心不在树木，满目不过一个壮阔的林子罢了。

——摘自《面向个体的教育》

肖家芸老师

1. 语文教学有了活水、活力、活气，就有了活效。为此，我主张活动式语文。

2. 教学效果的优劣，很大程度上取决于剪裁的巧拙。剪裁得巧，因文而定，教者贵在掘巧用巧。巧在文题，可提纲挈领，纲举目张；巧在开头，可牵首引身，金线穿珠；巧在中间，可中心开花，辐射两端；巧在高潮，可驻立潮头，以观起落；巧在结尾，可操尾探身，逆向推求；巧在穿插，可双线并举，表里互现；巧在映衬，可以主带次；巧在某点，可以点带面。

3. 信息技术之于语文课堂，就像化妆品之于女人，用得精当可使女人增魅力，用得过头则坏了女人原有的姿容。因而信息技术之于教学应定位在“辅助”上。

4. 良好的习惯只能在有目的、高起点、持久的“做”中培养，包括读说听写思做的良好习惯。行为形成习惯，习惯形成品质，品质形成能力，能力改变人生。

5. 语文教材展现的是美的世界——山川之美，历史之美，文学之美，艺术之美，人性之美。语文教师必须担负起美育的使命，培育学生美好的心灵。

6. 教育是由教学双方共同参与完成的。学生的自主活动与教师的主导活动是一种教学现象的两个侧面，相辅相成，互动促进。倡导学生自主，绝不以为放弃或是削弱教师的主导，相反倒是对教师的主导有了更高要求。

7. 让精彩于学生，才能留精彩于自己，因为教师的精彩在学生的精彩之中。精彩的课堂需要教师从根本上转变角色，从重视教的追求到重视学的探究，从重视自我展示到重视学生发展，从重视量化结果到重视质化过程。

张祖庆老师

1. 我有一个梦想，一个关于语文的梦想，那就是带着孩子在语文的大海里徜徉，用语文的眼睛去认识人生和世间万物的美丽。

2. 只有内心真正静下来，一个人才会优雅地活着。

3. 在这个网络已经成为生活一部分的时代，在这个忙碌成为生存表征的时代，努力做到和着时代的脉搏，触摸时代的心跳，有所节制地读网，沉静优雅地读书，耐住寂寞，甘于沉寂；享受寂寞，超越沉寂，也许是每一个理性者的自觉追求。

4. 我以为，语文教育的目的，在于培养主见与美感以及主见和美感的表达能力。其中美感之所以特别重要，是因为一个人只有感受到足够多的美，才能传递出足够多的美。这个美，包含了人性之美、文化艺术之美和自然之美。

5. 语文教师要重视儿童精神家园建设。这种建设，不是架空地喊口号，而是要借助于言语活动进行。因为人类的一切精神财富，人类的思想与感情，智慧与文明，知识与能力，都要借助语言得以表达与传承。海德格尔说："语言是存在的家，在其中住着。"语文教学要让孩子们成为"家的主人"，要追求语言与精神的同构共生。

6. 其实语文很简单，它承载着"价值引领，铺垫人生底色；习惯培养，形成持久学力；兴趣激发，引入读书殿堂"这三大功能。

7. "儿童是成人之父"。在与儿童打交道的过程中，我逐渐学会了以儿童的视角去看问题。童书中的儿童和读着童书的儿童，是一群可爱的人。他们的纯真质朴，常常感染着我，我的快乐性格、轻松课堂，其实很大程度上是受孩子们影响的。

了解儿童，研究儿童，发现儿童，将根深扎在语文的沃土上。引导孩子们用语文的眼睛，认识人生和世间万物的美丽，语文的花朵才会开得艳丽多姿。

8. 课程资源是需要有慧心的人去发现并开掘的。语文教师，要有敏锐的语文意识，在生活中睁大一双"语文的眼睛"，发现一切可以用作语文学习的因子，并加以合理开发，那么很多看起来和语文无关的东西，都可以成为语文学习的资源。开发课程的过程中，尽量要考虑“经济学”，即花最少的精力、物力、人力，发挥最大的教学效能。

9. 读图是现代人接受新知、融入世界、感悟生命的一种方式。不会读图的人，从某种意义上来说，也就不会阅读世界。因此，将绘本引入我们的课堂，让绘本这一特殊的文学样式，以适切的方式，走进孩子的生命，成为孩子们读写文本的有机组成部分，成为训练孩子们读图能力和表达能力的有效载体，这是时代的理性选择和儿童心灵成长的需要。

10. 课堂上，教师适度地忘记自己。让自己往后退，把学生往前推。教师在课堂上，要做一个“报春使者”，要做到“俏也不争春，只把春来报”，而不是像大部分的公开课上，教师把自己打扮得花枝招展星光四射，学生则灰头土脸黯然失色。

11. 词语教学，不是语文教学的点缀，而是贯穿于整个语文教学的全过程。没有获得感性的个人意义的词语，是不可能被主体顺利调遣或正确使用的。当词语未与学生的精神领域建立广泛而紧密的联系时，这些词语在学生的心中是了无生命的。这样的词语，是生机勃勃的心灵之树旁的一片枯萎的叶子。

12. 中国的汉字承载了最为深邃智慧的思想。一个字学通了就可以懂一种道理。所以，用这样的理念去教汉字、教词语，我们便接通了传统文化的源泉。无形中，语文教师便也在向学生传递了对古典文化以及语言文字的热爱。

13. 教学中，教师可经常引领孩子们激活已有表象，创造新的形象，让词语和学生的精神世界的联系越来越广泛，越来越紧密。这样，词语也就越来越难以遗忘，越容易被提取，再生功能也就越来越强。是的，词语只有与精神同构了，才能在主体心灵中获得持久的生命活力。

14. 我读书一般经历“神游—编码—提取”三境界。“神游”是第一境界，读到会心处在书中折页、圈画，流连忘返，乐此不疲；“编码”是读书的时候将一本书读薄，留下十来个关键词句，然后对这十来个关键词句进行深入的思考，阐释之后，将之编入记忆仓库，也编入精神世界。如此，这些关键词句，就成为自己生命的血肉。“提取”是迁移运用的过程，进入精神世界的这些养分，它们终有一天会在某个特定的时刻，被我们激活，它们会不约而至。这样，曾经读过的书便“复活”了。

15. 家常课养人，公开课炼人。

王栋生老师

1. 经典是一个时代语文和人文的最高成就，青年时代读这样的书，会给一生的读书打好“底子”。

2. 读书也要站直了读，跪着读，和不读书差别不大。

3. 教师需要职业语言意识。

4. 我理想中的中国语文教育，像一个生龙活虎的汉子，有完美的灵魂，雄健的躯体……

5. 教师的教学需要站在班级整体教育的位置上分析问题，而家长可能只重视自己孩子的特殊要求，双方冲突往往体现在视角的不同。

6. 柳宗元写过一篇《种树郭橐驼传》，那位郭橐驼种树的经验是：种树时要认真，种完后就不要再去管它。那些学他种树而不成功的人，失败之处就在于对种下的树过分“关心”，“旦视而暮抚，已去而复顾，甚者爪其肤以验其生枯，摇其本以观其疏密”，“虽曰爱之，其实害之；虽曰忧之，其实仇之”——这些话把问题说透了。

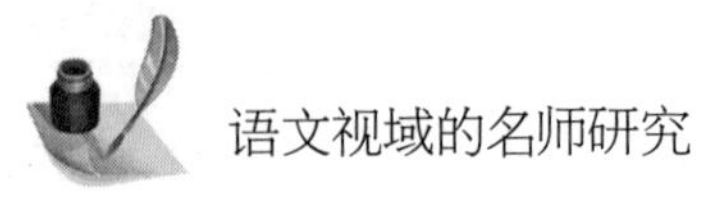

7. “教育家”这三个字，是用心血铸就的。

——摘自《不跪着教书》等

程少堂老师

1. 在追求我所理解的“语文味”或“文化语文”教学风格的时候，我把徐悲鸿先生的座右铭当作自己的座右铭：“独持偏见，一意孤行”。

2. 孔子、鲁迅、毛泽东都是有争议的，但是这无损于他们的伟大。课和人一样，有争议不是一件坏事。一堂引起争议的课，其潜在价值绝对胜过一堂没有争议的所谓“好课”。

3. 评课要反对“性”骚扰——即这“性”、那“性”满天飞。

4. 所谓教学艺术，就是用心思教书。

5. 教学的艺术，可以归之为八个字：教之有物，教之有序。

6. 从某种意义上说，教学的艺术就是知道自己什么可以不教的艺术。知道什么可以不教往往比知道自己什么可以教更重要。

7. 我坚信，一切给自己的职业带来声誉的人，都是艺术家。

8. 会教书的教师把教学过程变成师生互相享受的过程，不会教书的教师把教学过程变成互相难受的过程。

9. 一个语文教师把充满趣味的语文课上得让人喜欢那是不容易，但是一个语文教师把本来充满趣味的语文课上得让人讨厌，那容易吗?

10. 差不多20年前，根据《孙子兵法》思想，我提出语文教师备课不仅要备教材、备学生、备教法，还要备自己。我还把“研究自己”提升到新的教学原则的高度。最近几年我提出，备课还要备幽默。我的课和报告，比较受人欢迎，其中的幽默虽有即兴的成分，但是有相当一部分是我备课时准备好的。

11. 学生提问能力的发展过程大致可以分为四个阶段：提不出问题—乱提问题—提有价值的问题—不仅提有价值的问题，而且还能自己回答。要引导学生逐步发展到第四阶段。

12. 如以“利人”“利己”为标准人可分为四种：毫不利己，专门利人——最好的人；既利人也利己——好人；既不利人也不利己——蠢人；毫不利人，专门利己——坏人。教学中，以师生是否共同发展为标准，教师也可以分为四类：既发展学生也发展自己——最好的老师；毫不发展自己只是发展学生——好老师；既不发展学生也不发展自己——庸师；毫不发展学生只是发展自己——坏老师。

13. 语文课上，学生的感觉往往比理解更深刻。理解是“我”与事物对立，从“我”知彼；感觉是“我”与事物融合，彼“我”同乐。

14. 教学过程中，只有和学生说话才是“对话”吗？那为什么我们在生活当中发现，有时我们和一个人讲了很多话，但就是觉得没有和他“对话”，而有时我们和一个人没有任何交谈，却觉得已经和他交流过千言万语了呢？

15. 语文教学既要强调大道无形，也要强调大道有形。强调大道无形就是强调语文教学的艺术性，强调大道有形就是强调语文教学的规律性。语文教学的大道，是有形和无形的结合。

16. 语文教师在课堂上不敢品味语言，本质是他不知道哪是好的语言，哪是不好的语言。一句话，是功底不够的表现。

17. 语文教学既要注意学生的外在活动，也要注意学生的内在活动。

李胜利老师

1. 语文教师的智慧，还在于为孩子们寻找语言实践的机会。

2. 一个好的语言实践活动的标准有两个：一个是有意义；一个是

有意思。

3. 阅读的目的是多元的。为求知的，为欣赏的，为探究的，为积累的，为实用的，为休闲的，为装饰自己的，为消磨时间的……有积极的，也有被动的。语文教师要引导学生的阅读价值取向，引导学生建立广泛的阅读兴趣。

4. 世界上最杰出的教育家的理论与实践跟孔子的理论与实践有许多惊人的相似：杜威的“平民教育”与孔子的“有教无类”；古希腊苏格拉底的“产婆术”与孔子的“不愤不启，不悱不发，举一隅而不以三隅反，则不复矣”……当我们在更广阔的国际视野中来审视我们的教育的时候，请不要忘记我们传统的教育理论中充满了睿智的财富。

5. 哲学、教育理论、教学策略，建构自己的专业智慧宝库；美学、文学、艺术，建构自己的精神家园。亲人、朋友、学生，建构自己的快乐港湾。

6. 一个语文教师不可能改变整个社会，不可能改变整个基础教育，但是能改变的是语文教学的课堂。

7. 语文天生重要，阅读终身需要。

8. 我们与国际的竞争，是阅读的竞争。

9. 学会学习，首先要学会阅读。

黄厚江老师

1. 语文课堂教学最基本的要求是什么？是像语文课。语文课最基本的特征是什么？是以语言为核心，以语文活动为主体，以提高学生的语文素养为目的。

2. 语文教学研究，应该探寻的是语文课程的规律、语文学习的规律、语文教学的规律。庄子说：“臣之所好者道也，进乎技矣。”这就是语文之道。

3. 语文教育不能没有理想，但理想不能脱离现实……我们只能是戴着镣铐跳舞，所有人都是戴着镣铐跳舞。人类永远没有自由王国，戴着镣铐跳舞也可以跳得很美。

4. 二十多年的语文教育改革，轰轰烈烈，成果累累，说法多多。为什么现实的面貌改变不大，不尽如人意？从这个极端跳到另一个极端的“两极思维”和“两极现象”是一个根本原因。避免“两极”不是中庸，和而不同，为什么不能用马克思主义的辩证法作为我们的思想方法？

5. 人们常说，语文教学既是科学又是艺术。科学很难，艺术就更不容易。艺术是什么？艺术便是创造，便是个性，是灵性，是生命的跳动，也便是诗意。

6. 从某种意义上来说，语文教学没有什么新方法。而所谓新方法，常常不是语文的方法。

7. 语文教师还是应该有一点真性情。杜甫说：“由来意气合，直取真性情。”真性情，首先是一个“真”字。矫情、做作、市侩、虚伪、俗气，都是性情的天敌。太世俗，是做不好语文教师的。

8. 真理总是朴素的。好的语文教学形式总是便于操作的，一复杂，可能就背离了语文教学的本真。

9. 无疑，新课改会对语文教师的素养提出新的更高的要求，但这个新的更高的要求是以对一个语文教师的基本要求为基础的。我以为，对于语文老师来说，以听说读写能力为基础的专业素养还是最重要的。没有扎实的专业素养，只有所谓的新理念，只能使语文教学离语文更远。

10. 语文是工具。是什么样的工具呢？就是交际的工具、工作的工具吗？当然不（全）是。（语文）还是文化的载体。“载体”不也是工具吗？（语文）还是文化的一部分。当然没错。文化包括一切，自然会包括语文。语文对于人最大的价值在哪里？在于它是人的精神生活的工具。没有语文，人的精神生活便无法进行，精神之花便会枯萎。

11．南京师范大学对黄厚江老师的调查问卷。

问：您认为“天赋”对于一个教师的成功起到多大作用？

黄厚江：没有良好的天赋肯定不会成功。有了良好的天赋未必成功。没有良好的天赋，再努力只能是一个平庸的语文教师；有了良好的天赋而不努力，只会是一个糊弄学生的教师；没有良好的天赋又不努力，必然是误人子弟的教师。

问：您认为一名优秀语文老师最重要的素质是什么？

黄厚江：真的爱教育，真的爱语文，真的爱学生。

问：您认为做一名语文老师幸福吗？

黄厚江：无论什么行业，真的爱它，就会幸福……

问：您能概括介绍一下您多年秉持的语文教育理念吗？

黄厚江：让学生热爱母语，喜爱语文课；让语文课成为语文课，成为最有魅力的课；让语文承担起应有的责任和使命。

问：您怎样理解教学与科研的关系？

黄厚江：互为起点，互为终点，相得益彰。

勤奋可以让我们成为一个称职的教师；勤奋加上才气可以让我们成为一个比较优秀的教师；只有勤奋加上才气，又自觉开展教学研究的人，才可能成为一个真正的好教师。

问：您对语文教师或“准语文教师”的成长和发展有什么样的意见和忠告？

黄厚江：用心读书，用心教书。语文，是用心才能教好的学科。

12. 做教师难，做语文教师更难，做一个好的语文教师难上加难。

储树荣老师

1. 教育可以兴国，亦可误国；教育可育人，亦可害人。使每一个孩子都有发展，每一个孩子都有将来，教育便是兴国；使每一个孩子都讨厌学习，每一个孩子都仇视学校，教育便是误国。

2. 教要规范，育有爱心。只有爱心而没有规范，爱心可能成为纵容；只有规范而没有爱心，规范就是压制。

3. 校园里没有什么比冷漠势力更可怕，没有什么比不学无术更令人担忧，没有什么比因循守旧更让人失望。校长要靠人格获得尊重，教师要靠专业获得尊严。

4. 教师教师教之师，学生学生学之生。教师“要蹲下来说话”，并不是不说话；教师是平等中的首席，并不是不出席；学生是“学习的主人”，并不意味着不承担学习的任务；学生的“个性发展”，并不意味着不用遵循教育的规范。

5. 知识传授是比较简单的事，智慧的开发却是很难的事，人格的开发更是极难的事。

6. 教得准确要比教得好听重要，教什么比怎么教重要。教什么关乎课程内容，怎么教属于教学方法。内容错了，全盘皆输；方法错了，最多属于效率不高。

7. 预设和生成，只有相辅才能相成。一味强调“现场生成”，教学可能“脚踩西瓜皮，滑到哪里算哪里”，貌似时髦，实则低效；一味强调按部就班，连开场白、过渡语、结束语的语气、手势、表情都事先设计好了，这不是教学，这是演戏。

8. 课堂语言有现场语言与教案语言之分。现场语言是即时的，情境的，真正互动的，而且多数是口语的，便于学生学习，是关注学生的产物；教案语言是既定的，预设的，一厢情愿的，而且多数是漂亮的书面语言，便于教师教学，是教师精心准备的结果。大凡夺冠折桂的公开课，都是现场语言胜于教案语言。

9. 语文课教学追求内部活动的质量，少搞外部活动的花样。因为语文课程中的学习活动更多的是思维活动、情感活动，他们都具有内隐的特征。

——摘自《储树荣讲语文》等书

王崧舟先生

“我们必须追问‘运用语言文字做什么？’这是语文课程的终极关怀。如果，运用语言文字只是为了掌握字词句段篇，却不能丰盈一个人内在的语言生命；如果语言文字只是为了提高听说读写书，而不是更真诚、更自由地去表达和创造自己的思想之美、体验之美、心灵之美，那么，运用语言文字对孩子而言，又有何用呢？

——摘自《语文的生命意蕴》等书

李镇西老师

1. “喜欢孩子”和“爱孩子”当然有联系，但不完全是一回事。前者更多的纯粹是一种天然的感情倾向，和品德没有多大关系；而后者虽然也属于一种感情，但更蕴含一种教育者的责任，它与师德直接相关。

2. 教育者应该是一个善于感动的人，特别容易被来自学生的纯真感情所打动。这种源于生活细节的感动，会成为我们从事教育、献身学生的不竭动力。我可以无愧地说：“我的心就特别容易被学生所打动。”

3. 教会学生自己发现、认识自己的优势，并保持发展这种优势，不断自觉地战胜自己的弱点，这是思想教育的艺术所在。

4. 乐于保持一颗童心，善于在某种意义上把自己变成一个儿童，这不但是教师最基本的素质之一，而且是教师对学生产生真诚情感的心理基础。

5. 如果我们学会点“儿童思维”，这将有利于我们真正理解学生，从而更有效地引导并教育学生。

6. 爱学生，就必须善于走进学生的情感世界。要走进学生的情感世界，首先必须把自己当作学生的朋友。

7. 教育者的尊严是学生给的。

8. 教师真正的尊严，从某种意义上，并不是我们个人的主观感受，而是学生对我们的道德肯定、知识折服和感情依恋。

9. 教育是传递社会生活经验并培养人的社会活动。

——摘自《我的教育心》《李镇西和民主教育》等书

程翔老师

语文教学的根本任务是培养学生热爱母语的感情，传承以母语为载体的祖国优秀传统文化。

质检
02